O BOM DOUTOR
DE VARSÓVIA

Dados Internacionais de Catalogação na Publicação (CIP)
(Câmara Brasileira do Livro, SP, Brasil)

Gifford, Elisabeth
   O bom doutor da Varsóvia : uma narrativa comovente baseada na história real de um herói da Segunda Guerra Mundial / Elisabeth Gifford ; tradução Denise de Carvalho Rocha. -- 1. ed. -- São Paulo : Jangada, 2022.

   Título original: The good doctor of Warsaw
   ISBN 978-65-5622-025-3

   1. Crianças judias no Holocausto - Ficção 2. Ficção inglesa 3. Guerra Mundial, 1939-1945 - Ficção 4. Guetos judeus - Ficção 5. Holocausto judeu (1939-1945) - Polônia - Varsóvia - Ficção 6. Korczak, Janusz, 1878-1942 - Ficção I. Título.

21-86796   CDD-823

Índices para catálogo sistemático:
1. Ficção : Literatura inglesa 823
Cibele Maria Dias - Bibliotecária - CRB-8/9427

Elisabeth Gifford

O BOM DOUTOR DE VARSÓVIA

Uma narrativa comovente baseada na história real
de um dos heróis da Segunda Guerra Mundial

Tradução
Denise de Carvalho Rocha

Título do original: *The Good Doctor of Warsaw*.

Copyright © 2018 Elisabeth Gifford

Publicado mediante acordo com Atlantic Books em conjunto com Villas-Boas & Moss Agência e Consultoria Literária.

Copyright da edição brasileira © 2022 Editora Pensamento-Cultrix Ltda.

1ª edição 2022./ 1ª reimpressão 2023.

Todos os direitos reservados. Nenhuma parte desta obra pode ser reproduzida ou usada de qualquer forma ou por qualquer meio, eletrônico ou mecânico, inclusive fotocópias, gravações ou sistema de armazenamento em banco de dados, sem permissão por escrito, exceto nos casos de trechos curtos citados em resenhas críticas ou artigos de revistas.

A Editora Jangada não se responsabiliza por eventuais mudanças ocorridas nos endereços convencionais ou eletrônicos citados neste livro.

Esta é uma obra de ficção. Todos os personagens, organizações e acontecimentos retratados neste romance são também produtos da imaginação do autor e são usados de modo fictício.

Créditos da citação: permissão recebida com gratidão de Sandra Joseph, editora de *A Voice for the Child: The inspirational Words of Janusz Korczak*, publicado em 1999, pela Editora Thorsons.
Mapa de Jeff Edwards © 2018
Pesquisa de imagens e créditos: muitos agradecimentos a Yad Vashem, Israel; ao Museu da Casa dos Lutadores do Gueto, Israel; ao Instituto Histórico Judaico Emanuel Ringelblum, Polônia; ao Centro de Documentação e Pesquisa Korczakianas, Polônia; a Roman Wroblewski Wasserman; e aos Arquivos do Estado de Varsóvia, Polônia.

Fotos 4, 8, 10 e 14 — usadas com a permissão de Roman Wroblewski.
Foto 5 — pertencente ao jornal infantil de Korczak, agora sem direitos autorais.
Foto 6 — usada com permissão da Ghetto Fighters House, Israel.
Foto 7 — usada com permissão do Instituto Histórico Judaico Emanuel Ringelblum, Polônia, e pelo Centro de Documentação e Pesquisa Korczakianum, Polônia.
Fotos 9, 11 — Arquivo: 3380/1252, usadas com permissão de Yad Vashem.

Editor: Adilson Silva Ramachandra
Gerente editorial: Roseli de S. Ferraz
Gerente de produção editorial: Indiara Faria Kayo
Editoração eletrônica: S2 Books
Revisão: Ana Lucia Gonçalves

Jangada é um selo editorial da Pensamento-Cultrix Ltda

Direitos de tradução para o Brasil adquiridos com exclusividade pela
EDITORA PENSAMENTO-CULTRIX LTDA., que se reserva a
propriedade literária desta tradução.
Rua Dr. Mário Vicente, 368 — 04270-000 — São Paulo, SP — Fone: (11) 2066-9000
http://www.editorajangada.com.br
E-mail: atendimento@editorajangada.com.br
Foi feito o depósito legal.

Se não deixamos uma criança doente sozinha, enfrentando a escuridão, também não podemos abandonar uma criança num momento como este.

Janusz Korczak

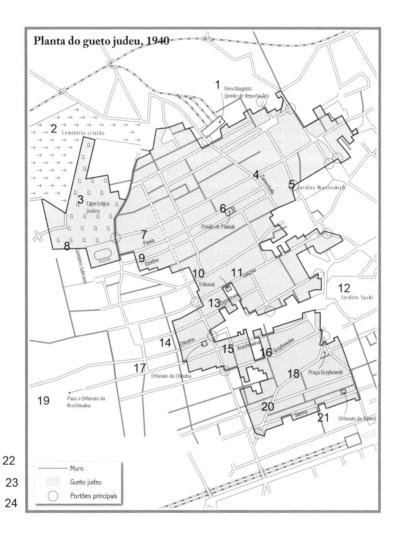

Capítulo Um

VARSÓVIA, 17 DE JANEIRO DE 1945

Duas horas antes de amanhecer, à margem do Vístula, Misha olhou sobre o rio gelado, na direção de Varsóvia. Segurava uma pequena fotografia de Sophia, menor do que a palma da sua mão. Ele tinha recortado a silhueta dela para fazê-la parecer mais real com o passar dos anos. Nos ombros dela, dois pequenos orifícios deixados pelas tachinhas com que a prendia, com a devoção de um fiel a um ícone sagrado, acima da sua cama no quartel. À luz fraca da madrugada, aqueles olhos claros pareciam observá-lo, sérios e cheios de temor. O restante, Misha conhecia de cor: o cabelo louro preso atrás, o lindo rosto dela, magro demais. Havia se passado dois anos desde que ele tinha segurado o rosto terno de Sophia entre as mãos e beijado aqueles lábios pela última vez, ou sentido o aroma sutil de amêndoas que a pele dela exalava.

O vento gélido arrepiava sua pele, persistente, um eco do que a ausência dela lhe deixava no corpo. Ele puxou para cima a gola do casaco e voltou a guardar a fotografia dentro da carteira de lona, dando tapinhas nos braços para o sangue voltar a circular nos membros dormentes.

A alguns metros, ao longo da margem do rio, Misha avistou as silhuetas dos guardas russos vestindo grossos casacos de inverno, comendo de suas marmitas de metal, enquanto o ar gelado condensava com suas conversas e gargalhadas altas. Um deles estendeu uma garrafa para ele.

– Pegue, beba um pouco disso.

Misha se aproximou e bebeu um gole. As armas tinham-se silenciado, mas ainda havia no ar o cheiro de fumaça que vinha da margem oposta. Os russos, descontraídos e de bom humor, discutiam alegremente quem dançaria com a rechonchuda Irina naquela noite.

Irina, uma mulher de rosto cheio num uniforme que mal continha o seu corpo roliço e os seios fartos, sorriu para eles na penumbra, enquanto servia o feijão.

– Não adianta nem pedir – replicou ela, afastando o capuz para trás, por cima dos ombros. – Sou mulher para comer vocês todos no café da manhã. Mas se alguém me perguntasse, eu bem que seria capaz de aceitar Misha – disse ela, fitando-o com um olhar cheio de cobiça.

Misha estava habituado a que as mulheres se comportassem de forma estranha na frente dele. Seus olhos, de um tom escuro de âmbar com manchas verdes, eram tão belos quanto os de qualquer garota – ou, pelo menos, era o que Sophia lhe dissera uma vez. Ele era alto e esguio, e as botas de cano alto e os culotes de montaria do uniforme polonês lhe conferiam um ar antiquado, quase aristocrático. Bem-humorado, ele fazia amizade com a maioria das pessoas c, embora fosse polonês – e judeu –, Misha tinha sido prontamente aceito pelos russos como um deles.

Misha baixou os olhos quando Irina soltou uma risada alta. Ter Irina como namorada era um negócio arriscado. Corria o boato de que o último amante dela tinha morrido, vítima não de uma bala alemã, mas da pistola de Irina depois de uma cena de ciúmes.

– Se você ainda encontrar por lá algum amigo de Hitler, mande a ele os meus cumprimentos com uma destas – disse ela, acariciando a arma que trazia no coldre.

Generosos e amigáveis, os libertadores de Varsóvia despediram-se dele com palmadas nas costas.

Como membro da equipe de reconhecimento do Primeiro Exército Polonês sob o comando russo, Misha era sempre o primeiro em território inimigo, procurando passagens seguras para os tanques, sempre atento a alemães que pudessem ter ficado para trás. Hoje, a sua pequena unidade seria a primeira a entrar em Varsóvia, três anos depois da última vez que ele pisara na cidade.

Os quatro jipes aguardavam em fila na margem do rio coberto de neve. Fragmentos de céu noturno e uma lasca da lua prateada espreitavam por entre as nuvens. Na direção do primeiro jipe, com as abas do gorro de pele de carneiro puxadas para baixo, por cima das orelhas, estava Franek, o motorista de Misha e seu autoproclamado guia e conselheiro.

– Rápido, homem, senão congelamos até a morte – gritou ele. – Melhor atravessar antes que amanheça.

A noite reinava ainda em Varsóvia, mas, às costas deles, já havia uma pálida linha vermelha no horizonte, anunciando o nascer do sol. Eles tinham instruções para dar notícias da situação pelo rádio antes que a infantaria polonesa fizesse a travessia a pé ao raiar do dia.

Misha sentou-se ao lado de Franek no jipe e fechou a porta, mas o vento frio conseguia penetrar pelas frestas, sacudindo o jipe com fortes rajadas. Ele tirou a pistola do coldre. Mais adiante, o rio branco refulgia, uma planície nevada extensa e sinuosa, muito mais brilhante que a camada de nuvens no céu.

Com o ar se condensando diante do seu rosto, Franek se inclinou para a frente quando os pneus atingiram com um solavanco a superfície nevada do rio. Misha sentiu os músculos tensos, mas a espessa camada de gelo suportou bem o peso. Patinando e sacudindo, os veículos começaram a atravessar a superfície sulcada, quatro formas negras, de faróis desligados, em baixa velocidade para diminuir o ruído dos motores. A neve tinha suavizado os contornos dos caminhões militares em más condições e dos cadáveres congelados dos cavalos mortos e de outros destroços, projetando longas sombras na luz espectral. À direita, as vigas destruídas da ponte Poniatowski elevavam-se do gelo em ângulos estranhos.

– Difícil de acreditar – disse Misha. – Aqui estamos nós, os primeiros a libertar Varsóvia. A caminho de casa.

– "Libertar" no sentido russo, você quer dizer? Sentar-se na margem oposta durante seis meses com a desculpa de que estão à espera de provisões até a Wehrmacht destruir a resistência dos poloneses sem deixar pedra sobre pedra, esperar a retirada dos alemães e só então partir para cima? Um belo novo recomeço para a ocupação russa...

– Você teve mais notícias dos seus irmãos?

Franek balançou a cabeça.

– Sinto muito, Franek – disse Misha.

Franek soubera por intermédio da inteligência do governo que um dos irmãos tinha morrido durante a insurreição em Varsóvia. Outro tinha sido abatido numa investida não autorizada do exército polonês, algumas semanas antes da chegada dos russos, com o propósito de atravessar o rio para auxiliar a cidade cercada. Tinham sofrido perdas irreparáveis. Havia centenas de cadáveres de soldados do Primeiro Exército Polonês sob o gelo. Os russos ficaram furiosos. Demitiram o general polonês e o substituíram por outro mais obediente.

O jipe deu um solavanco num sulco profundo no gelo e Misha segurou-se no painel com a mão livre. As formas escuras que seguiam atrás deles travaram. Franek esterçou o volante, os pneus voltaram a ganhar aderência e ele contornou com cuidado a área acidentada. Misha olhou para trás. Os outros o imitaram. Ele descolou a mão do metal frio e esfregou as bochechas congeladas, sentindo a pele formigar. Esperava a qualquer momento ouvir um disparo vindo da margem oposta.

Já tinham deixado para trás mais da metade da superfície gelada. Durante muitos anos, Misha atravessava o Vístula ao voltar para casa, em Varsóvia, sem prestar muita atenção à silhueta longilínea da cidade, com suas torres e campanários elegantes, e o contorno imponente da muralha do palácio, entre o céu e o vasto rio.

Tudo isso desaparecera. Ao voltar os binóculos para a margem que se aproximava e a cabeça de ponte mais à direita, ele não via nada além de espaços vazios e ruínas sob a luz fraca. Espirais de fumaça subiam contra um céu tempestuoso. Ele apontou os binóculos para a ponte partida.

– Pare, Franek. Pare. Estou vendo uma sentinela ali em cima.

Franek estancou o pé no freio. Misha ouviu os pneus dos jipes que os seguiam guincharem.

Ele passou os binóculos ao motorista e apontou para uma guarita branca e vermelha quase invisível na margem.

– Estamos expostos aqui, se ele disparar.

– Ele não está se mexendo. Não deve ter nos visto. – Franek abriu a aba da janela, destravou a arma, fez pontaria e apertou o gatilho. O disparo ecoou pela planície. – Merda. Errei. – Ele recarregou a arma rápido, esperando a sentinela reagir, e disparou uma segunda vez. O guarda estremeceu com o impacto direto, libertando um borrifo de matéria, mas permaneceu rigidamente encostado à guarita de madeira.

Misha voltou a posicionar os binóculos.

– Tem neve nos ombros dele.

– Meu Deus, congelou no posto!

Aproximando-se cautelosamente da margem, Franek parou ao lado da guarita. O céu começava a clarear e a neve lançava uma luz fantasmagórica no rosto cinzento do homem morto. Uma fina camada de gelo cobria o capacete e o sobretudo de lã. Havia um outro guarda na guarita, tombado como um pino de boliche, o rifle a tiracolo atravessado no peito.

– Varsóvia está sendo guardada por cadáveres – comentou Franek.

A pequena caravana de jipes subiu a rampa ao lado dos pilares destroçados da ponte. No topo, Franek desligou o motor.

Diante deles estendia-se uma vista gelada indescritível à meia-luz, nada mais que paisagens a perder de vista sob o céu pálido, quilômetros de ruínas e destroços cobertos de neve. Nem um só prédio intacto, apenas chaminés retorcidas como árvores mortas. Aqui e ali, viam-se restos de paredes com buracos no lugar de janelas, negros contra a neve luminosa. Ainda tensos, ficaram atentos ao clique de uma arma, a um franco-atirador solitário observando, mas não havia nada, só um silêncio profundo. O próprio ar parecia morto e congelado.

– Para onde vamos? – perguntou Franek.

Misha abanou a cabeça.

– Se formos em frente, vamos dar onde era a avenida Jerozolimskie.

Começaram a avançar bem devagar, aos solavancos, ao longo de uma trilha estreita por entre pilhas de tijolos e entulho. As grandes lojas e escritórios do bairro comercial davam agora lugar a ruínas e pilhas de tijolos e poeira. Montes de neve cobriam os destroços e os restos enegrecidos das paredes erguiam-se do solo como lápides num cemitério. Não se via ninguém vivo ali. Podiam ter se passado mil anos desde que os elegantes frequentadores das lojas e homens de negócios enchiam a avenida com os seus bondes vermelhos e o brilho metálico dos carros.

Na esquina da Jerozolimskie, pararam para observar a via principal. A avenida Marszalkowska era outra fileira interminável de edifícios reduzidos a escombros, restando apenas pedra enegrecida e destruída pelo fogo. Franek desligou mais uma vez o motor do jipe. Misha apurou os ouvidos, mas não ouviu tiros. Não havia franco-atiradores à espreita. O silêncio sepulcral provocou um arrepio em sua espinha. Um terror primitivo tornava o ar mais pesado. Algo perverso parecia fervilhar na penumbra da manhã de inverno. Só os mortos deviam se demorar naquele inferno.

– Mas tem de haver alguém aqui – disse Misha, em tom de súplica. Os cobertores e os medicamentos que traziam para os civis começavam a parecer uma piada de mau gosto.

Houve um momento de tensão quando o jipe se recusou a pegar por causa do frio. Franek acionou o afogador duas ou três vezes e o motor engasgou.

– Não exagere, senão você afoga o motor – advertiu Misha, mais ansioso do que gostaria. Por fim, o motor pegou e continuaram em frente, em meio aos destroços, pela avenida Marszalkowska.

Chegaram a uma parte onde os apartamentos estavam menos danificados e haviam tirado os entulhos, desbloqueando as entradas. À distância, viam-se edifícios quase intactos. O ruído inconfundível do motor de um caminhão se afastava.

– Os alemães devem estar usando os edifícios ali adiante como casernas – disse Franek.

– Parece que estão batendo em retirada. É melhor continuar a pé.

Misha abriu a porta do jipe com cautela e expôs ao frio seu corpo longilíneo, fazendo sinal a Franek e a três outros homens para que o seguissem. Contornaram de cócoras a lateral de um prédio de apartamentos e atravessaram correndo um cruzamento. Quando o último homem atravessou a rua, ouviram um silvo e o estalido de uma bala e ele cambaleou, fazendo o resto do percurso mancando, com a mão na coxa, onde já se espalhava uma mancha escura. Misha vasculhou com os olhos o edifício do outro lado da rua. Um franco-atirador no telhado. Trocaram tiros e o atirador caiu. Gritos em alemão na rua mais adiante, o ronco de um caminhão se afastando. O som do motor foi sumindo e voltou a cair um silêncio opressivo.

– Só queriam o caminho livre – disse Franek.

Misha entrou em contato com o quartel-general pelo rádio, enquanto os homens bebiam água dos cantis e enrolavam em torno do ferimento uma tira de pano.

– A infantaria vai cruzar o rio daqui a duas horas – disse ele aos homens, à espera de notícias. – É para continuarmos sondando o terreno, mas sem abrir fogo, a menos que não haja outro jeito. Vamos nos dividir em dois grupos.

Não havia maneira de verificar se as ruas mais adiante tinham sido minadas pelo exército em retirada. Misha, Franek e um dos técnicos de rádio seguiram para o norte. O amanhecer avermelhado começava a se espalhar no céu branco como o sangue de uma ferida embaixo de um curativo, revelando aos poucos os detalhes da paisagem devastada: um campo de cruzes de madeira no interior das ruínas de uma igreja sem telhado, a cabeceira de uma cama de ferro parcialmente enterrada na neve, um carrinho de bebê de cabeça para baixo.

Continuaram pela rua Senatorska, em direção à Praça do Teatro, na esperança de ver algo da Varsóvia que tinham conhecido. Nada além de escombros. A Ópera tinha desaparecido e a Câmara Municipal estava no chão. Continuaram pela rua Miodowa até a Praça do Castelo, onde só encontraram mais um campo de demolição. A coluna do Rei Sigismundo era um monte de escombros e o defensor de Varsóvia jazia com a cara enterrada na neve enlameada.

A Praça do Mercado não passava de ruínas calcinadas, os resquícios dos prédios como lápides sob a luz mortiça.

Eles viraram a oeste pela rua Dluga e passaram pelos despojos do Parque Krasinki. Todas as árvores agora estavam no chão. Ao se aproximarem da área murada do gueto, Misha sentiu o coração acelerar. Abruptamente, os edifícios danificados pelas bombas ficaram para trás. O muro do gueto tinha desaparecido, assim como os milhares de edifícios dentro dele. Misha saiu do jipe, atônito. À sua frente, quilômetros de terreno vazio, um descampado onde só havia neve e gelo. Tinham levado até o último tijolo e tábua de madeira, e agora só restava o chão. Não havia mais nada do gueto, exceto uma igreja a menos de um quilômetro, isolada num mar branco e gelado. Três anos antes, ele e meio milhão de outros judeus viviam ali, amontoados num constante burburinho de vozes. Agora, havia apenas o vento varrendo o terreno vazio de demolição. Misha deu alguns passos à frente. Estava sozinho sob a luminosidade embaciada, o frio penetrando em suas botas e luvas. Não havia pegadas exceto as dele.

Ele voltou para o jipe, congelado até os ossos.

– Você acha que dá tempo de passarmos pela rua Krochmalna? – perguntou Misha, ao entrar no carro. – Se não quiser arriscar...

Franek assentiu com a cabeça e o jipe avançou pelo que uma vez tinha sido a rua Leszno, agora uma trilha fantasmagórica atravessando um deserto.

Montes de alvenaria bloqueavam o acesso à rua Krochmalna. Misha saiu do jipe e escalou os escombros em direção ao local onde tinha morado e trabalhado como professor apenas três anos antes. Por milagre, vários edifícios na rua Krochmalna ainda estavam de pé. E lá estava. O orfanato ainda existia. As janelas do dormitório tinham estourado, o telhado desaparecera, a fachada estava esburacada pelos estilhaços das explosões, mas o edifício ainda resistia. Misha sentiu um aperto no peito. Não se ouviam mais os gritos e as gargalhadas das crianças que brincavam no jardim em frente à casa.

Ele ouviu o barulho de alguém atrás dele, sobre o monte de destroços. Franek surgiu ao seu lado, olhando para os restos do edifício.

– Ouvi dizer que o dr. Korczak e as crianças escaparam. Que estão vivos em algum lugar para o leste.

– Sim – disse Misha. – Também ouvi esses boatos.

Ele olhou para as janelas vazias. Com uma dor no peito, lembrou-se da última vez que vira o médico e as crianças, no orfanato da rua Sienna, dentro dos muros do gueto. Ele tinha passado o dia todo fora do gueto com uma equipe de trabalho destacada pelos alemães, varrendo vidros quebrados no quartel de Praga, sob o olhar entediado do guarda que os vigiava, empunhando o rifle de forma displicente.

Quando voltou ao orfanato no fim da tarde, as crianças tinham sido levadas. Os copos de leite pela metade e pedaços de pão estavam esquecidos sobre as mesas, as cadeiras tombadas ou empurradas para trás. Saqueadores já tinha invadido o prédio, os travesseiros rasgados, o conteúdo dos armários com as lembranças das crianças espalhado pelo pequeno salão de baile do clube de empresários, que durante um ano e meio servira de dormitório, sala de aulas e refeitório para duzentas crianças.

Antes da guerra, Misha costumava passear com Sophia por Varsóvia, a caminho da Praça Grzybowski, fazendo-a rir com histórias sobre as crianças do orfanato, tão travessas, sábias e cheias de vida.

Lágrimas rolaram pelo seu rosto agora, porque elas tinham sido levadas, porque ele não estivera presente para salvá-las. Ele ficou ali exposto ao vento frio que soprava nos tijolos quebrados da rua Krochmalna, o rosto desnudo como madeira flutuante, dilacerado até os ossos pela dor.

Capítulo Dois

VARSÓVIA, MAIO DE 1937

Korczak ainda está de luto pela perda das suas transmissões de rádio. Milhões de pessoas por toda a Polônia ouviam o seu programa semanal, que divulgava a sua mensagem de compreensão e respeito pelas crianças. Mas agora, aparentemente, um judeu já não pode falar numa rádio polonesa. Contrato rescindido. Afinal o que ele é, senão um polonês? Pensa e sonha em polonês, conhece as ruas de Varsóvia como a palma da mão. Na verdade, o veneno da insanidade nazista está se espalhando por toda a Europa.

Pelo menos, ele ainda tem as palestras, a chance de influenciar uma nova geração de professores que um dia cuidarão das crianças da Polônia. Hoje ele está vestindo seu terno de *tweed*, com um relógio de bolso no colete e uma gravata-borboleta.

Korczak diminui o passo ao subir as escadas para que o garotinho ao seu lado possa acompanhá-lo. Em torno deles, as superfícies lisas do hospital multiplicam o eco dos passos e de portas distantes se fechando.

– Boa tarde, dr. Korczak – diz uma enfermeira enquanto passa, apressada, olhando para o menino magricela segurando sua mão. É evidente que gostaria de perguntar ao médico o que ele está fazendo ali, anos depois de ter se demitido para cuidar de uma casa cheia de órfãos. Um solteirão cuidando de cem crianças.

À porta da sala de radiografias, Korczak se ajoelha para falar com o pequeno Szymonek.

– Quando entrarmos você vai ver muitas pessoas ali e vou pedir para você ficar atrás da máquina especial. Está pronto?

Szymonek responde com a cabeça, os olhos arregalados e sérios.

– Porque isso vai ajudar os adultos a compreender as crianças.

– Você tem muita coragem, meu rapazinho.

Korczak fica de pé e abre a porta. Ainda está abalado e furioso com a descoberta, no dia anterior, de que um dos professores do orfanato da rua Krochmalna tinha arrastado um menino até o porão e deixado o pobrezinho ali sozinho, no escuro.

– O que mais eu poderia fazer, Pan Doutor? – perguntara o professor, esperando simpatia talvez. – Jakubek não me obedecia. Fiquei tão exasperado que até levantei a mão, mas ele apenas gritou, "Se me bater, o Pan Doutor vai pôr você na rua". Não tenho orgulho do que fiz, mas naquele momento perdi a cabeça e o prendi no porão. Ele ficou quieto depois disso.

– Você deixou uma criança sozinha no escuro? – disse Korczak de olhos fechados, quase num sussurro. – Mas como sabe que ele não estava se comportando mal porque estava sofrendo? O adulto é você. Teve a oportunidade de descobrir o que estava errado, de ensiná-lo que não precisa ser agressivo quando fica chateado. Mas não. Em vez disso, o que fez? Trancou o menino no escuro, dentro do porão.

Nesse momento, o médico virou as costas, à beira das lágrimas.

Alguns dias depois, descobriram por que o menino andava tão problemático. Ele havia saído num sábado para ir visitar a amada avó e só então soubera que ela tinha falecido.

A sala está cheia de estudantes conversando. Estão curiosos para saber por que tinham pedido para que saíssem da sala de aulas habitual no Instituto de Pedagogia e fossem até aquele laboratório no hospital. Fazem silêncio quando o dr. Korczak entra, cheios de expectativa. Ninguém cai no sono durante as palestras de Korczak.

Porém, a atenção dele está concentrada apenas numa criança, a quem fala baixinho enquanto posiciona o pequeno Szymonek atrás de um vidro quadrado. As cortinas estão fechadas, o peito magro do pequeno se ilumina na penumbra. Os olhos dele seguem o professor quando ele dá início à palestra.

– Vocês passam o dia inteiro com as crianças. Eu entendo. Às vezes não é nada fácil. Há dias em que nos sentimos esgotados. A paciência tem limites. Sentem vontade de gritar com elas, talvez até o impulso de levantar a mão.

O dr. Korczak liga a lâmpada fluorescente atrás de Szymonek. A tela de vidro adquire uma luminosidade etérea, revelando um retrato a carvão, as costelas de uma criança pequena. Na cavidade torácica, a sombra de um coração acelerado, aos saltos, como um passarinho em pânico numa gaiola.

– Observem com atenção. É assim que o coração de uma criança reage quando gritam com ela, quando levantam a mão para bater nela. É assim que fica o coração de uma criança quando ela está com medo. Olhem bem e guardem esta imagem na memória.

O professor desliga a lâmpada, coloca o paletó sobre os ombros do menino e o pega no colo.

– Isso é tudo.

Korczak deixa a sala com a criança, e os estudantes, atordoados, irrompem num burburinho de conversas.

Um rapaz atlético, mais alto do que os outros na sala, com uma testa larga que lhe dá uma impressão de bom senso, guarda seus cadernos às pressas. Misha está pensando em escrever uma carta ao pai nessa noite e explicar por que não pretende arranjar um emprego no campo da engenharia agora que concluiu a faculdade. Em vez disso, quer estudar à noite para ser professor e continuar a trabalhar no orfanato de Korczak, onde não ganha praticamente nada, como assistente dos alunos. O pai vai ficar furioso. Ele também é professor e sabe que não há dinheiro no ensino e que as vagas de emprego são poucas. Vai culpar Korczak por essa catástrofe, e não vai deixar de ter razão.

Se quer mudar o mundo, mude a educação.

Quando Misha atravessa a sala, cai uma caneta da bolsa de lona. Ele se abaixa para pegar e, ao olhar para cima, vê uma garota ainda sentada numa das cadeiras, perdida em pensamentos, refletindo sobre a palestra. Ele repara no cabelo loiro puxado para trás, deixando à mostra o rosto oval, os olhos azuis-claros, os lábios generosos, uma blusa branca de gola arredondada. Uma garota como outra qualquer.

Mas Misha não consegue se mover, é incapaz de afastar o olhar. Sente no fundo do peito o zumbido inconfundível de um diapasão, a nota pura ao redor da qual todas as outras harmonizam. Essa garota. Ele sente um desejo irresistível de falar com ela, sentar-se ao lado dela e pegar na sua mão.

Mas o que ele está pensando? É quase a hora de começar seu expediente no orfanato. E convenhamos, por muito tempo ele vai ser pobre demais para se dar ao luxo de se apaixonar. Tem de ser forte. Tem uma carta para escrever ainda.

Ele põe a bolsa no ombro e sai da sala.

Mas a garota não sai da cabeça dele. Nos dias que se seguem, Misha se pega revivendo aquele momento, admirando o rosto pálido e sincero, o impulso de conversar com ela.

Por isso, na palestra seguinte, ele decide, vai fazer isso mesmo. Vai encontrar um meio de falar com ela.

Mas, infelizmente, ela está cercada de amigos. Um rapaz de cabelo oleado, vestindo um terno de risca de giz, a chama:

– Sophia!

O nome dela. Misha o guarda como a um tesouro.

Ele observa a expressão ansiosa do rapaz, repara na risada tímida que ele solta em resposta a algo que ela diz. Será que ela está retribuindo o sorriso porque gosta dele também? Ou só está sendo educada? Misha sente uma profunda antipatia pelo rapaz.

Fica para a próxima. Da próxima vez ele vai abordá-la e começar uma conversa. Sophia.

Só que não há uma próxima vez. As palestras de Korczak são canceladas. E sem nenhuma justificativa, embora todo mundo saiba por quê: a educação das mentes polonesas só pode ser confiada a verdadeiros poloneses.

Agora Misha já não tem motivos para voltar à universidade. Frequenta aulas à noite para obter um certificado de magistério e só tinha ido à palestra no Instituto porque Korczak o convidara.

É melhor assim, diz a si mesmo, tentando se convencer. É ridículo se apaixonar assim por uma desconhecida. E não, ele não pretende voltar ao Instituto e ficar parado nos portões, esperando ela passar.

Ele espera que sua paixão diminua, como acontece com um arranhão no joelho de uma criança, que se cura com o tempo. Mas ela aparece de surpresa quando ele atravessa os Jardins da Saxônia, ao cair da noite. Surge do nada quando ele está na janela, olhando para o jardim onde um dos garotos toca "Mayn Shtetele Belz" numa gaita de boca. O rosto dela lhe vem à memória com a nostalgia de quem tem saudades de casa.

Ele se pega esperando encontrar Sophia em algum lugar. Sente como se isso fosse algo inevitável, vai acontecer com certeza. Mas meses vão se passando, o verão vai e vem. O ar começa a ter um aroma imprevisível de frio.

O outono está quase chegando e ele ainda não a viu novamente.

CAPÍTULO TRÊS

VARSÓVIA, SETEMBRO DE 1937

Sophia pega de volta seu cartão de identificação das mãos do funcionário da secretaria da universidade. Há um carimbo retangular sobre a fotografia.

– O que é isto?

O funcionário encolhe os ombros.

– Se você é judia, vai se sentar nos bancos reservados para os judeus. Há um aviso no quadro do fim do corredor.

Os estudantes estão amontoados ao redor do quadro, lendo o aviso. Rosa também está ali, com uma expressão de profundo desagrado, o nariz franzido. Ela se vira quando Sophia se junta à amiga.

– Claro que vão dizer que é para nossa própria proteção, para impedir que voltem a acontecer acidentes como o daquele pobre médico que teve o rosto cortado no semestre passado. – Rosa suspira e pega o braço de Sophia enquanto se dirigem à palestra. – Já nem reconheço mais a Polônia. Já foi tão difícil conseguir uma vaga aqui, e agora isto. Às vezes, acho que sua amiga Tosia é que tem razão. Devíamos nos juntar a um dos movimentos juvenis e nos preparar em segredo para migrar para a Palestina.

Sophia olha para ela, horrorizada.

– Como pode dizer uma coisa dessas? Nunca. Somos poloneses. A nossa terra é a Polônia. Quanto mais eles dificultam a nossa vida, mais determinados temos de ser. É um absurdo, esta conversa de segregação nas salas de aula. Nunca houve mentalidade de gueto na Polônia e, no que depender de mim, nunca haverá.

Ainda que esteja com muita raiva, Sophia não pode deixar de sentir uma pontada de apreensão quando entram no auditório. Vários bancos à esquerda estão vazios, com um simples papel sobre os assentos. As garotas se juntam aos estudantes de pé no fundo da sala, imersos num burburinho de indignação.

Quando o professor Kotarbinski entra, os alunos se calam. Ele caminha entre os bancos e assume o seu lugar no pódio. Com cerca de um metro e oitenta de altura, um bigode militar aparado com esmero, Kotarbinski domina a sala enquanto examina os bancos vazios em silêncio. Afasta a cadeira para o lado com certa violência.

– Até a universidade organizar uma distribuição dos lugares mais satisfatória, vou renunciar ao direito de me sentar.

Arrastando os bancos ruidosamente, vários estudantes não judeus se levantam, seguindo o exemplo do professor. Sophia sente um nó na garganta. Felizmente não estão sozinhos.

Ela ainda sente o rosto corado de raiva quando, no final da aula, desce até ao pódio para agradecer a Kotarbinski. Na verdade, a coisa toda é simplesmente constrangedora.

– É lamentável, mas você não deve deixar que a intimidem, Sophia. Prometa que vai terminar o curso.

– Nada vai me fazer desistir, professor.

Em frente ao portão principal, um grupo de estudantes com bonés brancos e fitas verdes na lapela carrega uma faixa. A tinta ainda está fresca e a mensagem é visível mesmo no verso do papel: "Não queremos judeus nas universidades".

As amigas olham uma para a outra. Elas não têm escolha a não ser passar por baixo do *slogan* insultuoso. Rosa ajusta o minúsculo chapéu tirolês que enfeita o cabelo negro recém-ondulado e continuam a caminhar de braço dado.

– Lá vamos nós – diz Sophia.

– Sinceramente, o meu pai poderia comprar quase este quarteirão inteiro se quisesse – murmura Rosa ao passarem por baixo da faixa.

Sophia sente-se exausta enquanto esperam pelo bonde, principalmente porque dói quando não gostam de nós. Ser a garota impopular a quem os colegas viram as costas na classe. Infantil e profundamente cruel.

– Vamos esquecer tudo isso – diz Rosa quando tomam o bonde vermelho. – Venha à minha casa hoje à noite. Vamos fazer uma festinha. Tocamos uns discos. Dançamos. E que tal abrir um sorriso? Uma garota tão bonita como você, Sophia, não tem por que ficar triste.

O bonde deixa as duas na Praça Grzybowski, onde se abraçam antes de cada uma seguir para casa. Sophia morou nessa região toda a sua vida e pode sentir que está relaxando uma vez mais, ao atravessar o familiar alvoroço da feira das sextas-feiras. Na rua Twarda, ela entra no pátio do seu prédio de apartamentos. Vê mulheres batendo papo enquanto recolhem a roupa seca dos varais de madeira. Um músico de rua toca "Mayn Shtetele Belz" no acordeão, olhando para as janelas na esperança de que lhe atirem algumas moedas. Um grupo de crianças brinca de amarelinha – assim como sempre fizeram e sempre farão.

Sophia abre a porta do apartamento e inspira o aroma reconfortante dos livros do pai e das flores da mãe, lá fora na varanda. Mas algo está acontecendo. Na cozinha, a mãe já está de avental, mexendo uma panela no fogão. A tábua de madeira que cobre a banheira de esmalte, num canto, está cheia de travessas e tigelas de legumes. Krystyna está descascando ervilhas num escorredor com um ar travesso.

– Então o que foi? O que aconteceu?

– Ela quer saber o que aconteceu... – diz a mãe. – O que a leva a pensar que aconteceu alguma coisa?

– É Sabina – Krystyna deixa escapar. Aos 14 anos, a irmã não sabe guardar segredos.

– É mesmo? Lutek disse alguma coisa?

– Isso só Sabina pode nos dizer – responde a mãe. – Seja como for, os dois vêm jantar aqui em casa e logo você saberá. E olhe a hora! Quando percebermos, já escureceu. Krystyna, quero que vá pôr a mesa, com a melhor toalha. E Sophia, quero que desça até Judel e compre uma boa garrafa de vinho e mais algumas coisas. Fiz uma lista.

Sophia pega a lista e vai ao mercado. Seis pêssegos e um raminho de salsa. Mulheres de saias compridas e lenços na cabeça vendem cestos de pães e barris de arenque. Uma jovem num elegante vestido de viscose está sentada numa prancha de madeira cheia de rolos de tecido. Sophia poderia fechar os olhos e, mesmo assim, saber precisamente em que parte do mercado está só pelo aroma de mistura de cebola frita e limões, pão fresco e repolho, tábuas de pinho com alcatrão secando ao sol.

Ela passa por um grupo de adolescentes, com casacos curtos de gabardine e cachos laterais, saindo da Yeshiva depois do estudo da Torá, e pelas pessoas subindo apressadamente os degraus da igreja, com as suas duas torres quadradas, para a comunhão do fim da tarde. Ela segue para a *delicatessen* da senhora Sosnowicz, mãe de uma colega da universidade, onde os clientes se sentam, no jantar, para se deliciar com as suas famosas salsichas com repolho. Ao ver Sophia, a senhora Sosnowicz a chama para passar na frente da fila e coloca no cesto da moça um pacote extra de salsichas vermelhas, de presente.

– Ouvi dizer que há boas notícias para Sabina – sussurra ela e volta a atender aos clientes.

Na loja de vinhos Horowicz, Judel vem recebê-la na porta de braços abertos.

– Um casamento na família! Louvado seja aquele cujo nome não deve ser pronunciado. E as pessoas querem sempre algo especial para um dia especial, e por um preço especial. – Ela mostra a Sophia a garrafa que já tinha escolhido e recebe as moedas em pagamento. – Espero viver para ver as minhas filhas assim tão felizes – acrescenta com um suspiro.

Na padaria, Sophia compra uma trança de pão *challah* doce. Olhando ao redor da loja lotada de clientes, mulheres de xale com panelas de *cholent*, o guisado para o almoço de sábado que fica cozinhando no forno do padeiro de um dia para o outro, ela se pergunta o que veriam os seus colegas da universidade se estivessem ali. Quando criança, tendo crescido falando polonês e frequentando a escola polonesa, o judaísmo sempre lhe parecera um pouco mais do que uma peculiaridade da sua família, como ter cabelo ruivo ou uma tia extravagante. Mas agora, com tão poucas oportunidades de trabalho e a ascensão da extrema-direita, ela muitas vezes se sente ofendida e irritada com certos artigos de jornal ou comentários aleatórios de pessoas que considera amigas. Eles acham mesmo que quase metade da população de Varsóvia deveria fazer as malas e partir para Madagascar ou algum outro lugar? Varsóvia sempre foi e sempre será sua casa.

Quando Sophia chega em casa, a mesa está posta com a melhor louça, as velas prontas para serem acendidas na refeição do Sabbath. Krystyna vestiu o seu melhor vestido.

– A senhora Sosnowicz da *delicatessen* disse que Sabina está noiva. – Ela arruma as frutas cuidadosamente numa travessa. – Mãe, como ela sabe antes de mim?

– Ela sabe e pronto. As pessoas gostam de saber as coisas. E Judel? Fez um preço bom no vinho? Ah, sim. Arranjou um bom vinho para Sabina.

– Não consigo acreditar. Sabina vai se casar.

– Bem, 23 anos não é cedo demais para pensar em noivado, Sophia. E 20 anos também não – acrescenta a mãe com uma pausa cheia de expectativa.

– Não, mãe, não há ninguém que eu esteja escondendo. E se estivesse, tenho certeza de que Judel ou alguém saberia disso antes de mim. Não penso em me casar. Não tenho tempo para isso.

A mãe assente com um ar de quem já sabe disso.

A porta se abre e Sabina e Lutek entram, seguidos pelo pai, vestindo seu sobretudo com gola de lã de cordeiro astracã.

– Veja quem eu encontrei lá fora, na rua, mãe. Eles estão com cara de que precisam de uma boa refeição, por isso eu os trouxe comigo. Por acaso, você não tem nada preparado aí?

Ela ri e faz um gesto para o aparador, carregado de carnes frias, bacalhau desfiado e picles. Sabina, com uma estola de pele de raposa por cima do ombro do terninho justo, cumprimenta a todas com um beijo e desprende a pequena boina do cabelo primorosamente penteado e fixado com laquê.

Krystyna pega a estola de raposa e a acaricia com um pequeno suspiro.

– Sabina, você tem tanta sorte de poder comprar coisas tão bonitas... E com desconto!

– Quem trabalha como modelo para uma das principais casas de alta-costura como você tem que se apresentar como se tivesse acabado de sair do trem de Paris – diz a mãe, cheia de orgulho.

Com uma pele pálida e etérea, enormes olhos castanho-escuros e cabelo negro e sedoso, Sabina é considerada a beldade da família. Krystyna e Sophia são loiras como o lado materno da família e cresceram como dois cachorrinhos robustos, sempre tropeçando ruidosamente uma na outra, enquanto Sabina ficava observando de olhos arregalados, o vestido limpo, a fita do cabelo sempre no lugar.

A mãe pega a estola e a guarda cuidadosamente no armário do corredor.

– Pode pegá-la emprestado um dia, se quiser – diz Sabina ao ver o ar de desânimo da irmã mais nova.

– Jura? Você é um amor. Mas não é muito cara?

Sabina encolhe os ombros.

– Não me importo.

– Agora que as minhas meninas estão todas aqui, podemos acender as velas – diz a mãe com a voz cheia de felicidade.

Elas se reúnem ao redor da mãe enquanto ela risca um fósforo e acende uma pequena chama em cada pavio. Faz um gesto circular acima das velas, inspirando o cheiro de cera e a fumaça, e cobre os olhos para rezar. Quando tira as mãos do rosto, ela está chorando.

– As minhas meninas estão crescendo – diz ela.

Quando anoitece, as janelas ao redor do pátio começam a se iluminar para o jantar de sexta-feira. Ouvem pessoas cantando do lado de fora, a voz grave de um homem acompanhado de um coro de crianças: *Shalom aleichem*, que a paz esteja convosco. Sophia começa também a cantarolar e o resto da família junta-se a ela e canta alguns versos antigos.

Eles não são uma família muito religiosa, mas para a mãe o jantar das sextas-feiras é sagrado e o rosto dela está radiante e orgulhoso com todas as filhas ao seu redor. O aroma peculiar dos livros que cobrem uma das paredes e o perfume cítrico de almíscar das flores da mãe na varanda misturam-se com os aromas de pão fresco e vinho tinto.

Ser amada, amar assim, isso muda você?, Sophia se pergunta. Ela observa o rosto da irmã à luz das velas em busca de respostas e encontra tristeza em seus olhos. É verdade que Sabina é muitas vezes tímida e um pouco ansiosa, mas há ali mais alguma coisa.

Está prestes a se inclinar e sussurrar à Sabina, para perguntar se há alguma coisa errada, mas Krystyna faz uma pergunta urgente.

– Como vai ser o seu vestido, Sabina? Aposto que vai ser maravilhoso, com a Madame Fournier ajudando você, lá no salão. Já posso até imaginar.

– Hum, bem, veja... – Sabina se cala e baixa a cabeça, suas bochechas ficam vermelhas. Lutek passa um braço por cima dos ombros dela.

– Não queríamos falar disso hoje, mas... – diz ele baixinho.

Sabina ergue o olhar tímido, envergonhada.

– Madame Fournier me despediu.

– Despediu você, Sabina? Mas por quê? Ela sempre gostou tanto do seu trabalho. A melhor modelo da casa.

– Parece, no final das contas, que não tenho o que é preciso para ser modelo da Maison Française. Antes diziam que eu parecia francesa e agora parece que sou judia demais.

– Bem, isso é ridículo! – diz a mãe, indignada. – O que querem dizer com isso?

– Seja como for, Sabina já pensava em pedir demissão – diz Lutek. – O meu pai vai ficar muito satisfeito quando ela puder começar a trabalhar conosco lá no escritório da gráfica.

Sabina sorri para ele com gratidão, mas uma tristeza silenciosa persiste no rosto dela pelo resto da noite.

Depois do jantar, enquanto a família prepara as cartas para um longo jogo de Bezique, Sophia foge até ao apartamento de Rosa, do outro lado da rua.

– Chegou, finalmente – diz Rosa, resgatando-a da mãe, que vai ao corredor de entrada cumprimentar a todos para saber notícias da família, exibindo alegremente os muitos anéis de diamantes que nunca tira, nem mesmo enquanto pesa a carne no açougue da família.

– Entre. Há alguém aqui que eu gostaria que você conhecesse. Ele trabalha com o seu professor preferido, o dr. Korczak.

Sophia deixa escapar um gemido. Agora que está noiva, Rosa assumiu a missão de encontrar o par perfeito para a amiga.

– Por favor, pare com isso, Rosa. Aquele último rapaz que me apresentou me obrigou a ficar horas conversando.

A mobília requintada confere à ampla sala a atmosfera de um chalé de caça polonês, e os amigos ocupam o espaço que sobra. As janelas da varanda se abrem para o ar ameno da noite. Um tango toca no gramofone: "Daqui a Um Ano", o grande sucesso do verão.

– Ali está ele – diz Rosa.

Perto da janela, está um rapaz mais alto do que todos na sala e com um sorriso incrivelmente bonito. Sophia vê uma cabeça elegante como a de um gato, um par de olhos amendoados que lhe conferem um ar vagamente oriental. E é tão alto. Quase uma girafa, pensa ela, e no entanto ela tem a estranha impressão de que as coisas são precisamente como deveriam ser.

Misha está prestes a ir embora quando vê Rosa se aproximando, seguida por uma garota num vestido de verão.

Ele se afasta da janela com um sobressalto. O cabelo louro afastado do rosto, uma testa larga, os mesmos lábios cheios, a pele bronzeada contrastando com o vestido branco. É ela.

E ela deve estar se perguntando por que ele tem aquele sorriso idiota estampado no rosto, quando lhe estende a mão.

— Rosa me disse que você trabalha com Korczak – diz ela.

— É verdade, sim. Sou assistente no orfanato. De fato.

Ele não está prestando muita atenção ao que fala, distraído pela sensação da mão suave na sua. Mas ela o olha nos olhos, direta e curiosa. Ela merece uma resposta mais coerente.

— Também está estudando para ser professora? – ele quer saber.

— Oh, não... Foi a Rosa que lhe disse isso ou você adivinhou só de olhar para mim?

— Não, não. Eu vi você uma vez numa palestra que o dr. Korczak fez na sala de radiografias.

— O menininho e o seu coração batendo forte! Não foi impressionante? Mais do que uma palestra, foi uma total mudança de perspectiva. Mas eu com certeza iria me lembrar se tivesse visto você lá.

Ele gosta do comentário.

— Não há nenhuma razão para você se lembrar. Nem nos falamos. E as palestras foram canceladas de repente...

Sophia franze a testa.

— É horrível, não é? O professor deve estar muito aborrecido.

— Sim, mas o que o deixou realmente deprimido foi ter perdido o orfanato que fundou. Foi exonerado pelo conselho de governadores. Não poder mais ver as crianças que cuidou durante anos, assim sem mais nem menos. Foi como perder a família.

– Deve ter sido um choque.

Os olhos dela faíscam. Ela mal lhe chega aos ombros, mas Misha vê alguém à sua altura, cheia de vida, uma força que é preciso levar em conta. E, mesmo assim, ela é graciosa como uma bailarina, parece à vontade na própria pele. E aqueles olhos. Será que existe um nome para aquele tom de azul, translúcido e cristalino? Eles parecem avaliá-lo.

– Realmente invejo você, trabalhando ao lado de Korczak, aprendendo em primeira mão os métodos dele com as crianças. Deve ser maravilhoso trabalhar com ele.

– Para ser sincero, no início pode ser confuso.

– Como assim, confuso?

– Ele não ensina um método pronto, sabe. Ele acha que temos de procurar conhecer cada criança individualmente. Perceber a partir daí o que cada uma precisa.

– Mas todas as crianças precisam de regras bem estabelecidas, não é? E como o professor pode saber se elas estão fazendo o que é certo? Por que está sorrindo?

– Gosto do seu entusiasmo, sério.

Sophia parece indignada.

– Continue o que estava dizendo sobre Korczak. Então ele não dá nenhuma instrução?

– Ele faz isso do jeito dele. Fazemos uma reunião todas as noites com ele ou com a Stefa, a mãe da casa, e conversamos sobre as crianças. Korczak dá uma espécie de palestra a todos os professores uma vez por semana, porém, se você não está familiarizado com o jeito dele, parece que está divagando, fazendo piadas.

– Piadas?

– É quando faz graça que Korczak muitas vezes nos passa as suas ideias mais sérias. Ele gosta de nos fazer pensar. A filosofia dele é que você não pode aprender a lidar com as crianças nos livros ou ouvindo um professor. Você tem que encontrar o seu próprio caminho quando se trata de cuidar de crianças, conhecendo cada uma delas. Nem sempre é fácil lá no orfanato, mas as crianças sob os cuidados do professor Korczak são as mais felizes que eu já vi, mesmo os casos mais difíceis, que acabam de chegar.

– Então você está me dizendo que Korczak é um escritor famoso que não estimula os alunos a ler livros? Mas o que me diz do novo livro de Piaget?

– Não li ainda.

– Ainda não leu? Mas devia ler. Quer o meu emprestado? Moro aqui perto. Posso dar uma corrida até lá daqui a pouco e pegá-lo para você.

– Eu ficaria muito grato.

A certa altura, a música parou de tocar. Eles olham em volta e percebem que a sala está vazia, embora eles ainda estejam conversando bem perto um do outro.

– Vou então buscar o livro?

Caminham lado a lado sob a luz dos postes de rua, em silêncio, como duas pessoas que chegaram a um entendimento. Ele espera sob o arco que dá para o pátio do prédio de apartamentos enquanto ela sobe as escadas correndo. O ar da noite vibra na ausência de Sophia. Um vislumbre do vestido branco na escada escura e ela está de volta, um pouco sem fôlego. Entrega o livro na mão dele. É novo, ainda cheira a tinta. Ele sente o peso e o segura contra o peito. Mas não, Sophia faz questão de pegá-lo de volta e apontar as passagens que ele não pode deixar de ler.

Ela não parece ter pressa em voltar para casa. Misha repara na pele pálida onde fica a risca do cabelo dela, tão exposta e vulnerável, e sente vontade de protegê-la do frio, do mundo tal como é. A luz do poste ilumina uma fina penugem na bochecha dela. Seria como a penugem de um pêssego se ele beijasse a pele fria ao toque?

Mas ela ficaria ofendida. Mal o conhece.

– Eu estava pensando… – sugere ele. – Podíamos nos encontrar de novo, se você quisesse. – Ele prende a respiração.

– Seria ótimo.

Ele se pega abrindo um grande sorriso, nunca se sentiu mais feliz.

– Na terça-feira, talvez? Por volta das nove e meia?

– Sim, estou livre na terça – Ela também está sorrindo.

Eles vão se encontrar na Praça do Castelo, ao lado da coluna do Rei Sigismundo na terça-feira às nove e meia. O lugar onde os namorados se encontram.

Capítulo Quatro

VARSÓVIA, SETEMBRO DE 1937

Misha está sentado à escrivaninha do pequeno escritório entre o dormitório dos meninos e o das meninas, uma janela e uma porta abertas para os dois dormitórios, para que ele possa vigiar. Ele gosta de estar no seu *cockpit* à luz da lamparina, pilotando as crianças ao longo de mais uma noite segura de sono. Geralmente ele passa a madrugada estudando, mas esta noite seus pensamentos estão dispersos.

Amanhã de manhã, na Praça do Castelo.

Korczak entra, ainda vestindo o sobretudo e com o chapéu de aba larga, cheirando ao ar frio e à fumaça do trem e dos seus amados cigarros.

– Pensei em vir ver se estava tudo tranquilo. – O farfalhar de um papel. Ele tinha passado na padaria turca para comprar os seus bolinhos de passas favoritos. Oferece um a Misha. Dois garotos estão sentados na cama, observando através do vidro com interesse. Ele acena para eles virem ao escritório e divide com eles a guloseima antes de mandá-los de volta para o dormitório, sentindo-se importantes e abençoados com os bolinhos.

– O senhor deu uma palestra a um dos grupos de jovens? – pergunta Misha.

– Num centro comunitário judaico, numa cidadezinha chamada Oswiecim. Muitos jovens querem fazer logo a viagem para a Palestina, mas essa é uma decisão espinhosa.

Ele se senta e tira o chapéu de aba larga e a gravata-borboleta, afrouxando o colarinho. Observa Misha por um instante, com um sorrisinho malicioso.

– E você, meu amigo? Ela deve ser muito bonita.

– Alguém lhe contou sobre Sophia?

Korczak solta uma risada.

– A sua cara, meu caro Misha, é como uma manchete nos jornais: "Homem perde a cabeça pela sua amada".

– Na verdade ela é uma grande fã sua, Pan Doutor. Quer ser professora.

– E muito bonita.

Misha enrubesce.

– Vejo que acertei. O meu diagnóstico é que é um caso perdido.

– Sim, e receio que já esteja num estado bem avançado. Tem algum conselho para mim?

– Eu? Um velho solteirão? Nunca dou conselhos. Tudo que posso dizer é que uma vida que valha a pena ser vivida é sempre uma vida árdua. Todos temos de encontrar o nosso próprio caminho. E eu não aconselho ninguém a seguir o meu. Só eu posso percorrê-lo.

Korczak se levanta e dá um tapinha de comiseração no ombro de Misha.

O assistente observa a porta se fechar. O Pan Doutor subirá ao seu quartinho no sótão, ao lado do perfumado armazém de maçãs. Uma caminha estreita com um cobertor do exército, a velha escrivaninha do pai com as suas anotações para o próximo livro. Uma janela de sacada com vista para o pátio, onde os pardais virão saudá-lo pela manhã em troca de migalhas de pão. Misha começa a pensar na possibilidade de seguir os passos de Korczak, uma vida dedicada às crianças.

Ele contempla o nascer do sol. Por fim, é hora de desligar as luzes.

Misha chegou cedo. Senta-se nos degraus junto à coluna do Rei Sigismundo e se reclina para trás, apoiando-se nos cotovelos. Varsóvia nunca lhe pareceu tão linda: o castelo real com os seus tijolos vermelhos e o pináculo coberto de azinhavre, um céu azul cristalino, a vasta cúpula da igreja de Santa Ana guardando a estrada para a ponte. Ele estava sentado com o rosto voltado para a larga avenida Krakowskie, de onde ele acha que Sophia virá. Bondes elétricos e Austins elegantes contornam a praça em meio a um cortejo de carruagens e cabriolés.

Misha consulta o relógio de bolso. Ela está um pouquinho atrasada, mas não faz mal. O pai entregou o relógio a ele no dia em que Misha deixou Pinsk cheio de entusiasmo e viajou quase 500 quilômetros desde a Bielorrússia polonesa, para estudar em Varsóvia. Passando a corrente pelos dedos, Misha quase pode sentir outra vez o odor da água dos pântanos de Pinsk. Ele vai levar Sophia para conhecer sua cidade natal algum dia e a levará num passeio de barco a remos pelos intermináveis lagos que espelham o céu, mostrando a ela os bandos de cegonhas brancas e pretas levantando voo dos ninhos nos juncos e as torres da igreja de Pinsk erguendo-se na paisagem como um navio no mar.

Ele abre novamente a tampa do relógio. Ela já está bem atrasada. Deve ter um bom motivo. Imagina-a subindo as escadas correndo. Você nunca vai adivinhar o que aconteceu.

A cada vinte minutos, ele olha as horas, tentando avistar Sophia em meio à multidão que percorre a avenida e a confunde várias vezes com outras pessoas. Uma hora se passa, uma hora e meia, e Misha ainda espera. Esse é um momento que vai mudar a vida dele, quando Sophia atravessar a praça na sua direção.

Quando os sinos de Varsóvia anunciam as onze horas, ele se levanta, atordoado, com as pernas rígidas depois de tanto tempo sentado nos degraus de pedra, piscando para se adaptar a essa realidade inesperada. Ela não veio. Realmente não vai chegar.

Provavelmente deixou um recado no orfanato dizendo o porquê. Misha volta depressa até a rua Krochmalna.

Não há nenhum recado esperando por ele.

Nos dias que se seguem, ele quase liga para ela várias vezes, mas um cavalheiro deve saber aceitar uma silenciosa recusa. Não vai incomodá-la.

Ainda assim, todos os dias ele verifica na portaria se não há nenhuma mensagem ou um recado, até que Zalewski finalmente diz a ele:

– Ouça, Misha, se eu souber de alguma coisa, aviso você. E, por favor, vejo todas as garotas olhando para você com ar sonhador. Acabe com a tristeza de uma delas e convide-a para sair.

Mas Misha só pensa em Sophia. As semanas vão passando e ele confirma seu diagnóstico: é ela ou ninguém.

Numa tarde de nevoeiro no início do outono, Misha volta para o orfanato com um grupo de crianças que ele levou ao cinema. No corredor da entrada, Pani Stefa debruça-se sobre o corrimão com os braços cheios de pijamas recém-lavados e uma expressão travessa no rosto bem-humorado.

– Telefone para você no escritório. Uma moça. E parece bem zangada.

– É sobre o meu livro – diz Sophia com frieza. – Agradeceria muito se você me devolvesse.

Misha fica tão surpreso que nem consegue responder.

– E tenho que lhe dizer – continua ela. – Fiquei muito admirada que combinarmos um encontro e você não apareceu. Esperei até anoitecer, no frio.

– Você ficou me esperando até escurecer?

– O que você acha? Nove e meia, claro que já estava escuro.

– Mas eu estive lá pela manhã. Às nove e meia. Esperei durante horas.

– Oh... – Silêncio da parte dela. – Você ficou esperando por mim? Mas quem marca um encontro às nove e meia da manhã? – Ainda está zangada, mas sua voz tem agora uma nota de esperança.

– Sophia, sinto muito. Pensei que tinha explicado. Eu sempre trabalho à noite. Só estou livre pela manhã.

Ele desliga o telefone com um grande sorriso no rosto. Foi tudo um mal-entendido. Ele vai voltar a vê-la.

Eles se encontram perto da fonte nos Jardins da Saxônia, ao meio-dia. Meio-dia, não há como cometer um engano. O sol do outono não aquece, mas há um pequeno arco-íris se formando na névoa que paira sobre a fonte. As janelas do palácio cintilam com reflexos amarelos e dourados por entre as colunatas da praça. Sophia veste um casaco com uma pequena gola de pele e suas bochechas estão rosadas do frio.

Depois de um momento de hesitação, eles retomam a conversa praticamente do ponto em que pararam na noite da festa na casa de Rosa, tantas semanas antes. Desatam a falar ao mesmo tempo: não, fale você, não, você primeiro, por favor. Caminham pela alameda das árvores de inverno, as estátuas brancas de ambos os lados transmitindo mensagens misteriosas. Antes que percebam, já cruzaram a Praça do Teatro até a Cidade Velha.

Misha estende a mão e encontra a mãozinha de Sophia, e a sensação acompanha cada pensamento dele enquanto descem as escadas de pedra da parte histórica da cidade, na direção da margem do rio.

Ele diz que os olhos dela são da mesma cor do céu. – Temos aqui um poeta, responde ela. Sophia precisa pensar em algo poético também para descrever os de Misha. Ela para no meio dos degraus e examina os olhos dele. São castanhos, diz ela, da cor da cerveja, com reflexos verde-garrafa.

O sol ilumina a vasta extensão do rio com faixas ouro e lilás. Atrás deles, o contorno medieval da velha Varsóvia; à sua frente, além das árvores, as chaminés da Praga industrial. O vento sopra do leste, inegavelmente frio, levando as últimas folhas dos salgueiros da margem oposta. Ele passa um braço ao redor dos ombros dela, abrindo o casaco para protegê-la dentro dele o melhor que pode.

No espaço de um instante, ela fica na ponta dos pés e roça os lábios no rosto dele, macios contra a pele mais áspera dele. Um imã transpassa seu corpo, aproximando-o dela.

Ele retribui com um beijo, depois outro. Tudo que se passou antes disso é uma ilusão, uma sombra. Ele sempre vai desejar aqueles beijos.

Capítulo Cinco

VARSÓVIA, PRIMAVERA DE 1938

A luz ofusca seus olhos azuis quando Erwin, de 8 anos, deixa a fábrica. Ele passou a noite toda controlando a prensa metálica, a placa que descia com um silvo de ar quente e um baque forte o suficiente para esmagá-lo. E era ele que acionava o botão preto para dar início a todo aquele movimento.

Tinha sido ideia dele arranjar emprego na fábrica. Agora ele podia sentir o peso das moedas em seu bolso ao andar pela calçada. Os lojistas com longos casacos de gabardine e cachos laterais abrem as venezianas de madeira para deixar entrar a luz do sol nas pequenas cavernas de tecidos, ou panelas, ou pão de centeio. Acima das portas, os letreiros pintados à mão anunciam tudo aquilo de que as pessoas precisam – e tudo aquilo que não podem comprar hoje em dia.

A mãe já deve ter acordado a essa hora e vai dar pela falta do filho, mas quando vir o que ele vai levar para ela... Erwin compra um pão de centeio escuro e um grande peixe defumado. O estômago dele implora para que parta o pão agora, mas Erwin quer entregá-lo à mãe inteiro e bonito.

Ele entra no depósito de carvão. É tão escuro e poeirento quanto o fundo de uma mina, com partículas de antracite suspensas nas faixas frias de luz, que passa pelas frestas entre as tábuas. As irmãs, de cabelos sujos e rebeldes, ainda estão dormindo em sacos perto do fogão cheio de fuligem. Isaac, o irmão mais velho, está sentado, com o olhar perdido.

Uma mãe magra e triste, com pó de carvão entranhado nas rugas do rosto, alimenta o fogão com pedacinhos de carvão. A alguns metros do fogão, o depósito permanece tão gelado quanto a rua lá fora.

Quando o pai era vivo, a mãe era bonita e delicada. O pai fazia todos rirem com suas histórias sobre as pessoas que conhecia na rua Naleki, onde era porteiro, e as coisas que tinha de carregar nas costas. Comiam todos os dias e tinham camas.

A mãe não grita com ele ao vê-lo entrar, só olha para ele com tristeza. Erwin pega o pão e o peixe e os coloca no colo dela.

Que algazarra os irmãos fazem! Cozinham o peixe e o comem com o pão, sorridentes. Tudo graças a ele. O irmão mais velho, com o seu cabelo castanho macio e o seu amor pelos livros, não saberia como arranjar comida para a família. Tudo que Isaac quer é regressar à Yeshiva e continuar a estudar. É o lourinho atarracado Erwin, esperto e de punhos sempre prontos, que tem de cuidar de todos. Aos 8 anos, já é um malandrinho.

Hoje à noite vai voltar à fábrica em Wola e perguntar se há outra vez trabalho para ele. Agora, porém, está com sono, os braços e os olhos estão pesados. Ele estende alguns sacos vazios atrás do forno e se deita.

Korczak tem duas visitas hoje, dois novos protegidos em potencial. Misha vai acompanhá-lo. Com o tempo, Korczak espera poder incumbir Misha da tarefa de visitar novos alunos, bem como muitas outras responsabilidades do orfanato. Afinal de contas, nem ele nem Stefa são tão novos assim. Está na hora de começar a pensar no futuro do orfanato. Ele e Misha se entendiam muito bem desde o início, talvez porque ambos perderam um dos pais cedo e tiveram que dar aulas particulares na adolescência para ajudar a sustentar a família. Misha é atlético e gosta de jogar futebol com as crianças no pátio, levá-los para patinar no gelo ou para passear de canoa. Por outro lado, ele compreende instintivamente que as crianças têm uma vida interior e que algumas delas carregam uma tristeza profunda.

Depois de andar poucas centenas de metros da rua Krochmalna, eles deixam para trás as pequenas fábricas, os espaços verdes e os novos prédios de apartamentos da parte polonesa da rua, onde fica o orfanato, e atravessam o clamor da Krochmalna judaica, notória pela sua pobreza, as suas prostitutas e trombadinhas. A rua está cheia de crianças maltrapilhas brincando entre as casas baixas, com telhados de alcatrão. Duas meninas cantam um jogo de palmas em iídiche.

Eles entram num pátio imerso num murmúrio de vozes vindas das fileiras de janelas abertas. O praguejar em iídiche de um amolador de facas misturado com orações de uma Yeshiva. Na porta da escola, a esposa de um rabino acena para Korczak, ajeitando a peruca. Um padeiro de camisa rasgada, o rosto vermelho do calor do forno no porão, para no topo das escadas e acena para ele também. Todos conhecem o Pan Doutor.

Misha desce com Korczak uns degraus gastos até uma minúscula adega com barris até o teto e cheiro de uma umidade antiga. A única luz provém da fresta de uma janela enegrecida por onde se veem as pernas dos transeuntes que passam na rua. Há uma cama de solteiro, um minúsculo fogão de ferro que cheira a fritura, e tigelas e panelas para lavar e cozinhar, penduradas com pregos ao longo da parede. Uma mulher magra está sentada na cama, com uma tosse de tuberculose. Uma menina de uns 8 anos, igualmente abatida e pálida, também se senta na cama, como se não visse ninguém. Seu cabelo ruivo e longo é um emaranhado de cachos. Ela tem os olhos mais tristes que Misha já viu.

– O que eu posso fazer? – diz a mulher. – Estou muito doente para cuidar de uma criança. E o que ela vai comer? Eu não tenho nada.

– Os pais morreram?

A mulher lança a Korczak um olhar duro e azedo.

– Só sei da mãe. Foi para Paris, onde acha que o negócio será melhor. A criança não entende o que a mãe faz. Parece-me que ela tem um atraso.

Korczak se agacha na frente da criança. Halinka olha para ele e, a seguir, volta para a sua tristeza. Mas Korczak viu um lampejo ali. Ela é inteligente, viva. Se conseguirem chegar até ela.

O cabelo ruivo emaranhado terá de ser rapado, pois está infestado de piolhos.

– Leve a menina na sexta-feira, antes da refeição do Sabbat. É a hora do banho.

Em seguida, eles partem para o próximo endereço. Um depósito de carvão nos fundos de uma fábrica.

É quase noite quando Erwin acorda atrás do fogão. Há um homem na penumbra, careca, de barba branca, conversando com a mãe. Ao lado dele está um rapaz muito alto, com uma bolsa de lona a tiracolo e um caderno, anotando coisas enquanto a mãe fala.

— Eles não vão mais à escola, Pan Doutor. Ajudam-me a ensacar o carvão ou vagam pelas ruas. Faz três meses que o pai morreu e perdemos os quartos da rua Piwna. Só conseguimos este lugar porque uma amiga teve pena de nós.

Erwin se aproxima para ouvir a conversa. O velho usa um sobretudo claro e o que resta do cabelo é branco. A mãe escreveu uma carta para ele. O homem olha para Erwin, um olhar luminoso por detrás dos óculos com aros de metal.

— Então, este é o pequeno trabalhador que faz o turno da noite numa fábrica. Já é um homem.

Erwin enche o peito, para parecer maior.

— E daí? – desafia.

— Erwin, o Pan Doutor tem uma cama para vocês. Ele pode levar você e Isaac.

A mãe está agitada, até animada. Aquilo parece importante.

— Levar para onde? Para um hospital?

— Para a casa dele.

— Venha nos visitar no sábado que vem. Se você gostar de nós, pode ficar.

— Nós vamos, Pan Doutor. Obrigada.

Mas Erwin sabe que não vai gostar da tal casa, desse hospital. Ele segura na mão da mãe. Quando os homens vão embora, ele percebe que a barriga está vazia outra vez e o dia ainda tem muitas horas, todas elas frias, longas e cheias de fome.

A mãe faz os meninos se lavarem numa bacia e a água fica preta com o pó de carvão. Eles sobem a rua Krochmalna e param diante dos portões de uma casa de gente rica, grande e branca, com janelas altas e uma varanda, crianças brincam embaixo de um frondoso castanheiro. Dentro da casa, Erwin fica deslumbrado com as fileiras de camas limpas, cobertas com lençóis brancos, o aroma do pão recém-tirado do forno e das almôndegas servidas num caldo.

O médico é gentil. Os olhos azuis dele parecem ver a alma de Erwin, mesmo enquanto está de pé na frente dele, raspando seu cabelo, depois pesando-o e medindo sua altura. Depois é a vez de Isaac e por fim de uma menininha chamada Halinka, de grossos cachos ruivos, que não olha para ninguém.

Ele come cinco vezes naquele dia. Mal pode acreditar. Fica chocado ao descobrir que a cama branca que lhe indicam no dormitório é só para ele. Erwin quer viver naquela casa para sempre. No dia seguinte, ele vai à escola e ninguém bate nele por ter matado Jesus quando tem que esperar no corredor enquanto o padre ensina as crianças polonesas.

Ninguém bate num menino de Korczak. Todo mundo já ouviu falar dos famosos livros para crianças e dos programas de rádio do médico.

E no casarão branco, ninguém bate em você, nem grita com você, nem rouba as suas coisas. E o que é melhor: o Pan Doutor se senta ao sol para ouvi-lo, deixa Erwin se sentar tão perto quanto um filho ao lado do pai, enquanto assente com a cabeça e ouve o que ele tem a dizer.

Ele já não tem que esperar mais, a vida dele começou ali. Todos os sábados vai visitar a mãe no quarto dela no casarão da rua Sienna, onde agora é empregada doméstica – apenas as filhas têm permissão para morar com ela ali – e o filho conta a ela histórias maravilhosas sobre a semana que teve. Ele é um bom aluno. Inteligente, dizem. Quem adivinharia?

Ele tem amigos, muitos amigos. Mas quando brinca sob a sombra do grande castanheiro, ele vê a aluna nova, Halinka, sem ter com quem brincar. Ela anda pelo jardim como um carneirinho tosquiado, os olhos distantes, cantarolando baixinho para si mesma, com ar de quem se sente melhor sozinha.

Erwin sabe bem como é fingir que não se importa com nada quando temos fome, quando nos sentimos solitários. Ele tenta falar com ela, mas os outros meninos riem dele por querer brincar com as meninas. Está apaixonado?

Dois meses, três meses se passam e as outras crianças se cansam de convidar Halinka para brincar. Acabam se esquecendo dela. Ela perambula pelos cantos do jardim, como um pequeno fantasma, e todos os dias o coração de Erwin se parte um pouco mais por ela.

Certo dia, há uma grande comoção. O Pan Doutor fez algo terrível. Sentou Halinka em cima do grande armário da biblioteca e foi embora. Halinka não consegue descer sozinha. Como ela vai sair dali?

As meninas se aglomeram na frente do armário, debatendo o que fazer e gritando palavras de incentivo. Erwin vai correndo procurar Pan Misha, que é alto o suficiente para alcançá-la e ajudá-la a descer. Halinka está à salvo no chão outra vez e sai da biblioteca cercada pelo cacarejar de um bando de enfermeiras e amigas.

O Pan Doutor vem do corredor de onde, Erwin percebe, assistiu tudo. Os enigmas do Pan Doutor têm sempre um propósito.

Erwin vê o que o Pan Doutor fez e o coração dele se enche de gratidão. Depois daquele dia, Halinka nunca mais é esquecida, nunca mais brinca sozinha. Agora seu cabelo ruivo com reflexos dourados cresceu e ela usa duas tranças grossas e encaracoladas; o nariz e a testa são salpicados de sardas, e todos os dias Erwin se sente um pouco mais apaixonado pela meiga e delicada Halinka.

Claro que o Pan Doutor tem de comparecer à vara infantil e juvenil por deixar uma menininha desamparada em cima do armário. O pequeno Erwin, de 8 anos, defende o médico com eloquência e os olhos azuis cheios de indignação. Quase consegue persuadir as outras crianças, mas o Pan Doutor não aceita nada disso.

– As regras são para todos – declara. – Tenho de sofrer o mesmo castigo que atribuiriam a qualquer um que fizesse o mesmo. O que é justo é justo.

Erwin e seu amigo, Sammy Gogol, estão parados à janela, de banho tomado e cabelo bem penteado, à espera de ver Pani Sophia atravessar o portão. Assim que a avistam gritam para avisar Pan Misha e saem correndo ao encontro dela.

– Então vamos à loja de música na avenida Marshall? – pergunta Sophia enquanto os meninos se aglomeram ao se redor, cada um com a sua versão da história. Sophia olha para Misha e ele sorri como quem diz, parece que hoje vou ter de que dividir você com eles.

Os pais de Sammy eram ambos músicos talentosos. Ele consegue tocar qualquer música de ouvido no piano do salão. Todos os dias Misha encontra o recém-chegado parado na janela no patamar da escada, ouvindo um menino polonês tocando gaita no pátio do prédio de apartamentos ao lado.

– Se eu pudesse – Sammy sussurrou ao Pan Misha à mesa de jantar, – comprava uma gaita assim. Se tivesse dinheiro.

– Mas você tem dinheiro – frisou Erwin. – Não caíram dois dentes seus desde que você chegou? Você não sabe que, quando entrega os seus dentes ao Pan Doutor, ele registra no livro dele e deposita um *zloti* para você?

Os olhos de Sammy se iluminaram. Ter o seu próprio dinheiro. Ele se virou para confirmar a história com o Pan Misha, a esperança estampada no rostinho de nariz comprido e orelhas grandes.

– E é suficiente para comprar uma gaita?

– Acho que sim.

Então eles partiram para escolher uma gaita para Sammy. Os garotos andam na frente enquanto atravessam os Jardins da Saxônia, Erwin louro e compacto, com uns olhos azuis que não perdem nada, e Sammy mais alto, nariz aquilino e orelhas de abano, o cabelo preto encaracolado. Erwin vai com ele para ensiná-lo a fazer um bom negócio. Agita as mãos no ar enquanto Sammy ouve com toda a atenção, assentindo com a cabeça ao ouvir as dicas sobre como conseguir uma boa barganha.

No Marshall Boulevard, com os seus escritórios e lojas elegantes, eles entram numa loja de música e compram uma reluzente gaita com um timbre suave e aveludado. Sammy a segura como se fosse uma relíquia sagrada. Um trinado de três notas reconhecíveis emerge dos primeiros chiados enquanto os meninos descem a rua na volta para o orfanato. Sophia, que segue mais atrás com Misha, aplaude as tentativas. Um pouco mais adiante, porém, a multidão se aglomera em torno do vendedor de jornais, quase lhe arrancando das mãos a edição da tarde. Nas manchetes diante do quiosque pode-se ler o destaque do dia: Hitler anexou a Áustria.

– Talvez agora ele fique satisfeito – comenta Sophia quando voltam a andar, agora num clima mais sombrio.

Algumas semanas depois, Hitler invade a Tchecoslováquia e reivindica a Região dos Sudetos.

– Por que ninguém no mundo civilizado faz alguma coisa para deter esse louco? O que ele vai fazer agora? – diz a sra. Rozental enquanto remenda uma meia na cozinha.

O sr. Rozental desliga o rádio de pilha. Magro e grisalho, ele aponta o cachimbo para a sala.

– Essas alegações de que parte da Polônia é território alemão não vão dar em nada. Ele nunca ousaria invadir a Polônia.

No coche branco, decorado com rosas e cravos brancos, Sabina baixa os olhos timidamente. O véu envolve sua cabeça como o de uma princesa numa pintura medieval, uma flor de seda presa a um lado. Lutek acena com a cartola e os cavalos brancos arrancam. Sophia e Krystyna acenam freneticamente e a sra. Rozental seca os olhos e dá o braço ao marido enquanto a carruagem desce a rua Twarda em direção à Praça Grzybowski.

Ao lado de Sophia, Misha veste o seu terno novo, o relógio do pai no bolso do colete. As duas irmãs, Niura com os seus cachos louros e Ryfka com as suas tranças, estão agora estudando em Varsóvia e a sra. Rozental decidiu tomá-las sob a sua proteção. Eles se aglomeram na calçada, ao lado de Rosa e seu novo marido, com os vizinhos e amigos que conhecem Sabina desde pequena, todos acenando e aplaudindo enquanto a carruagem dá a volta na praça. A banda, com um clarinete e um acordeão, sai do pátio para tocar. A carruagem dá mais duas voltas ao redor da praça para tirar o máximo partido do esplendor do momento, depois regressa à rua Twarda e vira numa passagem lateral. Escondida numa pracinha, a pequena e branca Sinagoga de Nozyk aguarda, bonita como um bolo de noiva.

Os convidados seguem em grupos, conversando sorridentes, de braço dado. No interior da sinagoga, calam-se, envolvidos no aroma solene da madeira encerada, das velas acesas e da atmosfera de expectativa.

O solista da sinagoga é muito respeitado e conhecido por sua capacidade de fazer todos chorarem, sinal de um bom casamento. Sabina e Lutek se casam sob o dossel de mármore esculpido. Cada um deles pisa num copo embrulhado num guardanapo de pano, um símbolo da destruição de Jerusalém, e logo depois já estão de volta ao sol de abril, parando para a fotografia antes de a mãe chamar para o salão, onde a comida e a banda os esperam.

Mais tarde, quando a dança começa, Sophia se lembra das luvas de renda que Sabina lhe deu de presente. Deve tê-las deixado na sinagoga. Ela sai discretamente para ir buscá-las.

O prédio está vazio. Sophia inspira a atmosfera de paz, contemplando os belos painéis de madeira trabalhada e os delicados adornos do edifício em branco e dourado. Um dia. Naquele mesmo lugar. Misha estará à espera sob o dossel de mármore enquanto ela percorre o templo para se juntar a ele.

Ela sai do edifício e corre pelo pátio na direção da música e das vozes cantando dentro do salão Nozyk. Não quer ficar mais nem um instante longe dele.

Poucos meses depois, o mundo é abalado por um violento *pogrom* contra os judeus na Áustria nazista. Tem havido restrições à vida dos judeus sob o domínio do Reich, mas essa brutalidade é algo sem precedentes. Como é possível que as pessoas sejam presas, roubadas e espancadas nas ruas da civilizada Viena?

No seu novo apartamento, Sabina não se interessa pelas notícias nos jornais. Branca como papel, o rosto magro, vomita constantemente.

– O que há de errado? – pergunta Krystyna enquanto afasta o comprido cabelo negro da irmã da tigela que ela segura no colo.

A mãe limpa a testa de Sabina com ternura.

– Não há nada errado – responde com calma. – São boas notícias.

Trêmula, Sabina vai até o espelho e tenta arrumar o cabelo.

– Desde que esse pobre bebê tenha o seu cabelo louro, mãe. Eu pareço uma bruxa.

– Não diga uma coisa dessas. Você é linda, filha. Um cochilo esta tarde e você vai se sentir melhor.

Eles escondem de Sabina os jornais com as fotografias das lojas de Viena com vitrines quebradas e as portas pichadas com os dizeres: "Fora, judeus".

Capítulo Seis

COLÔNIA DE FÉRIAS RÓŻYCZKA (PEQUENA ROSA), JULHO DE 1939

Há semanas que Sophia esperava com expectativa o mês que passaria na colônia de férias Pequena Rosa: um mês inteirinho com o dr. Korczak e as crianças, e uma oportunidade única de aprender com o mestre.

E um mês inteirinho com Misha. Eles já namoram há dois anos, mas, como ele mora no orfanato, onde é professor, e ela com os pais, e ambos ainda estão estudando, tem a sensação de que estão sempre se despedindo, sempre à espera da próxima oportunidade de voltarem a se encontrar.

Mas desde que chegaram, três dias atrás, parece que Misha está evitando ficar com ela, sempre distante e inquieto.

O sol da tarde aqueceu a mesa de madeira onde Sophia espalhou pequenas pilhas de papel e varetas de madeira para o clube de pipas. Enquanto Halinka ajuda Sara a pintar os lacinhos para a linha da sua pipa, as outras crianças brincam num campo ali perto.

A brisa faz a relva ondular e transporta as vozes límpidas e agudas das crianças.

Sophia vê Misha do outro lado do campo, um gigante entre os meninos de *shorts* e camisetas regatas, supervisionando um jogo de futebol. Sente um aperto no coração. Ela mal falou com ele o dia todo. Ela o ama tanto que nunca cogitou a possibilidade de que ele pudesse não sentir o mesmo. Ela não consegue imaginar um futuro sem Misha.

– Você está triste, Pani Sophia? – Halinka pergunta. Não é possível esconder nada de uma criança como ela, tão sensível ao sentimento dos outros.

– Estou parecendo triste? Num dia tão lindo como este? – Sophia pega a pipa que Sara entrega a ela. Abaixo da franja reta de Sara, a cicatriz esbranquiçada que Sara tem na testa contrasta com o bronzeado de verão. – Vamos fazê-la voar assim que começar a ventar.

Ela observa as meninas correrem pelo campo inclinado, chamando os outros.

Pelo menos, as pessoas pararam de fazer aquele tipo de coisa agora, gangues de adolescentes atirando pedras nas crianças quando voltam da escola.

Em Varsóvia, há um novo sentimento no ar. Os judeus têm de se unir. Hitler engoliu a Áustria e a região dos Sudetos e agora ameaça anexar parte da costa da Polônia no mar do Norte.

Um pensamento horrível lhe ocorre agora. Uma sombra gelada que escurece o dia. Talvez Misha ande mal-humorado porque tem de lhe dizer que quer se alistar. O marido de Sabina já foi recrutado.

Sophia não suportaria se Misha tivesse de ir para a guerra.

Niura, a irmã de Misha, se junta a ela à mesa do piquenique.

– Como foi o clube de Química? – pergunta Sophia.

– Fico feliz em dizer que os meus cientistas iniciantes ainda estão vivos.

Niura tem as mesmas maçãs do rosto salientes e olhos amendoados de Misha, a mesma inflexão oriental cadenciada na voz. Nos últimos dois anos, elas se tornaram boas amigas.

Ela acena para Misha, do outro lado do campo, mas ele olha para o outro lado como se não as tivesse visto.

Um dos rapazes cai, na ânsia de pegar a bola. Misha o ajuda a se levantar e examina o joelho do garoto, que pouco depois já está rindo.

– Você sabe – diz Niura –, o nosso pai tentou fazer o melhor que pôde quando a nossa mãe morreu, mas ele é um militar. Foi o Misha que ocupou o lugar da nossa mãe lá em casa, era ele que costumava ler histórias para mim e para Ryfka, quando éramos pequenas. Era ele que nos ouvia quando estávamos aborrecidas com alguma coisa. Ele não tem um pingo de crueldade.

– Mas você não acha que ele parece preocupado com alguma coisa? Algo está errado.

Niura olha para ela achando graça.

– Não, pelo contrário. Nunca me pareceu tão feliz.

Elas ficam observando Misha enquanto ele leva os meninos na direção das cabanas de madeira atrás do jardim de malvas e alfaces. Eles passam por Korczak, com o seu chapéu de palha de aba larga, sentado na grama com outro grupo de crianças.

Korczak se levanta, troca algumas palavras com Misha e dá um tapinha no ombro dele.

O Pan Doutor volta a se sentar ao lado das crianças na margem do rio, ouvindo distraidamente enquanto eles discutem um projeto. Szymonek e alguns dos mais novos estão construindo uma cidade com galhos e areia para as formigas. Atrás deles, o capim alto e queimado pelo sol tremula com a brisa. Borboletas amarelas esvoaçam como pétalas ao vento. Korczak respira fundo. É um alívio estar longe de Varsóvia e das manchetes sinistras que os vendedores de jornal anunciam todos os dias. Ali, tudo que importa é uma briga pelo balanço, uma sandália perdida ou um joelho esfolado. E há vinte crianças novas esta semana, vinte livrinhos para conhecer e decifrar – o que ele mais gosta de fazer.

O Pan Doutor pega o seu caderno de anotações e escreve alguma coisa. Gosta de refletir sobre a melhor forma de resolver os pequenos problemas que vão surgindo a cada dia. A razão de Sara se recusar de repente a comer pão, por exemplo.

E, claro, o problema com os meninos. Neste ano, ele mal chegou à colônia de férias e já enfrentou uma espécie de motim, uma sala cheia de meninos indignados com as injustiças da vida. Erwin tinha sido escolhido como porta-voz para expressar as reclamações. Por que Pani Stefa sempre favorecia as meninas, elogiava-as mais, atribuía-lhes as melhores tarefas, ao passo que os meninos pareciam estar sempre com a pior parte?

Querida Stefa, é um alívio tê-la de volta depois da visita a Ein Harod. A depressão dele se dissipou no momento em que ela chegou, com laranjas para distribuir a todos e votos de boa sorte aos antigos alunos que moram no *kibbutz*.

E não tem sido Stefa, na realidade, quem sempre comandou tudo? Quem sempre manteve a mão firme ao leme, desde o primeiro dia em que se conheceram? Uma jovem muito simples de 26 anos, determinada a transformar um orfanato negligenciado num verdadeiro lar para uma centena de crianças subnutridas.

Agora eles trabalhavam juntos há o quê? Mais de um quarto de século? As pessoas gostam de elogiar a aparência simples e caseira de Stefa, mas Stefa não tem nada de caseira: o rosto dela se ilumina, isto sim, quando está com as crianças.

E que alegria é mais uma vez poder passear todas as noites com a sua amiga mais querida pelos jardins ao redor das cabanas, conversando sobre as crianças, ela com o inevitável vestido marrom, ele fumando um cigarro. Uma solteirona de meia-idade e um solteirão convicto, com uma família de cem crianças para cuidar.

Na verdade, eram duzentas, antes de a diretoria do orfanato para crianças polonesas o terem destituído do cargo. Ao que parece, um judeu não é mais capaz de cuidar de crianças polonesas. Tantos anos construindo pontes entre as duas culturas, e bastou um momento para as derrubarem.

Ela ainda carrega um grande sentimento de perda ao pensar nessas crianças. Já não as vê há mais de dois anos. Os seus filhos. Sempre passaram juntos as férias na colônia, com exceção desse ano.

Sim, repreendeu Stefa por voltar para casa e cancelar seus planos para se aposentar e viver sob o sol da Palestina, mas que felicidade voltar a vê-la. Não mudou nem um pouco. É muito raro ver Stefa com as mãos ociosas: nunca se cansa de remendar, dobrar, organizar, pôr uma mão fria na testa de uma criança com febre.

Não é de se admirar que ela às vezes ache mais fácil se sentir satisfeita com as meninas, que sempre se tenha sentido tentada a gostar um pouco mais delas, com os seus aventais limpos, o cabelo penteado e a predisposição para manter tudo limpo e arrumado?

Quantas vezes, na infância de um menino, não nos perguntarmos para que servem os meninos, afinal, com o seu talento para destruir e pisotear coisas e repulsa por água e sabão? Por que são sempre os meninos que rasgam e quase sempre as meninas que remendam? Talvez seja uma boa ideia criar um dia para as meninas poderem rasgar os vestidos e os meninos terem que remendá-los. Ele anota isso no seu livro de bolso. E por que não? Podiam marcar uma data no calendário, um feriado anual tal como o primeiro dia de neve, em que ninguém vai à escola, e o dia em que todo mundo tem permissão para se levantar da cama à hora que quiser.

Pelo menos, ele conseguiu resolver o mistério das calças rasgadas. Stefa comentara que nunca tinha tido de remendar tantos pares de calças dos meninos.

Korczak suspeitou de imediato que isso tinha algo a ver com a nova mania de deslizarem pelo corrimão de madeira das escadas da varanda. Quando ele testou a teoria, rasgou as próprias calças num prego solto: *quod erat demonstrandum*. Nem é preciso dizer que é estritamente ilegal, claro, deslizar pelos corrimões do orfanato, por isso ele foi obrigado a comparecer mais uma vez diante da vara infantil e juvenil.

É justo, tinha ele dito à pequena Sara, muito justo. Todos, do mais novo ao mais velho, temos de respeitar as mesmas regras. A lei é a coisa mais linda deste mundo.

Agora é preciso resolver a questão dos meninos emburrados. Como fazer para que se sintam orgulhosos de serem meninos, como Erwin, por exemplo, um menino bagunceiro e barulhento, mas ousado a ponto de arranjar um emprego numa fábrica com apenas 8 anos?

Com o tempo, toda essa energia e audácia vai servi-los bem, quando forem homens. Sim, a vida vai exigir tudo isso deles e muito mais. Mas como fazer com que se sintam orgulhosos dos homenzinhos que são hoje?

O sino da torre do convento ali perto, com a cúpula em forma de cebola, indica a meia-noite. Misha passa pela cabana dos meninos, acordando um a um. Ele faz sinal para que não façam barulho enquanto enfiam os *shorts* e as blusas. Na frente da cabana, no escuro, Korczak reúne o bando de curiosos e agora bem acordados meninos dos 8 aos 14 anos.

O pequeno e atarracado Erwin e o prestativo Sammy, com as suas feições esguias e olhos castanho-escuros e amendoados – quase com 12 anos, estão agora entre os mais velhos – foram incumbidos de ir à cozinha buscar um saco de batatas. Korczak escreveu um bilhete para deixarem na mesa da cozinha, prometendo repô-lo no dia seguinte.

Falta Abrasha. Ele não costuma causar problemas. Então, Korczak vê a forma magricela da criança vindo das cabanas correndo, os traços delicados do rosto iluminados por um largo sorriso. Tinha voltado para buscar o violino.

A noite está fresca e tem aroma de terra e mato. A lua cheia projeta sombras nítidas e monocromáticas. Entre sussurros abafados, os meninos partem em direção à floresta, iluminando o caminho de grama com lanternas. Acima deles, o aglomerado de estrelas que formam a Via Láctea. Os pinheiros da floresta erguem-se como uma muralha negra.

Os meninos mergulham no mato. Aqui e ali há vagalumes piscando. Os garotos conversam em voz baixa, maravilhados com o gigante adormecido que é a floresta à noite. Em algum lugar, ao longe, o rosnado de uma raposa, o piado de uma coruja.

Eles chegam a uma clareira e, sob as ordens de Jakubek – agora o menino mais velho do orfanato –, alguns pegam lenha no escuro, enquanto outros cavam um buraco na terra arenosa para enterrar as batatas. Reúnem-se num círculo e observam o monte de gravetos em forma de tenda pegando fogo. As chamas crescem e produzem uma chuva de fagulhas vermelhas.

Abrasha abriga-se nas sombras das árvores e, de olhos fechados, começa a tocar "Noite numa Floresta" com um ar de felicidade. Ele sempre quis ficar entre as árvores sob o céu estrelado, tocando essas notas a esmo. Os garotos contemplam as chamas da fogueira e escutam o amigo tocando, deslumbrados. Depois cantam em iídiche e polonês, uma canção atrás da outra. Enquanto a fogueira se reduz a um monte de brasas sob uma camada de cinzas brancas, o Pan Doutor conta a eles a história do Rei Mateuzinho (de um livro infantil que ele escreveu quando a Polônia se tornou independente), sobre uma criança que tenta governar um país e descobre que não é nada fácil tomar as decisões certas – principalmente saber por onde começar. E uma velha fábula sobre um menino perdido na floresta, podendo contar apenas com a própria astúcia e o seu bom coração para se salvar, e que encontra por acaso um navio voador preso nos galhos das árvores.

Com os rostinhos sujos de cinza e fuligem, Sammy e Erwin ajudam Jakubek a varrer as brasas e a desenterrar as batatas. Os meninos as partem ao meio com as mãos e sopram o interior perfumado enquanto Korczak faz passar de mão em mão um saco de papel com sal para temperá-las. São as melhores batatas que eles já comeram.

O dia começa a amanhecer quando o bando de meninos volta para as cabanas, com Sammy à frente tocando gaita. As meninas se aglomeram nas janelas da sua cabana, surpresas ao ver os meninos voltando para a colônia àquela hora. Eles acenam ao passar, sujos e desgrenhados e orgulhosos disso – de serem como são.

Sophia está à janela com as meninas, com um comprido cardigã por cima do pijama, perguntando-se por que Misha não lhe contou nada sobre o piquenique noturno.

Ele mal fala com ela o dia todo. No final da tarde, quando as crianças estão assistindo a desenhos animados do Mickey Mouse, Misha sugere uma caminhada, só os dois. Sophia está se sentindo tão furiosa e desprezada que quase se recusa a ir.

Ele está vestindo sua melhor camisa branca e suas bermudas, o cabelo lavado ainda úmido e com marcas de pente, como se tivesse se preparado para um compromisso importante e não para um simples passeio no campo. Será que ele preferia estar em outro lugar?

O clima morno dos campos abertos afaga os braços nus de Sophia. A folhagem dos salgueiros ao longo da margem do rio muda de verde-pálido para prateado, conforme o vento, mas isso não basta para distraí-la da tristeza que sente. Ela não pega na mão dele quando Misha estende a dele para ela. Deixa-se ficar alguns passos para trás, olhando para as costas e os ombros largos do namorado com um sentimento de perda, de frustração por todas as esperanças que, até há pouco, ainda tinha em relação a eles.

A sombra abrupta produzida pela muralha de pinheiros verde-escuros lança uma sombra aguda sobre a grama, à medida que o casal se aproxima da floresta. De repente, Misha para e volta-se para ela. Sophia fecha os olhos. Ele vai dizer alguma coisa. O coração dela dispara.

Ela sente um ligeiro movimento no ar e abre os olhos. Ele está ajoelhado na grama. Pasma, ela o vê pegar na sua mão e sente o estranho calor da mão dele contra a pele fria.

– Não vou ter um salário muito alto e sei que ainda faltam dois anos para você terminar os estudos, mas nunca ninguém vai amá-la tanto quanto eu, querida Sophia. Você aceita? Aceita ser minha esposa, um dia? Por favor, diga que sim.

Sophia mal consegue falar. Ela sente um leve tremor na mão dele, como a vibração de uma mensagem por telegrama. Ele beija a palma da mão dela e ela se sente derreter por dentro.

– Sim, sim, claro, querido Misha.

Toda expressão de ansiedade evapora-se do rosto dele. Misha se levanta de um salto e a abraça com força. Eles trocam um beijo profundo e voltam a caminhar, parando aqui e ali para se beijarem novamente, enquanto pairam num sonho em meio à floresta. Raios de sol iluminam o caminho quando as copas das árvores se afastam. Ao chegar a uma clareira, encontram uma árvore caída coberta de musgo. Eles sentam no tronco, juntinhos um do outro. Pássaros cantam com a cadência do vinho enchendo uma taça. Os pinheiros altos ao redor criam como que uma alcova e o céu é o telhado.

Misha olha para a mão dela.

– Desculpe, ainda não tenho um anel.

Sophia encolhe os ombros.

– Isso não importa. Mas dois anos? Não se importa de esperar tanto? Mais dois anos até nos formarmos?

– Passa rápido. E é o melhor a fazer.

Ela olha para as mãos, pensando em Sabina, pálida e exausta, segurando no colo seu amado bebê Marianek apenas nove meses depois do casamento. Ambos sabem que uma gravidez significaria o fim dos estudos de Sophia. Portanto, eles vão esperar. Ela está feliz por ele entender como é importante para ela se formar.

Mas não será fácil.

Eles se beijam e se abraçam, traçando com gestos febris os contornos um do outro. O canto dos pássaros enche os ouvidos de Sophia. Ela fecha os olhos, sem saber, ao certo, onde termina o corpo dela e começa o de Misha.

Será que vão conseguir esperar mais dois anos? Ela pensa em Rosa, que desistiu do seu diploma para se casar com Lolek.

Não, ela não vai fazer o mesmo.

Misha fica imóvel e sussurra:

– Olhe.

Atrás deles, vê-se a forma de um cervo, por entre as árvores. Está tão perto, atraído pela quietude da clareira, que eles até podem sentir o seu cheiro almiscarado. O animal se sobressalta, dá um pinote e foge para a proteção das árvores.

Ao deixarem o bosque, ofuscados pelo sol da tarde e por uma felicidade incomensurável, as mãos entrelaçadas, o mundo todo parece um paraíso particular. Ao longe, diante das cabanas, branquíssimas toalhas de mesa enfileiradas no varal do jardim esvoaçam ao vento como bandeiras num dia festivo. A irmã de Misha os vê chegar. Sophia percebe que ela estava à espera deles. Niura corre na direção deles e, ao ver a expressão radiante do casal, também começa a chorar.

– Fiquei o dia todo com a sensação de que ia explodir. Estou tão feliz! Tão, tão feliz!... – Ela fez uma pausa. – Você disse que sim, não disse?

Sophia soltou uma risada.

– Eu disse que sim.

Niura a abraça e agora as crianças já perceberam o que está se passando. Saem correndo e pulam de alegria. Pan Misha e Pani Sophia vão se casar.

– Eu devia desistir da minha carreira na educação e me dedicar em tempo integral à de casamenteiro – diz Korczak, sorridente. – Outro casal dos nossos que vai se enforcar.

Depois dos Newerly e dos Sztokman, o deles será o terceiro casamento entre os membros da equipe do orfanato.

– Se for com a sua bênção... – diz Misha. Korczak tornou-se um segundo pai para ele, ou a mãe que perdeu.

Korczak beija os dois na testa.

– Quando vejo vocês, queridos filhos, tenho tanta esperança no futuro! Vocês têm a minha bênção. Mas que bênção posso dar a vocês a não ser o desejo de um mundo melhor, de amor e perdão, de verdade e justiça, de um mundo que pode não existir hoje, mas que talvez amanhã possa existir? – Ele aperta ambos contra o peito, um pouco desajeitado, tossindo para disfarçar a voz embargada, como um homem à beira das lágrimas. – Meus filhos. – E com isso ele todo passa a irradiar animação e alegria, batendo palmas. Eles deveriam dançar e cantar depois da ceia, ao som de muita música.

O professor manda Abrasha buscar a máquina fotográfica do orfanato e Sophia e Misha ficam nas escadas da cabana para tirar uma fotografia, ela um degrau acima para ficar na altura dele, de meias soquetes brancas e pernas bronzeadas, um vestido de verão e o cabelo sedoso brilhando ao sol. Ele de bermudas e camisa branca com a gola aberta, e ambos com um sorriso no rosto.

Pelo resto da semana, as meninas ficam entusiasmadas brincando de se arrumar e ir a casamentos, raptando vários meninos para fazerem o papel de noivos. Poucos se demoram antes de voltar a correr para o jogo de futebol, atirando no chão os xales de seda. Com exceção de Erwin que, tímido e desengonçado, se oferece para ser o noivo da sua adorada Halinka, o rosto corado de orgulho.

Ele sempre adorou Halinka, desde o dia em que a viu chegar ao orfanato da rua Krochmalna, como um cordeirinho magro e tosquiado, que não falava com ninguém.

Quando ela afasta dos olhos o véu rendado e promete amá-lo para sempre, Erwin faz a mesma promessa. Ele vai amá-la e cuidar dela para sempre.

Sara se recusa a comer o pão no jantar. Sentado à mesma mesa, Erwin fica escandalizado ao vê-la pô-lo de lado a cada refeição. Que desperdício de comida! Erwin adora as maravilhosas refeições que fazem todos os dias. A regra é: os alunos podem pôr no prato tanto quanto quiserem, mas têm de comer tudo. Nem a Pani Sophia, sentada à mesa com eles, consegue convencê-la a comer o pão.

O Pan Doutor está recolhendo as tigelas da sopa. Ele vê o pão e a expressão determinada de Sara. Ele se agacha ao lado dela e sussurra:

– Sara, as bruxas foram para as montanhas e não vão mais voltar.

A menina olha com esperança para ele. Timidamente, ela dá uma mordida no pão e depois come o resto. No fim, sai correndo de mãos dadas com Halinka.

– Como é que descobriu esse truque para fazê-la comer o pão? – pergunta Sophia.

– Não é truque nenhum. Eu escutei. Ela me disse que a avó lhe contou certa vez uma história sobre bruxas que viviam na crosta do pão e desde então Sara tem pavor de pão. Às vezes, temos de inventar uma história nova para que esqueçam a anterior.

Cantarolando baixinho, ele segue por entre as mesas com a sua pilha de tigelas. É o último dia na colônia de férias. Sophia demora-se na beira da campina. A luz da manhã torna as folhas de grama translúcidas e dissipa a névoa. Sophia gostaria de eternizar aquele momento. É difícil pensar em voltar para Varsóvia com seu blecaute e sua atmosfera opressiva.

Sara e Halinka chamam por ela. As pipas estão prontas e todos estão indo ao campo aberto, para fazê-las voar. Algumas varetas e alguns pedaços de papel se transformaram em pássaros que voam bem alto, com o vento.

– Pani Sophia – diz Abrasha, pressionando a corda com os seus dedos de violinista sempre que a pipa ameaça cair. – Um dia vou viajar de avião pelo mundo todo e tocar minha música, que vai soar como pipas ao vento. Quer vir comigo?

– Sim – responde Sophia. – Num avião prateado.

No caminho de volta para Varsóvia, o trem diminui a velocidade ao passar pelos campos ocupados por um batalhão da cavalaria do exército polonês em manobras militares. As crianças se aglomeram nas janelas, cheias de entusiasmo. Os uniformes dos soldados e os flancos dos cavalos resplandecem castanhos ao sol. Estandartes brancos tremulam acima das boinas quadradas dos soldados, com suas faixas vermelhas.

O trem acelera novamente e Misha vira a cabeça para um último vislumbre dos soldados. Sophia aperta a mão dele com força. Ela sabe o que ele fará assim que chegar a Varsóvia.

Capítulo Sete

VARSÓVIA, 31 DE AGOSTO DE 1939

Misha desce as escadas do posto de recrutamento cheio de raiva. Passou toda a manhã de posto em posto, tentando se alistar. Todos querem aceitá-lo, alto e atlético como é, e ansioso para servir o país, mas Misha frequentou a universidade, o que significa que está dispensado do exército e, por isso, não sabem onde encaixá-lo. Além disso, o problema é que a universidade também lhe dá direito a uma patente de oficial, mas por ser judeu ele não pode comandar poloneses e por isso nem sabem se podem alistá-lo. Ninguém sabe se é possível ignorar a antiga lei. Por que ainda não foi abolida? É ridículo. No entanto, o resultado é sempre um "lamentamos muito, mas não podemos fazer nada".

Há meses, Hitler exige que a Polônia ceda o controle da cidade portuária de Gdansk e dê uma fatia do norte do país, e no dia anterior ele fez um ultimato. O exército polonês, no entanto, desorganizado e desprovido de uma estratégia clara, parece ter sido apanhado de surpresa.

Os cafés na Praça da Saxônia continuam lotados como sempre, todos procurando ignorar as muralhas de sacos de areia em frente ao palácio. Os postes de iluminação foram adornados com cestos de petúnias, como um pedido de desculpas pelos alto-falantes montados abaixo deles, prontos para anunciar qualquer ataque aéreo. Até agora, eles continuam silenciosos.

Misha vê Sophia à espera dele numa das mesas, sob as tílias, com uma treliça baixa separando-a das pessoas que passam na calçada. Alguém prendeu um *dachshund* à treliça, e ela estremece sempre que o frenético cachorrinho pula, com as orelhas flácidas como as pás de uma hélice.

Sophia não consegue disfarçar o alívio que sente ao saber que Misha não teve sucesso no recrutamento.

– Todo mundo está dizendo que Hitler está blefando. Que ele nunca se atreveria a atacar a Polônia, sabendo que a Grã-Bretanha e a França são nossas aliadas – diz Misha. Ele põe o estojo da máscara de gás em cima da mesa. – Ele já anexou a Áustria e quase todo o território tcheco sem ter que lutar. Então o que acham que ele está planejando fazer com as toneladas de armas que conseguiu na fronteira?

– Não vamos ser tão pessimistas. Está uma tarde adorável. Vamos dar uma volta até o rio.

Os calçadões estão cheios de gente elegante com calças largas de estilo marinheiro, elegantes vestidos de *chiffon* e chapéus de verão. Casais estão dançando ao som de banda composta de um clarinete e um acordeão, que tocam o tango do momento. É o dia da folga de Misha e por isso ficam fora até mais tarde, para comer crepes num café da rua Szucha. A noite está amena e Misha caminha com Sophia pelas ruas enluaradas até a Praça Grzybowski. A guerra parece uma realidade distante e o blecaute um mero artifício romântico em favor dos namorados. Abraçados, demoram-se sob o arco da entrada, relutantes em se separar até o dia seguinte.

Misha volta ao seu quartinho no orfanato andando pelas ruas na mais completa escuridão, rezando para Sophia estar certa. Mas esse pensamento vem atrelado ao medo de que algo terrível esteja prestes a acontecer.

De manhã, ao nascer do sol, Korczak se senta na cama, acordado por vários estouros ruidosos. Ele não está sonhando. Realmente ouve ao longe uma série de explosões abafadas.

Abrasha aparece à porta do quarto.

– Pan Doutor, estão bombardeando a zona industrial em Praga.

– Devem ser mais manobras das tropas.

– Mas na rádio dizem que já começou. Hitler está chegando.

Stefa surge à porta do professor com uma expressão sombria.

– É verdade? – pergunta Korczak.

– Sim, a Alemanha nos atacou. Sem declaração formal de guerra, ao que parece. Cruzaram a fronteira ao norte e enviaram aviões para bombardear as refinarias de petróleo nos arredores de Varsóvia. O que devemos fazer?

– Continuar vivendo normalmente. Hitler pode tomar Gdansk, mas não se atreverá a ir mais longe, do contrário vai correr o risco de entrar em guerra com os nossos aliados, França e Grã-Bretanha. Eu desço num instante. Abrasha, vá com a Pani Stefa e diga às outras crianças que não se preocupem. Estarei com vocês já, já.

Korczak examina seus modestos cabides de casacos e retira o uniforme de oficial do exército do fundo do armário do sótão.

Os galões estão um pouco gastos, mas isso não é nenhuma surpresa, pois se trata de um uniforme que sobreviveu à Grande Guerra. Assistiu aos alemães se retirando de Varsóvia, depois de permanecerem na Polônia após o armistício de 1919. Dois anos depois, a guerra pela independência da Polônia. Se incluirmos o conflito entre a Rússia e o Japão, quando Korczak era ainda um estudante de medicina, esta será a sua quarta guerra.

E o que ele aprendeu? Que as crianças são sempre as primeiras a sofrer com a guerra.

Ele veste as calças com alguma dificuldade, graças à barriguinha que adquiriu nos últimos tempos. O casaco, porém, fica largo sobre o seu peito magro.

– Bem, o que você esperava? – diz ele ao seu reflexo no espelhinho que usa para fazer a barba.

Um velho soldado devolve seu olhar com um ar de desafio, barba branca, leves rugas ao redor dos ferozes olhos azul-violeta. Ele fecha os botões prateados até o queixo e dá uma palmadinha neles.

– Pelo menos, podemos começar a lutar contra a loucura de Hitler, judeus e poloneses juntos.

Ele está velho demais para voltar ao seu posto como Major Korczak, médico oficial do exército, mas tira a sua mala do armário e examina o conteúdo, acrescentando algumas faixas de gaze e uma caixa de ampolas de morfina. Desce ao refeitório com as suas velhas botas do exército.

Outra série de ruidosas explosões em algum lugar a distância. As crianças erguem os olhos do leite e do pão, alarmadas.

– Bem, bem, parece que Hitler acordou hoje de mau humor – diz Korczak ao entrar no refeitório, distribuindo abraços e sorrisos às crianças, que correm até ele em busca de conforto. Agora que o Pan Doutor chegou, as coisas já não parecem tão ruins.

– É verdade que os aviões dos alemães são feitos de papelão? – pergunta Chaya.

– E as roupas deles são feitas de papel! – grita Szymonek.

– Com certeza! – responde Korczak. – Até as cuecas!

Erwin grita da entrada:

– Pan Doutor, telefone. É o diretor da Rádio Polônia que quer falar com o senhor.

No escritório, Korczak atende com uma certa rispidez. Ele ainda se lembra da última conversa com o diretor da rádio, um episódio brutal e humilhante, quando lhe propôs uma ideia para um novo programa de rádio e em resposta foi informado de que o seu programa semanal tinha sido cancelado.

– Dr. Korczak, eu gostaria de saber se o senhor teria disponibilidade para vir hoje à rádio falar à população de Varsóvia. As pessoas estão em pânico e não há nada como a voz do velho Pan Doutor para acalmar os ânimos. O senhor sempre teve o dom de tocar o coração dos ouvintes.

Por um instante, Korczak não sabe o que dizer. O diretor se apressa a acrescentar um pedido de desculpas.

– Claro que eu teria defendido o senhor. Sabe que aquilo não passou de pura vingança pelas suas críticas a alguns políticos. É lamentável que algumas pessoas achem que um cidadão judeu não deve opinar sobre alguns assuntos. Mas estou de mãos atadas, como deve imaginar.

A voz de Korczak está cheia de emoção:

– Claro. Terei muito prazer.

Korczak instala-se atrás do microfone.

– Hoje estamos juntos, unidos contra uma loucura sem precedentes. Hoje, todos os homens, mulheres e crianças desta nação têm um papel a desempenhar na luta contra as trevas que se aproximam.

No pátio do lado de fora do estúdio, o diretor da rádio aperta a mão de Korczak.

– Eu deveria ter sido mais firme, deveria tê-los enfrentado quando o demitiram. Se ao menos eu tivesse...

Korczak o interrompe, pousando uma mão em cada ombro dele.

– São águas passadas, meu amigo. É no futuro que temos de pensar agora. Tem tido mais notícias sobre o nosso exército?

– Não temos autorização para divulgar todas as más notícias que estão chegando, mas posso dizer que o exército alemão está avançando com uma rapidez impressionante e causando muitos estragos por onde passa. O exército polonês está batendo em retirada.

– Tem certeza disso? Disseram-nos que a Polônia estava pronta para repelir qualquer ataque. Mas as coisas serão bem diferentes quando a Grã-Bretanha e a França entrarem na guerra. Nenhuma notícia sobre uma declaração?

– Receio que nada ainda.

No dia seguinte, Misha, Korczak e os outros professores reúnem-se várias vezes no escritório para ouvir os boletins da rádio. Quando o anúncio finalmente chegou de que a Grã-Bretanha tinha declarado guerra à Alemanha, Korczak salta da cadeira.

– Eu sabia! Sabia que os nossos aliados não nos deixariam sozinhos. Temos de ir à embaixada agradecer.

Korczak e Misha juntam-se às multidões que se acotovelam na ruela que conduz à embaixada britânica. A França também declarou guerra à Alemanha e os embaixadores de ambos os países estão juntos na varanda do edifício. Em uníssono, a multidão entoa o hino nacional da Polônia. Quando começam a cantar o hino nacional dos judeus, Korczak deixa correr as lágrimas, um braço ao redor dos ombros de Misha e o outro em volta do polonês ao seu lado.

Sophia observa a rua lá em baixo da janela do apartamento de Rosa. Nos últimos dias, a vida em Varsóvia tem prosseguido como se a guerra fosse um incômodo de rápida solução: as lojas abertas, as pessoas vestidas com a mesma elegância de sempre. Hoje, porém, as venezianas estão fechadas, as pessoas estão correndo na direção da ponte, com ar de quem se vestiu às pressas ou para uma caminhada nas montanhas, de botas e mochilas às costas. Há muitas pessoas chegando na cidade, refugiados das zonas rurais ao norte e ao oeste. Ninguém sabe o que fazer.

Todas as notícias são de derrota após derrota das forças polonesas, à medida que os alemães avançam e os Aliados nada fazem para detê-los.

Será que os alemães vão realmente conseguir chegar em Varsóvia?

Aquele era para ser um jantar de celebração pelo noivado de Misha e Sophia, mas os pratos foram afastados para o lado e há um mapa estendido sobre a mesa. A família de Sophia, Misha e as irmãs observam com apreensão a rota que Lolek, o marido de Rosa, traça através do rio Bug até o leste da Polônia.

— Quando acha que vocês vão partir? — Misha pergunta à Rosa.

— Nos próximos dias. Antes que seja tarde demais. Se a Polônia cair, teremos de viver com as mesmas restrições que há na Alemanha. — Rosa olha para o marido, do outro lado da mesa. — Onde levam os homens para os trabalhos forçados sem qualquer aviso.

— Se a Polônia cair... Mas que conversa é essa? — diz o sr. Rozental.

A esposa olha para as filhas debruçadas sobre o mapa. Sabina de olhos castanhos, magra demais, com o bebê no colo; é evidente que não pode viajar agora. Krystyna é nova demais para ir. Mas se Misha fosse com Sophia, se cuidasse dela, não seria melhor que a deixassem ir?

Niura chama Misha de lado.

— Decidi ir com Rosa e levar Ryfka comigo. Voltamos a Pinsk, para junto do pai. Sei que é arriscado mas, peço, por favor, que venha conosco.

Misha não sabe o que responder. Será que devia partir também, com Sophia? Mas como? Ele não pode simplesmente deixar as crianças. Sente-se dividido.

Lá fora, os alto-falantes pendurados nos postes de iluminação parecem despertar com uma série de chiados e estalidos. Um uivo mecânico estridente corta o ar.

– Deve ser só um treino – diz a mãe de Rosa com convicção.

Instantes depois a sala vibra e sentem um abalo. Uma explosão na rua.

Quando se refugiam no porão, dezenas de aviões de guerra já preenchem os ares de Varsóvia.

Dia após dia, o bombardeio maciço continua.

Erwin olha para o céu por entre os ramos da árvore, no meio do jardim, enquanto ajuda a levar as crianças menores para dentro, até o porão outra vez. Na última temporada na colônia de férias, Erwin, Sammy, Abrasha e os outros rapazes divertiam-se em jogos de guerra, a Polônia contra os alemães. Umas vezes venciam os alemães, outras os poloneses. Mas não estão brincando mais disso. Os aviões de Hitler bombardeiam Varsóvia dia após dia. Assim que a sirene soa, eles ajudam Szymonek, Sara e as outras crianças menores a chegar ao porão. Korczak observa com orgulho as crianças descendo todos os dias em filas organizadas. São mais sensatos do que muitos adultos que tem visto pela cidade.

E todos os dias Korczak pega a sua maleta de médico e atravessa a fumaça e o fogo de Varsóvia, passando pelos edifícios destruídos e os cavalos deitados nas ruas, para prestar os primeiros socorros a quem precisa e recolher as crianças perdidas no tumulto. Na rua Marszalkowska, ele encontra um garotinho sem sapatos, numa calçada coberta de cacos de vidro.

Para a fúria de Hitler, apesar do terrível ataque, Varsóvia recusa-se a se render. A cidade está determinada a continuar combatendo os alemães. Os Aliados vão socorrer Varsóvia a qualquer momento.

Tudo que eles têm a fazer é se manterem firmes e, mais cedo ou mais tarde, os alemães acabarão por bater em retirada.

Então, um dia, Zalewski entra no refeitório, branco como um papel.

– É verdade, Pan Doutor? Acha que pode mesmo ser verdade?

Os alemães chegaram aos subúrbios. O governo polonês, no entanto, já não está lá para oferecer resistência. O executivo fugiu da cidade, prometendo se reunirem novamente a partir de Cracóvia.

– E o exército também? O Exército polonês deixou assim a cidade? Como podem nos abandonar assim?

Eles ligam o rádio e os professores se reúnem em volta do aparelho. Korczak agarra-se às costas da cadeira e balança a cabeça devagar, sem poder acreditar. Agora é só uma questão de tempo até os alemães chegarem ao coração da cidade e ocuparem a rua do orfanato como um enxame de vespas. Stefa olha para o uniforme de major.

– Meu amigo, não seria melhor tirar isso agora? E se os alemães chegarem?

Korczak olha para ela por cima dos óculos.

– Não estamos em guerra?

– Mas por que pergunto? – queixa-se Stefa. – Claro que você vai continuar a usar o uniforme. Vai usá-lo até nos vermos livres deles. Como não podia deixar de ser.

Misha cerra os punhos, cheio de frustração. O que ele faz ainda ali? Deveria estar com o exército polonês, lutando, ajudando a repelir os invasores da periferia de Varsóvia.

Uma nova mensagem chega pelas ondas do rádio e ele se aproxima, ouvindo atentamente enquanto ela é repetida, várias vezes. Estão convocando todos os homens fisicamente aptos para se reunir no leste da cidade, do outro lado do rio. Os professores olham uns para os outros. Será verdade? Estará o exército realmente se reorganizando no leste? Será essa uma convocação para que se alistem? Ou uma armadilha?

Misha se levanta. Ele sabe o que tem de fazer.

Capítulo Oito

VARSÓVIA, SETEMBRO DE 1939

Misha leva algum tempo para perceber onde está. Ele está tão esgotado que mal consegue se lembrar do próprio nome. Pode sentir o peso e o calor de Sophia ao seu lado e ouvir sua respiração regular. Ele encosta o queixo no peito e olha para baixo, para ver se é mesmo ela.

Então dormiram juntos a noite toda? Nesse momento, ele sente as barras da carroça das entregas contra as costas e se lembra. Não é um sonho. Há dois dias que andam na estrada com milhares de outros refugiados. A carroça de madeira com as laterais abertas se tornou a casa deles, todo o seu mundo.

E, ainda assim, ele está contente. Com ternura ele passa a mão pelo cabelo loiro dela, sem tocá-lo, mas sentindo o calor compacto da cabeça dela, e Sophia suspira e encosta a testa no peito dele. Misha sente seu hálito quente através da camisa.

Se tiver Sophia ao seu lado, ele tem tudo.

Ele não quer acordá-la. Prefere deixá-la dormir mais um pouco antes de ter de enfrentar o que o dia lhes reserva. Quantas vezes tiveram que correr para os milharais, ainda ontem, com multidões fugindo como formigas para os dois lados da estrada? Primeiro, o rugido dos motores, depois os bombardeiros alemães surgiram do nada, mergulhando nos campos e semeando a morte e o caos pelo caminho. Um ancião de porte militar sacudiu um punho cerrado quando os aviões voltaram a subir, desaparecendo mais uma vez no céu azul.

– Isto não é maneira de ganhar uma guerra. Atacando crianças. Mulheres. Não é assim que um cavalheiro conduz uma guerra. Que absurdo!

Mais tarde, Misha encontrou-o caído no campo, entre os restolhos, com o casaco ensanguentado e com buracos de balas, a família tentando ajudá-lo.

Quanto tempo até uma bala encontrar Sophia ou as irmãs dele? Elas estão dormindo perto de Sophia, enroscadas uma na outra como dormiam quando eram pequenas, depois da morte da mãe.

Quando Niura lhe pediu para ajudá-las a sair de Varsóvia e seguir para Pinsk e a segurança da casa paterna, Misha não fazia ideia de que os alemães fossem capazes de metralhar civis enquanto fugiam da cidade.

Do outro lado da carroça, Rosa e o marido ainda dormem, vestindo seu caríssimo equipamento de montanhismo. Era o pai de Rosa que lhes arranjara o transporte.

Ele podia ouvir tosses abafadas, crianças chorando, a primeira discussão da manhã à medida que as centenas de pessoas acampadas entre as árvores começam a acordar com o frio da manhã. O ar está denso com o cheiro das folhas em decomposição. Misha revira a cabeça, o pescoço dolorido, as roupas úmidas com o ar da floresta.

Ele precisa urinar, mas não quer se mexer.

Fazia dois dias que tinham deixado Varsóvia. Dois dias na estrada, numa longa procissão de milhares de pessoas avançando em ritmo de caminhada. Seis dias agora desde que receberam a estranha mensagem pelo rádio convocando todos os homens fisicamente aptos para se encontrarem no leste. Não tinha sido dito explicitamente, mas todos entenderam que o exército polonês devia estar se reagrupando em algum lugar além do Vístula. E precisavam de recrutas, reforços. Era tudo que Misha precisava saber para se alistar, mas deixar Varsóvia e as crianças do orfanato seria como arrancar a si próprio pelas raízes.

Depois de ouvir mais uma vez a convocação, ele tinha descido ao pátio para falar com Korczak e encontrara um grupo de jovens em volta dele. Não era o único planejando ir para o leste para se juntar ao exército. Sammy Gogol e Jakubek Dodiuk, dois meninos de quem ele cuidara quando chegaram ao orfanato, eram agora jovens de 18 anos. Tinham corrido à rua Krochmalna para se despedirem antes de partir.

– As minhas crias estão todas deixando o ninho – comentara Korczak, dando-lhes um beijo na testa. Ele se voltou para Misha e viu sua expressão grave. – E você também, pelo que vejo. Está me deixando também?

– Ouvi o apelo. Mas se quiser que eu fique...

– Não posso dizer o que deve fazer. Nas últimas duas guerras fui eu quem teve de partir e deixar o orfanato nas mãos de Stefa. Agora é a minha vez de ficar enquanto outros partem. Não será a primeira vez que somos forçados a viver sob ocupação alemã... e a ver o seu fim. Portanto, este velho soldado saúda o jovem soldado. Eu o saúdo.

No seu antigo uniforme de major, Korczak bateu continência e a seguir abraçou Misha.

– Ah, mas é muito difícil ver os nossos filhos partindo.

Erwin tinha vindo correndo pelo pátio a toda velocidade.

– Pan Misha, disseram que está indo embora – O menino estava com uma expressão perplexa no rosto redondo, os olhos azuis arregalados – Quando vai voltar?

– Logo. Não será por muito tempo.

Zalewski, o porteiro polonês, tinha abandonado a portaria para apertar a mão dele. Assim como Korczak, ele tinha combatido na Grande Guerra e na Guerra da Independência.

– Não se preocupe, Pan Misha, eu e a sra. Zalewski ficamos aqui cuidando das crianças e do Doutor para você.

Sara e Halinka, Abrasha e Sammy, o pequeno Szymonek e tantas outras crianças de quem Misha tinha cuidado nos últimos sete anos tinham-se reunido no portão para dizer adeus e acenar através da grade.

Misha acenara também, lançando um último olhar ao grande edifício que fora seu lar nos últimos quatro anos, e se dirigira para a Praça Grzybowski, com a intenção de dizer a Sophia que viajaria para leste a fim de se juntar ao exército. Ia lutar pela Polônia, mas ao mesmo tempo sentia-se um desertor.

Era evidente que Sophia também tinha ouvido a mensagem na rádio e já sabia que Misha iria tentar se juntar ao exército.

– Se você vai para o leste, então vamos juntos – anunciara ela no minuto em que abriu a porta do apartamento. O rádio estava ligado na cozinha e repetia a mesma mensagem.

– Mas...

– Não, não tenho intenção de me alistar. Vou concluir a minha graduação em Lvov. Hitler nunca chegará tão longe. Se os alemães chegarem aqui, você sabe que não poderemos mais viver nesta cidade. Não vamos poder fazer mais nada. Por outro lado, se eu conseguir chegar a Lvov, posso me formar e, quando isso se resolver, vou poder seguir com a minha vida. Se Hitler conseguir nos impedir de fazer o que é preciso para construirmos um mundo melhor, ele vai ter realmente nos vencido.

Ela sustentara o olhar dele sem hesitação. Ele não tinha dito "e não poderemos nos casar", mas estava implícito no olhar desafiador.

No início, a mãe dela se opusera, mas durante a noite o prédio de apartamentos foi atingido. A família escapou, mas perderam quase tudo. A casa de Sabina e Lutek era pequena demais para todos.

De repente, a ideia de deixar Sophia partir com Rosa para o leste do país, o território livre da Polônia, estava começando a parecer mais sensata. Misha acompanharia Sophia até Lvov, onde ela poderia ficar na casa de amigos. Até lá, ele já teria arranjado um jeito de se alistar para ajudar a pôr um fim naquela guerra. Viajariam com Rosa e o marido – que por sorte ainda não tinham partido de Varsóvia –, pois o pai dela tinha conseguido transporte e mantimentos. Ele conhecia um homem que fazia entregas e que se preparava para regressar à sua aldeia no rio Bug. Também haveria espaço na carroça para as irmãs de Misha.

A invasão alemã nunca se estenderia até o extremo leste, como Lvov ou Pinsk. Lá, as irmãs e Sophia estariam seguras.

Isso tinha acontecido vários dias antes e agora o homem das entregas está enroscado debaixo de um grosseiro cobertor marrom na parte da frente da comprida carroça, perto do seu enorme cavalo branco, que puxa a carroça. Misha move Sophia com todo o cuidado e coloca um casaco enrolado por baixo da cabeça dela sem acordá-la.

Ele realmente precisa esvaziar a bexiga. E seria bom ver se existe água potável nas redondezas. Os cantis estão quase vazios.

A luz da manhã começa a se infiltrar entre as árvores. Como se já não bastasse a densa umidade, a nuvem de pó que segue os refugiados ao longo dos últimos dois dias não assentou durante a noite, transformando as figuras entre as árvores em sombras amarelas à luz da manhã.

À beira de uma lagoa pantanosa, ele vê um grupo de soldados poloneses. Os primeiros soldados que Misha encontra pelo caminho. Até que enfim. Devem saber onde ele poderá se alistar. Ele notou que não possuem barracas e dormem a céu aberto como todos os outros. Têm um ar abatido e desarrumado. Alguns não vestem um uniforme completo, como se o exército não tivesse tido tempo de distribuir uniformes adequados aos soldados antes de enviá-los para a guerra.

Misha se aproxima. Cumprimenta-os com um aceno de cabeça.

– Para onde vocês estão indo? Onde está o seu regimento? – pergunta ele. – Ouvi a mensagem na rádio. Quero me alistar.

Um dos soldados, com um braço enfaixado, vigia uma lata de água aquecendo numa fogueira de gravetos. Ao ouvir Misha, ele bufa.

– Pfff... Outro que ouviu a famosa mensagem. Você quer saber onde está meu regimento? Eu é que pergunto. Fomos massacrados. Só restamos nós. Também temos andado por todo o lado à procura de um regimento, qualquer um que nos aceite.

Um homem de baixa estatura, de cabelo escuro e barba por fazer observa a expressão ansiosa de Misha. Ele usa um quepe do exército com a aba para trás e um casaco civil com um porta-rifle a tiracolo.

– O exército polonês não existe mais, companheiro. Está em frangalhos.

– Então para onde vocês estão indo?

O soldado encolhe os ombros.

– Acabamos de vir do leste. Se vão para lá evitem Siedlce. Há alemães por toda a parte, saqueando e disparando em civis.

Misha volta para a carroça, preocupado com tudo o que acabou de ouvir. Uma mulher com um luxuoso casaco de pele e um homem num elegante terno feito sob medida o detêm.

– Por acaso você não tem carro, tem? Temos dinheiro. Pagamos quanto quiser. Precisamos de um carro.

Ele balança a cabeça. Ouve o casal fazendo a mesma pergunta a todos por quem passam.

*

Quando chega, estão todos fora da carroça, discutindo alguma coisa. Sophia o vê e corre na direção dele, aliviada.

– Onde você foi? Não sabia onde estava. – E abraça-o por vários segundos.

– Desculpe, não quis acordá-la.

– Prefiro que me acorde sempre.

Ela dá o braço a ele e caminham juntos até os outros. O homem das entregas está examinando os cascos do cavalo, enquanto os outros o ouvem.

– Esta garota aqui não pode ir mais longe – diz ele, acariciando o pescoço da égua. Ela é o seu bem mais precioso. – Está manca. Vou ter de levá-la a pé até a aldeia mais próxima e ver se alguém pode fazer alguma coisa. Ainda é uma boa jornada até ao rio, mas jovens como vocês podem ir a pé.

Misha abre o mapa. São mais de 300 quilômetros de Varsóvia a Lvov. Algumas horas de trem, normalmente, mas no caso deles a viagem está se transformando numa odisseia de vários dias. O homem das entregas mostra a eles o melhor caminho, traçando uma rota invisível com seu dedo grosso.

As malas são muito pesadas. Eles tiram tudo o que é supérfluo e deixam na carroça. Mais objetos adicionados aos montes de pertences descartados que crescem dia após dia ao longo da estrada: automóveis sem combustível, com as portas abertas; malas parcialmente desfeitas, com parte das roupas para fora; um casaco de pele pesado demais para carregar e que agora não interessa a mais ninguém; livros espalhados pelas estradas como pássaros de asas feridas, as páginas tremulando na brisa.

Carregando o que podem, eles seguem pelos campos abertos sob um céu muito azul. Misha tenta tirar de Sophia a mochila que carrega nas costas, mas ela não deixa. Ao fim de dois dias na estrada, eles começam a cheirar mal, mas, pelo menos, estão perto do rio. Chegam a uma pequena trilha de terra arenosa que atravessa uma floresta sombria e caminham em fila indiana por entre os troncos altos, sob as copas verde-escuras, ouvindo o canto dos pássaros.

Fraco, a princípio, ouve-se o ronco de um motor e, antes que percebam o que é, surge na trilha diante deles uma motocicleta de metal cinzento com um sidecar. Quando veem os capacetes alemães, é tarde demais para se esconderem. Ficam cara a cara com dois soldados alemães usando seus belos uniformes cinzentos com detalhes pretos e prateados. São jovens, louros e bonitos. Parecem bons rapazes.

Um dos jovens soldados deixa o sidecar e se aproxima do grupo. Os pássaros continuam a cantar.

Os olhos de Misha seguem os movimentos do soldado, enquanto ele caminha por entre as pessoas, o olhar se demorando nas moças, na mala que Niura segura com ambas as mãos. É de couro e não deve ter custado pouco, um presente de um namorado polonês de origem aristocrática.

O soldado diz alguma coisa em alemão. Agarra a mala esperando que Niura a solte, mas lá dentro está uma preciosa fotografia da mãe deles numa moldura de prata e tudo o que ela possui. No mesmo instante, ela puxa com força. O soldado tropeça para a frente, fazendo papel de tolo.

Ficam todos paralisados, com a respiração suspensa. Com rosto vermelho de raiva, o jovem alemão leva a mão à sua arma no coldre, mas o soldado que ficou na motocicleta cai na gargalhada e grita algo em alemão. O soldado ergue o rifle e desfere uma coronhada no rosto de Niura. Ela cambaleia para trás, colocando a mão sobre o corte no rosto. Ele volta ao sidecar e a motocicleta arranca, se afastando.

– Podia ter levado um tiro – diz Ryfka, zangada, enquanto limpa o sangue.

– Ele não faria isso – rebate Niura. – Ele era ganancioso, sim, mas os alemães não são monstros que atiram a sangue-frio. E eu estava certa. Só temos de fazer com que saibam disso.

Ela pega a mala e o grupo segue em frente.

– Eu ainda acho que você devia ter deixado que ele pegasse a mala – responde Ryfka, seguindo atrás da irmã, ainda pálida com o choque. – Diga a ela, Misha – ela grita para ele.

– Hoje em dia, é Niura que me diz o que fazer.

– Até parece... – diz Niura, mas ela parece ter gostado do comentário.

– Mesmo assim, você se arriscou – Misha a repreende em voz baixa. – Não volte a nos assustar assim outra vez.

Eles continuam a seguir pela trilha arenosa. O sangue no rosto de Niura já secou, mas a pele ao redor começa a ficar arroxeada.

Ao anoitecer, eles chegam a uma aldeia. Ela é assim como o homem das entregas descreveu: uma pequena sinagoga de madeira entre as casinhas dos camponeses, agora silhuetas negras na escuridão. A cabana do barqueiro é uma casa térrea com telhado de alcatrão, na margem do rio.

Mas algo está acontecendo. Da outra margem do rio estreito, chegam luzes e faróis altos. Eles ficam na sombra das árvores e observam. Podem ver um jipe. Homens de uniforme. Por um instante, o coração de Misha se alegra, acreditando que sejam homens do exército polonês, mas logo ele percebe que as vozes, animadas e descontraídas, falam em russo. As luzes dos faróis do jipe mostram dois homens com uniformes verde-musgo.

– Soldados russos – ele sussurra. – O que estão fazendo aqui? Por que soldados russos estão a quilômetros da fronteira?

– Eles devem ter entrado na guerra – sussurra Sophia, animada. – Estão do nosso lado.

O barqueiro, rude, logo desfaz o mal-entendido.

– Mas onde é que vocês vivem? Debaixo de uma pedra? Não sabem que agora os russos e o *Herr* Hitler são unha e carne? Aconteceu tudo ontem. Os russos ficam com as terras a leste do rio Bug, Hitler com o oeste. Esse é o fim da independência polonesa. Vinte doces anos e agora acabou.

Eles ficam parados na margem do rio, em silêncio. Agora que não estão em movimento, o frio da noite começa a envolvê-los. Sophia e Niura estão ambas chorando. A notícia faz com que Misha sinta um aperto no peito. Faz dois dias que ele não pensa em outra coisa que não seja combater ao lado do exército, mas naquele momento sente a derrota se instalando em seu corpo e roubando suas forças. Afinal, o sonho de encontrar um regimento de soldados poloneses valentes não passou disso mesmo, um sonho que morreu juntamente com a esperança de encontrarem uma parte da Polônia ainda livre. Entre os alemães e os russos, o país encontra-se mais uma vez oprimido pelo domínio estrangeiro.

– Stalin é quase tão monstruoso quanto Hitler – diz Rosa. – Talvez seja melhor voltarmos.

– Mas, pelo menos, aos olhos dos russos, não somos cidadãos de segunda classe. Podemos andar pelas ruas, trabalhar, estudar – comenta Niura.

O barqueiro tosse.

– Então, o que vocês querem? – ele pergunta – Querem atravessar ou vão voltar?

– Não temos escolha. Vamos em frente – diz Sophia, olhando para os outros.

Avisando-os para não fazerem barulho, o barqueiro os leva até um cais muito simples, onde seu barco a remo está amarrado. Não irá atravessar com eles, não enquanto os russos ainda estiverem ali. Eles podem levar o barco e amarrá-lo do outro lado e depois ele vai lá buscá-lo.

– Sabem manejar um barco? – pergunta o homem, em dúvida.

– Andamos muito de barco no Vístula – diz Rosa. Por um instante, ela se lembra dos piqueniques de fim de semana à beira-rio com o gramofone tocando, mas logo a visão se dissipa.

O barqueiro puxa o barco para longe das vozes dos russos. Ali não há cais, apenas uma margem escorregadia e o rio profundo. Enquanto vão entrando um a um, carregados de malas e bolsas, a embarcação começa a balançar descontroladamente na escuridão, açoitada pela corrente. No momento em que Misha estende a mão para Sophia e ela dá um passo à frente, o barco oscila violentamente.

Com um grito e o barulho de algo caindo na água, Sophia desaparece sob as aguas escuras. Misha mergulha os braços na água, vasculhando a superfície com os olhos à espera de ouvir um ofegar ou os braços dela voltando à tona, mas não há nada além da luz da lanterna de Niura na superfície negra. Misha mergulha nas profundezas do rio, debatendo-se nas algas do leito lamacento que prendem seus pés. Várias e várias vezes ele volta à superfície de mãos vazias.

– Ali – exclama Rosa. – Misha, estou vendo Sophia.

Rio abaixo, ele vislumbra a forma pálida da cabeça e dos braços dela nos rodamoinhos da corrente agitada, agarrada aos galhos de um salgueiro. Ele sai da água e corre para puxá-la para a margem, afasta o cabelo molhado do rosto dela e a abraça com força.

– Nunca mais faça isso. Nunca mais me deixe – diz ele, a boca na bochecha dela, na orelha, como se quisesse inspirá-la para dentro de si.

Sophia treme violentamente. No barco, Misha senta-se com o braço em torno dela, mantendo o contato com seu corpo na escuridão. Os outros começam a remar, levando o barco para onde as sombras são mais profundas.

Do outro lado do rio Bug, eles desembarcam em território controlado pelos russos.

Eles fazem um bom progresso caminhando durante a noite e, ao nascer do sol, chegam a um vilarejo de cabanas de madeira. Tremendo de frio, dividem um leve café da manhã composto de salame e água, sob a proteção de um bosque. É hora de se separarem: Rosa e o marido continuarão para leste com Niura e Ryfka, em direção a Pinsk; Misha e Sophia seguem para Lvov, mais a sul. Depois de comer em silêncio, recolhem os papéis. Continuam todos juntos, sem querer se separar.

– Está na hora – diz Rosa, baixinho. Ryfka e Niura abraçam demoradamente o irmão. Ryfka inspira fundo, procura guardar na memória o cheiro do casaco de Misha e, a seguir, afasta-se, pálida, parecendo muito mais jovem do que os seus 18 anos.

– Tomem conta uma da outra. E digam ao pai e às tias que nos veremos em breve, está bem? – diz Misha.

Niura dá um último abraço no irmão e assente com a cabeça, mordendo nervosamente o lábio.

– E você vai a Pinsk nos ver assim que puder? Promete?

– Assim que esta guerra acabar.

As moças começam a se afastar, com Rosa e o marido à frente, até desaparecerem por entre as árvores.

A estrada está vazia. Misha e Sophia pegam as malas e seguem para o sul. Já estiveram em Lvov antes, com um grupo de estudantes num curso de verão em que Korczak estava dando uma palestra, e se apaixonaram pela linda cidade, com seus cafés vienenses e telhados vermelhos e verdes. Tinham planejado voltar lá um dia, juntos, mas nunca imaginaram que pudesse ser nessas circunstâncias. Misha pega na mão de Sophia e ela olha para ele, sentindo-se pequena e perdida entre os pinheiros que rangem. Agora eles só têm um ao outro.

No final do dia, ouvem um burburinho de vozes distantes que vai aumentando à medida que saem da floresta para uma trilha que leva a uma ponte sobre um rio, que até recentemente era o leste da Polônia. A estrada está entupida de centenas de refugiados e soldados, pessoas que fugiram às pressas para leste, atravessando a fronteira "verde" para a zona russa enquanto ainda podem. Muitos dos rostos parecem judeus.

Ele pega Sophia pela mão e eles entram no fim da procissão, que caminha devagar na direção de Lvov. Ninguém sabe o que encontrará na cidade, agora sob domínio soviético.

Capítulo Nove

VARSÓVIA, SETEMBRO DE 1939

Korczak sobe do porão do orfanato com Sara por uma mão e Szymonek pela outra. O resto das crianças segue atrás, Abrasha com o seu violino, Sammy, Erwin, Halinka, todos empoeirados e sentindo os olhos ofuscados. Três dias no escuro respirando o ar cheio de fuligem, impregnado com os miasmas de açúcar queimado ou tinta, dependendo das fábricas atingidas pelos bombardeios. Três dias à luz de velas e bebendo a água do poço, com gosto de lama.

O silêncio repentino faz os ouvidos de Korczak zumbirem. No pátio, as crianças correm para pegar as penas que pairam no ar.

– Olhem! – diz Szymonek. Acima dos telhados, uma enorme nuvem de penas ondula ao sabor do vento, o conteúdo de milhares de edredons e travesseiros destruídos.

À distância, ouvem o ronco de um motor se aproximando. Uma motocicleta militar com sidecar passa em frente aos portões, atravessando o ar enfumaçado. Dois capacetes de aço cinza.

– Fiquem aqui, crianças, fiquem aqui.

Korczak junta-se a Zalewski no portão e ficam ambos observando a motocicleta até ela parar no alto da rua Krochmalna. Um soldado salta do sidecar e começa a encaixar uma metralhadora de tamanho industrial no suporte de aço da traseira da moto.

Agora, há uma metralhadora instalada na rua Krochmalna.

Zalewski vira de costas e enxuga os olhos.

– Pelo menos, não nos rendemos como Viena. Eles podem ter nos tirado Varsóvia, mas nosso coração sempre será polonês.

Korczak concorda com um aceno sombrio, sem tirar os olhos dos soldados. Depois, trancam o portão e levam as crianças para dentro.

Os alemães não demoram para fazer vigorar as Leis de Nuremberg, com uma longa lista de restrições à vida dos judeus. É doloroso ter de explicar às crianças que não podem mais ir aos Jardins da Saxônia nem ao cinema. Erwin está furioso porque, depois de esperar uma eternidade na fila do pão dos alemães, no centro da cidade, um amigo acusou-o de ser judeu e ele teve de regressar ao orfanato de mãos vazias.

Não vai ser sempre assim, diz Korczak às crianças. Hitler é uma fogueirinha patética e rancorosa que logo se extinguirá. Mais cedo ou mais tarde, os alemães vão recobrar o juízo e deixar a Polônia.

Korczak sabe como sobreviver a uma ocupação alemã. Já fez isso em 1918, embora esse ódio maníaco aos judeus, a teoria nazista insana de uma conspiração de judeus contra o Reich, seja algo que ele nunca viu antes.

Por enquanto, o principal problema de Korczak é arranjar fundos para manter o orfanato funcionando, o que não é fácil agora que os judeus não podem ter contas bancárias e que todos os que tinham dinheiro para partir já deixaram a cidade.

Com o passar dos meses, Korczak vai estudando esses invasores delinquentes. Repara que os nazistas alemães tendem a ignorar tudo o que foge à lógica. Ele faz questão de parecer um velho decrépito, talvez até um pouco ébrio, sempre que encontra brutamontes alemães num café, e eles o deixam resmungando sozinho num canto.

Ele até conseguiu – e isso foi um verdadeiro milagre – persuadir o Kommissar alemão encarregado da região da colônia de férias a deixar as crianças passarem o verão de 1940 na Pequena Rosa. O Kommissar está tão encantado com a filosofia de Korczak sobre a infância que enviou os seus próprios soldados para consertarem as cabanas danificadas pela invasão e, apesar de haver pena de morte para quem ajuda judeus sob a ocupação, chega mesmo a enviar carroças de mantimentos para as crianças, gentilmente cedidos pelas lojas da Wehrmacht.

– Veja, os alemães não são piores que os judeus ou os poloneses – diz Korczak a Stefa enquanto passeavam uma vez mais pelos jardins da colônia de férias, aproveitando o calor do sol do verão.

Mais cedo ou mais tarde, eles terão que voltar para a Varsóvia ocupada. Korczak diz ao jardineiro e aos cozinheiros que embalem toda a comida das cozinhas e dos canteiros de hortaliças para que possam levar com eles.

– Mas Pan Doutor, não vamos deixar algumas batatas para plantar no ano que vem? – pergunta Szymonek, que adora os jardins e cultivar tudo o que é verde.

– Este ano não – responde Korczak, enquanto ele e Zalewski prendem a lona que cobre a carroça. – Se essa ocupação alemã for parecida com a anterior, este ano podemos muito bem precisar delas para a sopa. Recomeçamos com batatas novas quando voltarmos no próximo ano.

Korczak para no fim da rua Nalewki. O bairro comercial judeu com os seus imponentes prédios de apartamentos está repleto de famílias e pequenos negócios de todos os tipos, cada pátio uma pequena cidade. Ele olha para uma nova placa de madeira pendurada num dos postes de iluminação. A escrita gótica pintada de preto avisa os não judeus para se manterem longe dali: os bairros judeus são zonas onde prolifera o tifo. E, no entanto, ele sabe por amigos nos hospitais de Varsóvia que não foram registrados quaisquer casos da doença.

Os poloneses são tratados um pouco melhor do que os judeus, mas a diferença não é muita e até agora eles têm se mantido unidos. Para Korczak tudo indica que os avisos da febre tifoide não passam de uma tentativa nazista de manter os judeus isolados dos poloneses.

Olhando para a rua Dluga, ele avista uma das seções dos muros que começaram a surgir em toda a cidade, cortando estradas, edifícios e pátios. Até onde irão os nazistas para isolar os judeus?

Korczak foi visitar Adam Czerniakow, um velho amigo dos seus tempos de professor e agora diretor do Conselho Judaico. Se alguém pode explicar os muros, esse alguém é Czerniakow.

Korczak e Czerniakow pertencem ao mesmo círculo de varsovianos cultos, onde judeus e poloneses interagem livremente como colegas e amigos. Ambos têm muito orgulho da sua herança judaica, mas o polonês é a sua língua materna e valorizam a cultura e a literatura polonesas. Tal como Korczak, Czerniakow é um defensor convicto da união entre os povos. Agora, para grande consternação de Korczak, o amigo é o principal ponto de ligação entre os alemães e a comunidade judaica sitiada, passando as ordens dos conquistadores aos conquistados.

Com a cabeça careca como um ovo, um terno bem cortado e uma gravata-borboleta sobre o tronco volumoso, Czerniakow ajusta os óculos redondos ao ver Korczak entrando no escritório.

– Até que enfim um raio de sol num dia sombrio.

– Já fui chamado de muitas coisas, mas nunca de raio de sol. Aqui vai um enigma para você. Para que servem esses muros? Outra loucura dos alemães?

– Tudo o que sei sobre eles é que o Conselho Judaico teve de pagar pelos muros e fornecer a mão de obra.

– Será possível que querem prender todos num bairro judeu, aqui em Varsóvia? Em Lublin, já há um gueto.

– Varsóvia é uma situação completamente diferente. Lublin agora faz parte do Reich alemão e está sob a sua jurisdição. Varsóvia faz parte dos territórios ocupados sob administração do Generalgouvernement alemão, e me garantiram que não existem planos para um gueto aqui. Alguns bairros exclusivamente judeus, talvez, mas não um gueto segregado. Neste momento, o que me incomoda é o fato de as crianças judias serem proibidas de ir à escola. E os poloneses, veja bem, não estão em situação melhor, com a escolaridade tendo de acabar aos 10 anos.

Czerniakow tinha lecionado durante muitos anos nas escolas de Varsóvia antes de ser eleito para o senado e para o Conselho Judaico. Como Korczak, o bem-estar das crianças ainda estava no centro das suas preocupações.

– Agora ensinamos as crianças no orfanato. E eu e a Stefa temos dado palestras na comuna da rua Dzielna, ajudando-os a organizar uma escola clandestina. Eles têm lá jovens extraordinários preparando-se para o ensino.

– Ah, o Yitzhak Zuckerman e os amigos da comuna de Dror. Eu não sei nada sobre isso, evidentemente. – Czerniakow se reclina na cadeira, cruza as grandes mãos calejadas sobre o peito. As sobrancelhas grossas e os cílios escuros fazem lembrar o jovem estudante que foi, antes da corpulência e da calvície da meia-idade. – É estranho como a história se repete. Lembra-se de enganar a polícia do czar nos tempos da universidade clandestina, dando aulas sempre em lugares diferentes?

– E nós dois conhecemos o interior da prisão de Pawiak. Claro, é só o que os jovens agora querem saber, como eram os dias da universidade flutuante.

– Bom, mas lembre-se de que já não somos tão jovens, meu amigo. – Czerniakow olha para a fita com a Estrela de Davi em azul que traz presa ao grosso antebraço e, a seguir, olha para as mangas do casaco de Korczak, desprovidas de qualquer distintivo. – Você sabe o risco que está correndo, andando assim pela cidade?

Korczak olha para o amigo com severidade por cima dos óculos e diz em voz baixa:

— E deixar que as crianças me vejam tratar a Estrela de Davi como um emblema de vergonha? Nunca.

À medida que o verão dá lugar ao outono, os muros vão ficando mais altos, mas, como nada mais acontece, as pessoas vão se acostumando a vê-los até quase esquecê-los completamente.

É o Yom Kippur, o dia mais sagrado do ano judaico, um dia de perdão e recomeços. Korczak gosta de levar as crianças à grande sinagoga para ouvirem a poesia e a fé da sua tradição.

Mas mais tarde naquele dia, enquanto as crianças se reúnem no refeitório para a refeição festiva, ouvem passar na rua, ruidosamente, uma van com um alto-falante. Levam algum tempo para entender a mensagem e absorver seu significado. Todos os judeus devem se mudar para o bairro que lhes foi designado. Um dos professores sai correndo e traz um exemplar do jornal da tarde.

Stefa corre para ler as notícias com Korczak, enquanto as crianças continuam a comer no burburinho das conversas. Ela olha em volta para o salão superlotado – cinquenta novos órfãos desde o cerco. Stefa tem agora um vinco profundo entre os olhos e novas rugas na testa.

Eles examinam o mapa do jornal. Os limites do gueto estão traçados sobre o mapa de Varsóvia, uma linha negra irregular ao redor das principais zonas onde os judeus se concentram, como peças de um quebra-cabeças que podem ser extirpadas do coração da cidade.

— Estamos do lado de fora do gueto. – Stefa balança a cabeça. – Certamente não vão obrigar as crianças a deixarem o orfanato.

– Deixe comigo – diz Korczak, sombrio, vestindo o casaco. Ele enrola um cachecol em volta do pescoço para esconder os galões do uniforme na gola do casaco.

Ele se lembra da bondade do oficial alemão que os ajudou a passar o verão na colônia de férias, mas desta vez o encanto de Korczak cai em solo pedregoso.

Nas duas semanas seguintes, Varsóvia fica em alvoroço enquanto as famílias polonesas saem da área do gueto e famílias judias se mudam para lá. Todos procuram fazer boas trocas. Perdem-se negócios, subornos mudam de mãos e barganhas e trapaças ocorrem da rua Sienna até a Muranow. Nesse meio-tempo, os alemães continuam a despojar os apartamentos judeus mais requintados de tudo o que lhes desperta o interesse, despejando famílias inteiras para ocuparem eles próprios os melhores apartamentos ao redor da Praça do Teatro e da Catedral de São João – locais onde a arquitetura tem um estilo apropriadamente germânico.

Bem longe dali, fixada na parede do escritório de um arquiteto do Terceiro Reich, há uma nova planta da cidade de Varsóvia, o projeto de uma cidade alemã de província com poucos milhares de habitantes, com toda a arquitetura polonesa e judaica eliminada.

Korczak queria deixar tudo alegre, uma trupe circense em viagem, com música, fitas e tambores, mas não houve tempo. As crianças fazem fila, de duas em duas, no pátio da frente, vestindo os seus melhores casacos de inverno e o calçado mais resistente. Carregam o que podem, tudo o que Korczak acha que será essencial dentro do gueto: vasos de flores, quadros, brinquedos, livros. A umidade fria penetra nos ossos.

O professor carrega a nova bandeira do orfanato. De um lado há uma estrela azul de seis pontas sobre uma flâmula de seda branca, para as crianças erguerem com orgulho. Ele ainda se recusa a usar a braçadeira obrigatória, a Estrela de Davi tratada como um símbolo de vergonha. Pelo menos, as crianças não são obrigadas a usar a braçadeira. Pelo menos, um ato de misericórdia.

Do outro lado, pode se ver uma folha de castanheiro em seda verde.

– Para nos lembrarmos da árvore no nosso jardim. Para recordarmos a nossa casa – diz o professor às crianças.

Sara puxa uma manga do casaco de Korczak para chamar a atenção dele.

– Pan Doutor, é como a bandeira do Rei Mateusinho, do seu livro de histórias.

Ele sorri e concorda com a cabeça.

– Tens razão, Sara. Você é uma garotinha muito esperta. É que, sabe, todos temos de tentar fazer deste mundo um lugar melhor, tal como o Rei Mateusinho e, mesmo que não corra tão bem como esperávamos no início, não podemos desistir.

Ele entrega a bandeira a Erwin, com instruções para que a carregue bem no alto.

Agora o velho Zalewski despede-se das crianças no jardim da frente, o rosto de soldado ferido e inchado, o lábio rachado. No dia anterior, Zalewski tinha solicitado ao quartel-general da Gestapo permissão para ir com as crianças para o gueto.

– Não sabe que é proibido por lei um polonês trabalhar para os judeus? – berrou o oficial da Gestapo.

– Mas as crianças são a minha família – protestou Zalewski antes de receber o primeiro golpe.

Uma a uma, cem crianças abraçam o casal idoso – os avós do orfanato. A sra. Zalewski enxuga os olhos de vez em quando no avental.

– Tenham cuidado com essa carroça – diz Zalewski a Henry Sztokman com um nó na garganta. Ele vai mancando até a carroça para verificar as cordas que prendem a lona. – Vocês levam aí duzentos quilos de batatas para o inverno todo. – Com relutância, ele tira a mão do cavalo.

Mais à frente, Erwin levanta bem alto a bandeira verde do Rei Mateusinho e da Estrela de Davi. As crianças saem em fila pelos portões, dispersando no ar frio o frágil vapor da sua respiração. Alguém tenta cantar, mas a partida é triste e a melodia morre.

Korczak não olha para trás, mas Stefa lança um último olhar ao gracioso edifício branco onde viveram durante quase vinte anos, à janelinha no telhado onde Korczak passava as tardes escrevendo, aos janelões que inundavam a casa de luz. Quantas vezes ela não tinha ouvido os visitantes comentando que parecia mais um casarão de alguém importante do que um orfanato?

– E é. É uma casa de gente muito importante – lembrava ela.

Eles caminham em silêncio pela rua Krochmalna, no ar frio, chapinhando nas poças da calçada.

Na entrada do gueto, na rua Chlodna, as crianças esperam sem fazer barulho enquanto os documentos são verificados. Olham com curiosidade para os portões metálicos de três metros de altura, os guardas alemães, os muros rematados com cintilantes cacos de vidro, que se estendem a perder de vista de ambos os lados. Um guarda corpulento, com um longo casaco abotoado na cintura grossa, contorna a carroça de batatas e olha debaixo da lona. Ordena a Henryk que desmonte e faz sinal a um jovem guarda para que leve o cavalo embora.

Korczak se aproxima.

– Algum problema? Temos permissão para carregar mantimentos – mostra os papéis ao homem, mas o soldado dá de ombros.

– Permissão cancelada. – Ele vira costas. As crianças começam a atravessar os portões em fila, mas Korczak, furioso, não pode deixar o assunto morrer. Será que o homem não vê que está roubando a comida das crianças? Das crianças! Que coração mais negro esse homem tem!

Ele endireita o uniforme, evoca toda a sua dignidade de major polonês e grita:

– Farei queixa de você aos seus superiores. Isso é uma vergonha!

Imperturbável, o guarda alemão faz um gesto para que ele se afaste.

– Fale com a Gestapo, se quiser.

Não é difícil sair do gueto no dia seguinte – afinal de contas é um bairro, não uma prisão – e Korczak parte bem cedo para a frondosa avenida Szucha. O edifício dos Assuntos Religiosos e da Educação para a Fé é agora o quartel-general da Gestapo. Agora há guaritas vermelhas e brancas com guardas armados de ambos os lados das colunas quadradas da entrada.

Korczak ouviu muitos rumores sobre as brutalidades cometidas no interior do quartel-general da Gestapo. Não pode deixar de sentir um arrepio de medo ao atravessar o pátio, marchando desafiadoramente, as botas do exército golpeando as lajes de mármore. Ele exige falar com o oficial encarregado dos assuntos do gueto.

Conduzem-no educadamente a um gabinete e dizem que deve aguardar. Em cima da escrivaninha, veem-se várias pilhas de documentos alinhadas com precisão milimétrica ao lado de um telefone e de uma lâmpada de leitura de pé articulado. Pendurado num cabide, um chapéu de oficial com a insígnia da caveira e dois ossos cruzados por trás como chifres. À direita de quem entra, há uma estante de vidro. Leva alguns instantes para os olhos de Korczak registrarem que, em vez de papéis, dentro da estante há algemas de ferro, um chicote, martelos e soqueiras metálicas.

Entra no gabinete um oficial da Gestapo envergando um uniforme marrom. Korczak explica, fazendo uso do seu vocabulário mais formal, que é essencial que as batatas confiscadas sejam de imediato devolvidas às crianças.

– O seu alemão é excelente, major – comenta o oficial com cordialidade, lançando um olhar ao uniforme polonês e notando com desconfiança os punhos puídos.

– Obrigado. Passei um ano em Berlim estudando no Instituto Médico e passei a ter grande respeito pelos métodos eficientes e humanitários dos médicos alemães.

– De fato. Só não consigo entender, major, por que se preocupa tanto com esses judeus, nem por que tem a seu cargo órfãos judeus.

Ele examina a documentação de Korczak por alguns instantes. De repente, o rosto do oficial fica vermelho. Levanta-se, o rosto carregado de ódio, arrastando a cadeira para trás com violência.

– Mas diz aqui que você é judeu. O que é isto, fazendo-se passar por um oficial polonês? Onde está a sua braçadeira?

Korczak levanta-se também, desafiador e beligerante.

– Existem leis humanas que são transitórias e leis superiores que são eternas...

O alemão, furioso, agarra Korczak pelo colarinho, arranca-lhe a insígnia de oficial e começa a esmurrar sua cabeça. Só quando Korczak está caído no chão, depois de um pontapé no estômago, nas costelas, nos rins, é que a raiva do oficial diminui.

– Você será transferido para a prisão de Pawiak por violar os regulamentos de higiene e quarentena da comunidade judaica. – Rabisca um bilhete, que deixa cair ao lado de Korczak. – E aqui está o recibo das suas batatas.

Sangrando e semiconsciente, Korczak é levado por uma van preta de volta para o gueto. Fazem-no sair diante de um edifício baixo com fileiras de janelas com grades. A prisão de Pawiak.

Korczak olha para cima, resignado. Já esteve ali duas vezes por exercer atividades anticzaristas. Durante o regime do czar, subornar os guardas podia ser suficiente para comprar mais comida, o direito de trazer cobertores e até livros para poder continuar estudando. Mas, enquanto ele coxeia até a entrada subterrânea e as barras de ferro são destrancadas e ele entra num corredor impregnado de gritos, começa a entender que Pawiak sob o controle dos nazistas é um lugar muito mais sombrio.

Capítulo Dez

LVOV, SETEMBRO DE 1939

Exaustos, famintos e mortos de frio, ansiosos por um banho quente, Sophia e Misha chegam a Lvov um dia depois da ocupação da cidade pelo Exército Vermelho. Sophia está mancando. Levaram vários dias para percorrer os últimos oitenta quilômetros, quase sempre a pé, dormindo ao relento, e agora a bolha que se formava no calcanhar acabou de estourar.

Eles perambulam pela cidade velha. Bandeiras vermelhas com foices e martelos negros pendem das varandas, envolvem os postes de iluminação. Soldados vestindo jaquetas marrons acolchoadas e chapéus de pele de carneiro distribuem cobertores, sopa e panfletos. Marchas soviéticas ecoam dos alto-falantes, intercaladas com mensagens em ucraniano e em russo, parabenizando os trabalhadores ucranianos de Lvov. Graças ao exército soviético, eles agora estão livres da opressão do governo polonês.

Misha e Sophia aceitam duas tigelas de sopa e ouvem um soldado ali perto descrever a vida na União Soviética para um grupo de expectadores taciturnos. Pelo que ele diz, eles estão no paraíso. Na extremidade da praça, soldados poloneses estão sentados fumando, com ar perdido. Um caminhão russo para ali perto e começa a recolher os soldados.

Há um cheiro penetrante de neve no ar e começa a escurecer. Eles passam o resto da noite caminhando por uma cidade atulhada de refugiados e moradores desalojados. Nos últimos dias, milhares de famílias judias atravessaram a fronteira até Lvov para fugir do regime alemão.

Já é tarde quando finalmente encontram um quartinho para alugar.

– Nome? – pergunta a mulher na recepção. Sophia e Misha trocam um olhar furtivo.

– Sr. e sra. Wasserman – diz Sophia.

Não foi assim que imaginou a primeira vez que dividiriam um quarto. Há uma cama estreita. Sophia olha ao redor para o papel de parede com marcas de umidade, a cama com os cobertores puídos, a janela suja. Ela fecha as cortinas e Misha acende a lamparina a óleo, mergulhando o quarto numa luz dourada suave.

– Eu durmo no chão – diz ele.

Sophia olha para o assoalho. Está precisando de uma boa limpeza.

– Não tem por que você passar frio e ficar doente. – Ela se senta na cama e as molas da cama rangem. – Estamos os dois muito cansados. Sente-se aqui.

Misha junta-se a Sophia. A cama volta a ranger. Ele está cabisbaixo, subjugado pelo peso da responsabilidade. Vira-se para ela e pega suas mãos frias e trêmulas.

– Aconteça o que acontecer, estou aqui para cuidar de você.

Sem forças, exaustos demais para se mexerem, deitam-se lado a lado, muito juntos, aconchegados no calor um do outro e ouvindo os sons de uma cidade desconhecida. Nesse quarto no terceiro andar, eles não passam de uma pequena ilha à deriva na corrente fria acima de uma cidade de estranhos.

– Nós dois dormiremos aqui. Qualquer outra coisa seria ridícula. Seja como for, já estamos praticamente casados – sussurra ela. – Eu te amo tanto.

Misha não responde, já dorme profundamente. Sophia levanta-se e o cobre com um cobertor. Vai até a janela e afasta a cortina. Está tão escuro lá fora. A única luz vem da neve que começou a cair do céu negro e forma montes brancos na calçada, onde vultos negros passam apressados.

Ela tira o casaco e o vestido e entra embaixo do cobertor, ao lado da forma adormecida de Misha, e coloca o braço pesado dele em torno dos próprios ombros.

Fica ali acordada, imaginando o que está acontecendo em Varsóvia.

Capítulo Onze

VARSÓVIA, DEZEMBRO DE 1940

Os judeus serão forçados a se adaptar a todas as contingências e nós faremos o nosso melhor para lhes dificultar a vida... Hão de morrer de fome e na miséria e apenas um cemitério restará da questão judaica.

Ludwig Fischer, Governador
do Distrito de Varsóvia

Depois de dois meses amontoado numa cela gelada com outros trinta homens, ouvindo todos os dias execuções no pátio da prisão, a porta da cela se abre e Korczak é chamado.

Parece que chegou a hora de ser conduzido ao pátio ou às celas de tortura nos subterrâneos.

Fazem-no entrar numa sala limpa e bem iluminada.

– Tire a roupa ali – diz um alemão alto de jaleco branco.

Korczak fica rígido ao lado da porta, como se não tivesse ouvido ou não entendesse alemão.

– Dr. Korczak, por favor, assisti às suas palestras na Alemanha quando era estudante e sei que o seu alemão é excelente. Por gentileza, eu preciso examiná-lo para autorizar sua liberação. O senhor tem um amigo, Harry Kaliszer?

Korczak ergue o olhar para o médico alemão. Harry é um dos seus ex-alunos, agora crescido e com um filho. Será que ele teria conseguido subornar a Gestapo para o libertarem por razões médicas? Esse Santo Graal que é a diferença entre a liberdade e uma pena de morte?

Relutante, Korczak deixa que o médico coloque o estetoscópio de metal sobre seu coração, seus pulmões, suas costas. O médico dobra o tubo de borracha com um ar circunspecto.

– Sabe que tem um problema cardíaco grave?

– Nada que me impeça de ter uma vida normal – replica Korczak enquanto abotoa a camisa suja.

– O senhor precisa se cuidar melhor, doutor. Li seu livro na Alemanha, *O Direito da Criança ao Respeito*. Excelente. O senhor tem muitos amigos aqui que valorizam muito sua amizade. O seu lugar não é no gueto. Não há mesmo necessidade.

Ele entrega o atestado a Korczak e faz menção de lhe apertar a mão, mas lá fora o estampido dos tiros atravessa o pátio e Korczak recua instintivamente.

O médico alemão olha para baixo, envergonhado. Viu os hematomas, velhos e recentes, por todo o corpo de Korczak.

*

Korczak pode ver no rosto de Harry que ele mal reconhece o velho magro e de nariz arroxeado que sai pelos portões da cadeia. O uniforme surrado de major está imundo e com o colarinho rasgado. Quase sem fôlego para agradecer, Korczak tem que se apoiar no braço de Harry enquanto caminham lentamente até a parada do bonde.

– Você se arriscou ao entrar em contato com a Gestapo para me tirar da prisão. E aposto que não ficou nada barato.

– Muitas pessoas que gostam do senhor ajudaram, Pan Doutor.

O vento cortante carrega uma areia fina de neve. O bonde elétrico de Muranow surge através da bruma gélida. Korczak afunda pesadamente no banco de madeira e observa as ruas. Mas por que há tantas crianças lá fora na neve a uma hora destas, amontoadas junto às paredes dos edifícios? Ele vê uma família inteira abrigada debaixo de um cobertor.

A luz começa a diminuir, falta pouco para o toque de recolher. O bonde para na rua Chlodna.

– Desculpe, professor, mas temos que descer aqui. A prisão fica na parte principal do gueto, o Grande Gueto, e há uma estrada ariana que a separa do resto do gueto, a área menor. Temos de esperar aqui até que haja um intervalo na passagem dos bondes arianos para podermos atravessar e ir ao encontro da Stefa e das crianças no Pequeno Gueto.

Eles se juntam à multidão de braçadeiras amontoadas no portão, à espera de poderem atravessar para o outro lado do gueto. Depois das surras que testemunhou e sofreu na cadeia, os guardas alemães ao portão estão próximos demais para o gosto de Korczak. Ele sente o suor escorrendo pelas costas abaixo. Os guardas parecem entediados e resolvem obrigar um homem de muletas a dançar ao som do acordeão de um músico de rua. O homem cambaleia e tropeça, com o olhar vidrado de terror.

Há uma repentina comoção à esquerda. O choro de uma criança. Para seu horror, Korczak vê um dos guardas espancar o garotinho. Dá um passo à frente, mas Harry o puxa para trás bruscamente.

– Não faça isso. É perigoso demais.

O guarda faz um sinal para que a multidão atravesse. Bicicletas e riquixás cruzam-se na rua, passando pelos policiais poloneses que impedem o acesso à Varsóvia ariana, e a massa a pé segue apressadamente atrás deles.

Ele bate à porta do número 33 da rua Chlodna, até bem pouco tempo atrás uma escola técnica polonesa. Um garoto que nunca viu antes abre a porta, olha para ele e desaparece correndo para chamar Pani Stefa.

O pequeno Szymonek aparece no vestíbulo. O rosto dele se ilumina.

– O Pan Doutor voltou para casa! – grita ele a plenos pulmões.

Desta vez, Stefa não faz nada para diminuir o caos. As crianças aglomeram-se em volta dele, pulando e falando ao mesmo tempo. Que alegria ver aqueles rostos vivazes, tão queridos.

Stefa se senta a uma mesa, os ombros curvados de alívio.

– Por que está chorando, Pani Stefa? – pergunta Sara. – Não está feliz por ver o Doutor?

Stefa abraça a criança.

— Choro porque estou muito feliz. Às vezes, acontece. O Pan Doutor voltou para casa.

Korczak ergue os braços e bate palmas, para que as crianças se juntem a ele no ritmo regular, e começa a cantar aquele que se tornou o hino da casa no último ano:

— Preto e branco, marrom e amarelo, juntos somos todos irmãos. — As crianças cantam em coro, com os olhos brilhando, sorrindo uns para os outros.

— Foi muito chato? O que o senhor fazia na prisão? — Halinka pergunta.

— Quando os bandidos e ladrões da minha cela descobriram que eu era o velhote da rádio, fizeram eu me sentar num fardo de palha e contar a eles todos os contos de fadas que a mãe deles costumava contar quando eram pequenos.

Ele encena com expressões e gestos cômicos o modo como ensinou os presos a pegar as pulgas que os atormentavam dia e noite, e as crianças caem na gargalhada.

— Que bom que voltou para casa, Pan Doutor. Agora vai ficar tudo bem — diz Sara.

No fundo da sala, os olhos de Stefa brilham com uma alegria triste, enquanto observa a comoção. É verdade, agora que o Pan Doutor voltou para casa, vai ficar tudo bem.

Mas será que Korczak tem noção de como as coisas mudaram?

Depois que o professor toma um banho quente, faz a barba e veste uma roupa limpa, Stefa lhe serve uma tigela de sopa na cozinha, ao pé do fogão. Os olhos dela, com suas leves bolsas, mal deixam o rosto de Korczak, fazendo um inventário dos danos causados pelas últimas semanas. Uma bochecha machucada, tornozelos muito magros. Ela fica em torno dele como se alguém pudesse levá-lo embora novamente a qualquer momento.

– Às vezes, eu ficava pensando... As coisas que ouvimos sobre a prisão de Pawiak, tanta gente que desaparece... – A voz dela falha.

Korczak estende o braço e aperta a mão dela.

– Não vão se livrar tão depressa deste velho lobo. Mas, Stefa, amanhã de manhã temos que emparedar a entrada da frente. Não queremos soldados entrando a qualquer momento e causando problemas. Passamos a usar a entrada lateral, que dá para o pátio. É mais discreta.

– Mas quem vive com a porta da frente emparedada?

– Amanhã, Stefa. Temos de fechar tudo amanhã, sem falta.

Stefa nunca viu o professor tão nervoso e agitado.

– Vou pedir ao Henryk.

– E não podemos deixar as crianças saírem na rua, a menos que alguém vá com elas. Com as coisas que acontecem por aí, o risco de contraírem tifo...

– Com isso, concordo. Mas do jeito que estão as coisas, elas dificilmente saem. Mas vamos isolá-las do resto do mundo? Como vão ter uma vida normal quando a guerra acabar?

Korczak pensa por um instante, a testa franzida.

– Temos que trazer o mundo para as crianças, então. Vamos convidar pessoas, de todas as esferas sociais, para virem aqui e falar à nossa república de crianças.

— Seria bom para os meninos verem mais homens, sem dúvida. Temos o Henryk, o irmão da nossa cozinheira, Roza Sztokman, mas ele é praticamente como um dos meninos. Agora que está apaixonado pela nossa médica estagiária, a Esterka, está de cabeça virada. E agora temos o senhor.

— O seu filho mais problemático, eu sei. O que eu faria sem você, Stefa? Apesar de todas as dificuldades, você mantém esta casa funcionando com o mesmo espírito da antiga.

— As crianças continuam sabendo o que é justiça e bondade, apesar de viverem neste lugar. Não se esqueceram do que o senhor lhes ensinou. Mas começa a nos faltar tudo.

— Remédios?

— Temos uma ampola de morfina e uma seringa, uma meia cheia de areia quente para as dores de ouvido, água salgada para gargantas inflamadas e é só. E Esterka tem sido uma joia. Pode ser apenas uma estudante de medicina, mas é muito inteligente e as crianças a adoram. Quanto ao resto, as crianças têm roupa suficiente, mas sem as batatas, a comida que nos resta não vai durar muito.

— E fundos?

— Os donativos vêm principalmente aqui do gueto, mas na verdade as pessoas já não podem fazer muito. Os ricos estão ficando pobres. Os pobres estão desamparados. Vivo nos escritórios das associações humanitárias.

— Está na hora de eu pôr as mãos à obra, recomeçar as minhas rondas, visitar uns amigos.

— Ainda não. Primeiro o senhor precisa recuperar as forças antes de pensar em andar por aí. É muito perigoso.

Lá fora ouve-se o barulho dos bondes elétricos arianos atravessando o gueto. Korczak levanta uma persiana e observa os familiares bondes elétricos vermelhos, as pessoas chegando em casa do trabalho. Stefa se junta a ele, olhando para o muro de ambos os lados dos trilhos que dividem o gueto.

– Um gueto selado. Quem poderia imaginar?

– Eu nem sabia como explicar para as crianças quando eles selaram os portões. O pânico foi geral. Nenhum de nós esperava isso. Nunca me acostumei a não ver mais os nossos amigos poloneses.

– Mas eles continuam sendo nossos amigos. E os alemães, no fundo, são boas pessoas. Quando perceberem o que os nazistas estão fazendo aqui em nome deles, vão ficar horrorizados. Logo vão pôr fim a esta loucura.

– Talvez. Ou talvez o resto da Europa descubra o que estamos sofrendo e faça alguma coisa.

Ele pega as mãos dela.

– Até lá, os nossos filhos só serão crianças uma vez e cabe a nós fazermos tudo que pudermos para lhes proporcionar uma infância feliz e segura.

Nos próximos dias, enquanto se recupera, Korczak fica no orfanato com as crianças. Às vezes, senta-se do lado de fora e aproveita a fraca luz do sol enquanto brincam. O edifício escolar fica em volta de um pátio principal, com um prédio de apartamentos ocupando o lado oposto, onde moram uma viúva alemã, um jovem professor de hebraico e várias outras famílias. Aquele tem fama de ser o quarteirão mais limpo e mais bem conservado do gueto, um pequeno mundo dentro do mundo.

Com Michael, o professor de hebraico que mora do outro lado do pátio, servindo-lhe de guia, Korczak visita um enorme bazar onde as pessoas tentam vender até os bens mais miseráveis. Há um mar de mendigos embrulhados em farrapos, uma cacofonia de gritos e cantores de rua, os sinais de fome estampados no rosto das pessoas.

Ele passa por inúmeros músicos e cantores se exibindo na rua. Na rua Tlomackie, faz uma pausa diante da Grande Sinagoga. As portas da sinagoga estão fechadas com correntes e os integrantes do coro estão cantando nos degraus em troca de centavos.

A rua Karmelicka é um gargalo tão apinhado de gente que Korczak é empurrado para a rua quando a multidão repentinamente entra em pânico. Michael o puxa para o abrigo de uma porta ao mesmo tempo que uma van preta passa a toda a velocidade na direção da prisão. Um guarda afasta as pessoas das janelas com um cassetete. Instantes depois, uma mulher se levanta da rua, cambaleando e com a cabeça sangrando. O cassetete era cravejado de pregos.

Então aquele era o gueto, um inferno de pouco mais de um quilômetro quadrado, contendo meio milhão de pessoas morrendo à míngua. Encostado na parede, Korczak recupera o fôlego, depois ele e Michael voltam para o pequeno oásis da república das crianças, na rua Chlodna, número 33.

Capítulo Doze

LVOV, ABRIL DE 1941

Não se deve colocar nenhum obstáculo aos esforços de autopurificação que surgirem em círculos anticomunistas e antissemitas nos territórios recentemente ocupados. Pelo contrário, devem ser instigados sem levantar suspeitas, e intensificados, se necessário.

Reinhard Heydrich: Telegrama aos
líderes dos Einsatzgruppen
(unidades militarizadas da polícia
política do III Reich), 29 de junho de 1941

Ao descer as escadas da Universidade de Lvov, Sophia se depara com um crepúsculo frio e com o canto dos pássaros. Ela olha para as árvores ao redor da praça e lhe parece finalmente que existe uma leve possibilidade de dias melhores. Ela se encolhe dentro do casaco e caminha rapidamente rumo ao seu apartamento.

Talvez haja uma carta da família à espera dela hoje. Faz muito tempo que eles não têm notícias de Varsóvia.

Uma vã preta se aproxima pela rua estreita. As palmas das mãos dela ficam quentes e pegajosas, mas ela se obriga a continuar num ritmo constante. Nada de bom resultará se chamar a atenção da NKVD, a polícia soviética.

Ela acelera o passo, está quase chegando. Já vê a torre branca da igreja de Santa Anna elevando-se no final da sua avenida. Em breve, ela estará subindo os degraus de pedra do seu prédio de apartamentos e abrindo a porta. Estará em casa, sã e salva.

O truque é entrar no minúsculo apartamento antes de a sra. Yelenyuk, a vizinha ucraniana, aparecer no patamar das escadas e espreitar lá dentro do seu apartamento, para fazer perguntas.

E como não podia deixar de ser, quando Sophia enfia a chave na fechadura, a sra. Yelenyuk sai apressada do apartamento ao lado.

– Vais ter algo especial para o jantar? – diz ela, esticando o pescoço para olhar dentro da sacola de Sophia. Com a pele amarelada, os olhos azuis muito claros e um cachecol de lã desbotado ao redor dos ombros, a sra. Yelenyuk parece uma fotografia velha que perdeu a cor.

– Batatas e repolho de novo.

– Um dia destes dias ensino você a preparar o ensopado da minha mãe, um prato típico da Ucrânia. Preparei para o meu irmão muitas vezes.

– Já soube se o libertaram?

– Deve ser a qualquer momento. Não podem acusá-lo de nada – diz ela com raiva, o rosto de repente mais velho e enrugado.

– Logo você recebe notícias dele – diz Sophia.

Já em casa, ela se recosta na porta fechada e inspira a atmosfera de tranquilidade. Com as paredes revestidas de pinho escurecido e os azulejos verde-oliva do fogão, o minúsculo apartamento é um pouco melancólico, mas Sophia transformou-o num lar. Cobriu a prateleira do canto com uma toalhinha de renda, acrescentou uma bonita lamparina a óleo e dois porta-retratos das famílias em Pinsk e em Varsóvia.

Ela pega numa fotografia tirada em Varsóvia no dia do casamento de Sabina. Não têm recebido cartas de Varsóvia e não sabem quase nada das irmãs de Misha, mas, pelo menos, sabem que chegaram sãs e salvas a Pinsk.

Misha logo volta para casa da refinaria de petróleo. Ele gosta de dizer, brincando, que o curso de engenharia serviu para alguma coisa, afinal, pois agora está supervisionando a instalação de uma nova tubulação para a refinaria, que, pelo menos, é um trabalho remunerado.

Ela está enchendo uma bacia de latão com água para lavar as batatas quando ele entra. Com três passos, atravessou o cômodo e enlaça-lhe a cintura, pousando o queixo no cabelo dela.

– Tenho dois presentes para você. O primeiro... – Estende uma carta para ela.

Ao ver o carimbo do gueto, Sophia arranca o envelope da mão dele.

– Espero que o pacote tenha chegado inteiro. Não que eu vá saber, com a carta quase toda riscada pelo censor. Até parece que são segredos de estado. E demorou uma eternidade para chegar... – Ela se cala, lendo e relendo a carta.

– O que foi? O que diz a carta?

Sophia não consegue falar. Ele tira a carta das mãos dela e a lê por alto. Sophia se deixou cair numa cadeira, branca como uma folha de papel.

Misha volta a ler a carta. Sabina está morta. Faleceu há mais de um mês. Não se sabe como nem por que, pois grande parte do conteúdo foi cruelmente riscado pelo censor do gueto.

*

Com os olhos inchados de tanto chorar, Sophia fica encolhida na cama estreita, na escuridão da noite, olhando para a parede coberta por um painel. Misha acende a lamparina, baixa o pavio. Ele está se preparando para se deitar quando ela se vira de repente, apoia-se num cotovelo, o rosto tenso.

— Misha, o que era a outra coisa que tinha para me dizer? Aconteceu mais alguma coisa? O que é?

Ele fica em silêncio por alguns instantes e em seguida se senta na beira da cama. Tira do bolso um saquinho e joga algo na palma da mão. Uma delicada aliança de ouro.

— Oh.

— Eu não queria pedir a sua mão nessas circunstâncias.

Ela observa a derradeira luz do dia dançando na aliança quando Misha inclina a mão para voltar a guardá-la no saquinho.

— Era o que pretendíamos fazer assim que chegássemos, mas se preferir esperar…

Sophia aproxima-se e repousa a cabeça no joelho dele. O cabelo dela cai em cascata como o de alguém resgatado da água.

– Eu te amo tanto. Tudo o que quero desde o dia em que nos conhecemos é estar ao seu lado.

Misha inclina-se para abraçá-la e eles se deixam ficar assim, imóveis e em silêncio, durante muito tempo.

Sophia veste o seu melhor vestido de verão – rosa-velho com mangas bufantes e pequeninos botões de pérola. Misha está muito elegante de camisa branca e paletó escuro, o cabelo penteado para trás, os olhos verdes e âmbar sorridentes.

Maio já começou e as árvores de Lvov floresceram. Eles caminham pela cidade branca, com as suas cúpulas verdes e telhados vermelhos. Quase parece o tempo antes da guerra, quando Lvov tinha um pouco de Viena, antes das bandeiras vermelhas e pretas aparecerem.

Sophia sente a mão de Misha apertar a dela por um instante.

– Desculpe, querida. Eu queria que a família estivesse aqui para o dia do nosso casamento. Queria flores, dança.

Ela para de repente e olha para ele.

– Nunca, mas nunca peça desculpas quando temos um ao outro – diz ela, com segurança e determinação.

No interior do prédio, eles esperam num corredor verde desgastado, cheio de ecos de vozes russas. A luz de uma janela alta projeta um losango cor de manteiga no linóleo sem brilho. Uma mulher com uma saia bege e uma blusa com dragonas chama os nomes deles. Ela tem feições grosseiras, cabelos louros grisalhos presos num coque e gestos bruscos, indiferentes, quando aproxima a cadeira da escrivaninha e separa um formulário com os dedos manchados de nicotina. Ao lado dela, uma funcionária registra os dados deles, repreendendo Sophia quando ela se corrige ao fornecer uma data.

– Isto é um documento oficial – diz a mulher com rispidez. – E vai para os registos da polícia, por isso não queira arranjar problemas para si mesma. É só um conselho.

A primeira mulher acende um cigarro com um odor forte de alcatrão, cordas e navios.

– Ontem arranjei arenque com um bom preço.

– Faz tempo que não encontro um bom arenque. Quanto custou?

– Foi caro, mas comprando em barril sai muito mais barato. Quer que eu dê o nome do vendedor? – Ela joga a cinza no chão e volta a atenção para a certidão de casamento. – Já preencheram tudo? – Ela pega o formulário e faz uma série de perguntas burocráticas. Ambos respondem que sim.

– Eu compraria um barril. O arenque dura muito tempo e não se sabe quando vai surgir outra oportunidade destas. Assinem aqui, por favor, sr. e sra. Wassermann. Aqui está a cópia de vocês. A taxa é paga no balcão.

Quando deixam o cartório, as duas mulheres ainda estão falando sobre arenques. Misha agita o documento debaixo do nariz.

– É a minha imaginação ou isto está cheirando a peixe?

Ele só está tentando fazer piada daquilo, mas Sophia tem um nó na garganta e não consegue rir.

Ao sair, são abençoados pelo deslumbrante sol de maio. Por um instante, Sophia vê uma carruagem branca adornada de flores, o véu de Sabina caindo sobre os ombros, enquanto ela e Lutek dão três voltas na Praça Grzybowski, a caminho da pequena sinagoga branca, acenando e mandando beijos. Ela para no meio dos degraus. Como Sabina pode ter morrido? A bela Sabina, que há tão pouco tempo ela viu tão risonha e cheia de vida?

Misha pega a mão de Sophia.

– Você está tão fria... – Ele aperta a mão dela entre as suas para aquecê-la.

Eles descem a rua até um antigo e elegante café vienense e pedem duas xícaras de chá para acompanhar um prato de pastéis de creme e geleia. Misha coloca sobre a mesa um pacote achatado.

– Meu presente de casamento.

– Não tenho um presente para você.

– Este é para os dois – diz ele. – Você vai ver.

Sophia desembrulha o pacote. É um exemplar do livro de Korczak, *Como Amar uma Criança*.

– Eu sei que você já leu muitas vezes, mas quando esta guerra ridícula acabar é o que vamos fazer. Vamos construir um mundo melhor para as crianças.

A mão dela envolve a dele e a aperta com força.

– Você sente muita saudade deles, não sente?

Ela adora acordar ao lado de Misha todos os dias, como esposa dele, a sra. Wasserman. Ela sente que algo mudou dentro dela no nível molecular, como se juntos eles tivessem se tornado mais sólidos, capazes de resistir a tudo. A luz do sol atravessa a fina cortina de renda. Os sinos da catedral misturam-se com os estalidos metálicos dos bondes elétricos e com o eco dos cascos dos cavalos.

Ainda é cedo, mas Sophia quer ir à rua comprar pão fresco para o café da manhã. Misha ainda está dormindo. O macacão que usa no trabalho está pendurado na porta do quarto.

Lá fora, o ar tem a limpidez de um dia de verão, o campanário branco nítido contra o céu azul. Mais tarde, ela planeja ir ao mercado do bairro judeu onde as maçãs e o pão são muito mais baratos, onde os artistas de rua tocam a vibrante música Klezmer com clarinetes e violinos, e mulheres de avental branco gritam em iídiche. Ela se sente como se estivesse de novo em casa, na Praça Grzybowski.

Já há uma fila do lado de fora da padaria. Sophia inclina a cabeça para trás para sentir o calor do sol. Há uma mulher debruçada na grade de uma varanda, um gramofone toca.

De repente, o som estridente de uma sirene corta os ares. A fila à porta da padaria se dispersa em todas as direções. Sophia corre para casa aos tropeços, o barulho implacável a suas costas.

A sra. Yelenyuk agarra o braço dela e a obriga a parar no meio das escadas.

– Sra. Wasserman, boas notícias no rádio! – Sophia sente o cheiro de mofo que vem das roupas da vizinha, o cheiro de uma cozinha onde nunca abrem a janela. – Quando os alemães chegarem, a Ucrânia voltará a ser respeitada novamente.

Misha já vem descendo as escadas à procura dela. Está vestindo um colete e calças de pijama, o cabelo espetado.

– Melhor irmos para o porão – grita ele acima do som da sirene. Eles descem correndo ao mesmo tempo que ouvem o rugido de motores passando na rua. Uma série de explosões sacode o edifício.

— Então é verdade – diz um homem num longo casaco preto, enquanto esperam no porão. – Os alemães violaram o tratado, atacaram os russos. É o primeiro erro de Hitler. Os russos logo verão Hitler fora do país.

*

A cidade se enche com o ruído dos caminhões e dos jipes russos se retirando para leste. Pelo caminho, queimam, destroem e fazem explodir tudo o que possa ser útil ao exército da Wehrmacht. Da prisão da polícia política russa, a poucas centenas de metros, chegam gritos e rajadas de metralhadoras.

Ao amanhecer, no dia seguinte, um silêncio apreensivo paira sobre a cidade, que já sofre com o calor.

Sophia e Misha ouvem batidas na porta. A sra. Yelenyuk está fora de si.

— Nenhuma notícia do meu irmão. O que os russos terão feito dele? Ficamos o dia inteiro em frente à prisão, multidões de parentes gritando para as janelas, mas ninguém nos responde. Ah, esperem até que os alemães cheguem – diz ela, furiosa, o rosto manchado de poeira e lágrimas. – Não sabem o que os espera. Aí, sim. Já sofremos muito, nós, os verdadeiros ucranianos.

Ela segura o braço de Misha com uma mão ossuda e calejada.

— Só sei uma coisa, sr. Wasserman: melhor os alemães do que os russos. Tenho família na Ucrânia oriental, sabemos o que Stalin fez lá em 33. Vendia os cereais dos camponeses para alimentar Moscou e nunca se viu nada assim: morreram milhões. As pessoas eram obrigadas a comer carne humana, sr. Wasserman, tamanha era a fome.

Estou lhe dizendo, as pessoas pareciam cadáveres andando nas ruas, e foram Stalin e seus judeus comunistas que fizeram isso conosco. Ah, sim, os judeus. Vocês, judeus.

E com isso ela os deixa atordoados, inquietos. O calor aumenta enquanto todos ficam dentro de casa, esperando a chegada dos alemães. Um fedor terrível começa a se espalhar pela rua, vindo da prisão da NKVD.

– O que devemos fazer? – pergunta Sophia, observando a rua deserta lá embaixo. – Fazer as malas? E para onde vamos?

O ar começa a estremecer com a aproximação dos pesados tanques de guerra, com o rugido das motocicletas. É tarde demais.

Os soldados alemães entram em Lvov como se estivessem chegando a uma colônia de férias: jovens bronzeados e saudáveis nos seus uniformes verde-pálido com condecorações em negro e prata nas golas. Na cabeça, o regimento ucraniano SS Nachtigall. Sorriem e cantam hinos ucranianos ao passar nos tanques Panzer, e o povo dá as boas-vindas aos belos rapazes de Lvov.

Da janela do apartamento, Misha e Sophia observam mulheres em vestidos de verão e vovós com lenços brancos na cabeça entregando flores a eles. Os homens batem continência, com emoção, relembrando sem dúvida dias mais felizes e civilizados sob o domínio dos austro-alemães.

Enquanto isso, a prisão no fim da rua continua a exalar um odor fétido. Misha consegue ver as multidões se reunindo do lado de fora. À medida que o calor aumenta, o cheiro começa a ficar insuportável.

Lá dentro, algo terrível espera ser descoberto.

Naquela noite, há uma comoção repentina nas escadas do prédio. Uma mulher chorando, enquanto alguém é arrastado escadas abaixo.

– São os Cohen – diz Misha.

Estão sendo expulsos do seu enorme apartamento no último andar e postos na rua. Misha se levanta da cama para verificar se a porta está trancada.

De manhã, encontram a sra. Yelenyuk no corredor, histérica, com os olhos vermelhos e inchados de tanto chorar. Aborda Misha com agressividade e ele sente a saliva dela em sua bochecha.

– Você deveria saber o que os judeus fizeram na prisão – sibila ela. – Pilhas de cadáveres. Um padre pregado numa parede como se estivesse na cruz. Milhares de homens inocentes assassinados por aqueles judeus da NKVD. Animais. Meu próprio irmão. Não há mais lugar em Lvov para os judeus – ela sentencia. – Lugar nenhum!

Quando a vizinha vai embora, o rosto de Sophia está pálido.

– Ela está nos ameaçando? O que ela quis dizer?

– Não sei, mas vou ter que descobrir. – Misha veste o casaco.

– Não, não é seguro.

– Não será seguro se não soubermos.

Há uma multidão furiosa ao longo da rua Kazimierza, a caminho da Prisão Brygidki. As pessoas conversam animadamente. Cartazes surgiram nas paredes durante a noite: "A Ucrânia para os ucranianos. Diga não a Moscou, aos poloneses, aos armênios e aos judeus". Misha mal consegue acreditar. Será que os ucranianos realmente acreditam que os nazistas vão permitir que governem a si próprios, sob a benévola proteção do Terceiro Reich?

Em frente aos portões da prisão, as pessoas são obrigadas a cobrir o nariz e a boca com lenços. As portas reforçadas da cadeia estão escancaradas. Misha usa a manga do casaco para bloquear o cheiro e entra também. Vê fileiras de corpos no pátio, sob o sol escaldante. Mulheres em vestidos de verão, homens de terno, carregam mais cadáveres do interior da prisão ou os retiram de covas rasas. Ali está a sra. Cohen, o rosto denunciando o pânico, tirando a terra de cima de um cadáver com um galho.

Misha olha em volta, atordoado. Grupos de mulheres com lenços na cabeça choram debruçadas sobre os cadáveres enlameados, os olhos fundos.

Os soldados das SS descansam à sombra, empunhando os rifles com displicência, enquanto um homem histérico com uma braçadeira azul e amarela grita com uma mulher judia. Ela se encolhe e implora misericórdia enquanto ele a esbofeteia repetidamente. Um homem alto, com uma túnica bordada branca, espanca um dos judeus aterrorizados. Verdadeiras tiras de pele voam do rosto do homem com a violência da áspera haste de metal.

Misha afasta-se dos portões. A atmosfera é de puro ódio. Do lado de fora, na rua, irrompe uma perseguição feroz. Civis judeus, em menor número, fogem de uma turba de ucranianos furiosos, clamando por sangue e vingança pelos familiares mortos. Um grupo de rapazes com braçadeiras azuis e amarelas, agitam cassetetes e os atiram no chão, espancando-os. Uma mulher com a roupa rasgada é arrastada pelos cabelos.

Preso contra a parede pela multidão enraivecida, Misha vai abrindo caminho até chegar ao apartamento. As pessoas não prestam atenção nele, pois observam um grupo se afastando de um homem caído na rua, imóvel, o sangue escorrendo até formar uma rede entre as pedras da calçada. Há uma adolescente nua sentada no meio-fio, gritando com a multidão que escarnece dela enquanto a mãe tenta cobri-la com um casaco. Outras mulheres são despidas à força, empurradas para cá e para lá, o nariz ensanguentado, fugindo da turba.

Os guardas nazistas assistem a tudo, com os rostos impassíveis.

– Os judeus bolcheviques mereceram. Dizem que três mil ucranianos foram assassinados nas prisões. E esse é o número de judeus que vão morrer antes de isso acabar, escreva o que estou dizendo – diz a Misha uma mulher de olhos vidrados.

Ele acena por educação, finalmente se liberta da multidão e segue caminho. Quando está fora do alcance da turba enfurecida, começa a correr, rezando para que Sophia esteja sã e salva no apartamento.

Sophia abre a porta assim que ouve a chave dele na fechadura. Misha a aperta nos braços.

– O que está acontecendo? Misha?

Ele não quer descrever o que viu, mas Sophia tem de saber como as coisas estão.

– Eles estão matando os judeus, humilhando-os das formas mais horríveis. Nem sei como descrever o que vi, uma mulher sem roupa, com o rosto ensanguentado. Não é seguro ficarmos aqui. Temos de ir embora.

– Mas para onde?

– Podíamos ir mais para o leste, mas os alemães certamente irão atrás dos russos. Talvez para o sul, em direção à Síria e à Palestina, mas seria muito arriscado. Não sei. Se voltarmos para Varsóvia...

– Vamos para casa.

– Não podemos voltar e ir para o gueto.

– Pelo menos, no gueto temos família, o professor Korczak e as crianças. Sei que dizem que o gueto é uma espécie de prisão, mas os muros também servem para afastar os outros, protegem quem lá vive. E para os judeus já não é novidade nenhuma viver em guetos.

Misha balança a cabeça, mas no fundo sabe que não lhes resta alternativa.

– Temos de tentar sair da cidade antes do amanhecer, quando as coisas acalmarem. Mas você tem certeza?

– Tenho.

Durante toda a noite, ouvem gritos e tiros. À certa altura, ouvem passos apressados subindo e descendo as escadas do prédio de apartamentos. Misha encosta um baú contra a porta e fica sentado na cama vigiando a entrada. Os Cohen são uma família abastada. Estão revirando do avesso o apartamento do último andar; eles ouvem pancadas, objetos pesados sendo carregados ou arrastados pelas escadas abaixo. Ao nascer do sol, o prédio está finalmente em silêncio.

Durante as semanas que se seguem, enquanto os alemães avançam para o leste e centenas de soldados alemães invadem a região, o casal se esconde, encurralado numa zona de guerra, à espera de uma oportunidade para retornar a Varsóvia. Assim que os alemães começam a estabelecer algum tipo de ordem e os trens começam a circular novamente – com uma possível conexão com Varsóvia –, Misha e Sophia decidem agir.

Percorrem as ruas da cidade no silêncio da noite, procurando se manter nas sombras. A estação, no entanto, está bem iluminada e já lotada de pessoas tentando voltar para a Cracóvia ou Varsóvia, agora que Lvov faz parte do Reich e não há mais fronteira.

À medida que deixam para trás os edifícios de Lvov na manhã cinzenta, Misha vislumbra a pele branca de uma mulher perseguida por um bando de rapazes com paus, sangue escorrendo do nariz, parte dos cabelos arrancados, esvoaçando atrás dela, uma máscara de choque e terror no rosto.

Nada, nada pode ser pior do que os horrores de Lvov.

O assento de Misha está voltado para o leste, na direção do nascer do sol, cuja luz ofuscante atravessa suas pálpebras fechadas. Em Pinsk, o pai, Ryfka e Niura vão acordar em breve. E se a Wehrmacht avançar até aquela região? Uma vez, quando era pequeno, ele viu soldados poloneses em Pinsk mergulhando a cabeça de uma estudante judia num bebedouro para cavalos, zombando e fazendo de conta que estavam batizando-a, mas Misha não quer acreditar que os horrores a que acabou de assistir em Lvov possam se repetir na sua cidade natal. Não, o que aconteceu em Lvov foi algo bizarro e isolado, uma conflagração específica de fúria e vingança.

À medida que a distância entre eles e Lvov aumenta, ele sente o corpo de Sophia se libertar da tensão e a cabeça loura rolar contra o peito dele, adormecida. O trem fica parado por horas, sem nenhuma explicação, até que volta a se pôr em movimento. Leva o dia inteiro para chegarem a Varsóvia. Ele está morto de cansaço, mas a sombria apreensão que sente ao pensar na vida desconhecida que terão pela frente não vai deixá-lo dormir. Mais uma vez Misha se pergunta se estão fazendo a coisa certa. Mas que alternativa eles têm? A vida será difícil dentro do gueto, mas, pelo menos, Sophia estará segura.

Capítulo Treze

VARSÓVIA, SETEMBRO DE 1941

O dia está chegando ao fim, o brilho avermelhado do pôr do sol interrompido pelas grades da ponte Kierbedzia, quando Misha e Sophia chegam a Varsóvia. Na cidade velha, as pessoas passam apressadamente pelas zonas bombardeadas e pelos edifícios em ruínas. Bandeiras vermelhas com insígnias nazistas em preto foram penduradas no palácio da Praça da Saxônia (rebatizada de Praça Adolf Hitler).

No portão que dá acesso ao gueto, junto ao Parque Krasinskich, preparam os documentos. Sophia olha para os muros brancos e os portões de tábuas grossas, com mais de três metros. De um lado, há uma placa alertando as pessoas para que não entrem, pois se trata de uma zona de tifo. Do lado ariano, há dois guardas alemães corpulentos com rifles a tiracolo, ao lado de uma guarita de tijolos. Ela olha para Misha, preocupada.

— Quando entrarmos, acabou. Não há como voltar atrás — adverte ele.

Mas a realidade é que não têm escolha. Para um judeu, sobreviver fora do gueto exigiria bons contatos e quantias exorbitantes de dinheiro, e no momento o casal não dispõe nem de uma coisa nem da outra.

– Vamos estar com a minha mãe e o meu pai, o professor Korczak e as crianças. Já era tempo – diz Sophia.

De mãos dadas, o coração dela batendo forte, aproximam-se dos guardas e explicam que desejam entrar no gueto e juntar-se à família.

O alemão olha para eles de um jeito estranho enquanto verifica os documentos. Dá um tapinha na testa de Misha e faz sinal para que entrem. Lá dentro, um policial polonês com um uniforme azul-marinho volta a examinar os documentos antes de permitir que prossigam. Por último, um guarda judeu passa os documentos em revista, olhando-os com uma expressão interrogativa. Enquanto espera, Sophia repara que ninguém se deu ao trabalho de caiar aquele lado dos muros e se vê a argamassa ressequida escorrendo por entre os tijolos cor de ferrugem.

Pelas cartas da mãe, esperavam entrar numa zona de Varsóvia agora murada mas ainda assim reconhecer as velhas ruas que costumavam conhecer muito bem. No entanto, nada podia prepará-los para o que encontram dentro dos muros do gueto. Como aquilo pode ser Varsóvia? As ruas estão tão apinhadas que é difícil avançar. Até o ar ali é diferente, um cheiro persistente de lixo podre, roupa suja e esgotos. Ao longo das calçadas, de ambos os lados da rua, há pessoas magras, maltrapilhas e apáticas, ao lado de pequenos montes dos mesmos tipos de objetos – frigideiras velhas, peças de relógios, braçadas de cuecas velhas –, na esperança de venderem alguma coisa. Uma mulher de aspecto doentio vigia uma mesa com pãezinhos mirrados dentro de uma gaiola de arame farpado. Duas crianças desgrenhadas vestindo farrapos aproximam-se de Sophia com um andar vacilante, as pernas finas, de mãos estendidas, entoando como que num sonho:

– Por favor, dê-nos um pão. Temos fome.

Sophia dá a elas uma moeda e as observa seguir em frente, sempre cambaleando e entoando a mesma ladainha. Veem um adolescente macilento estendido na calçada, com uma corda fechando um casaco desgastado, o rosto cinzento e encovado e os olhos fechados. Estará vivo? O rapaz geme e abre os olhos quando Sophia se inclina para vê-lo melhor.

São tantos pedintes no meio da multidão ou encostados às paredes, os rostos resignados, como se pedissem desculpas pela sua condição... E a miséria parece não ter fim. O horrendo bazar estende-se até onde a vista alcança, mergulhado no clamor das vozes e trechos de canções dos artistas de rua.

Eles chegam no número 26 da rua Ogrodowa e é o sr. Rozental quem abre a porta, o rosto receoso. Sua expressão muda para alegria e espanto. A sra. Rozental surge logo atrás dele.

Sophia pisca, perplexa. Os pais envelheceram tanto!

– É você. É você. Querida Sophia. Misha.

– Podem nos chamar de sr. e sra. Wasserman, pai. Nós nos casamos. Enviei a notícia numa carta.

A mãe pega na mão dela e olha para a modesta aliança de ouro.

– Essa carta nunca chegou. Vocês se casaram e nós não fomos ao casamento, nem sequer sabíamos.

– Não chore, mamãe.

— Que alegria ver vocês novamente. Mas não deviam ter vindo.

Krystyna se espreme entre os pais e beija os dois. Traz um garotinho no colo. A criança esconde o rosto no ombro dela.

— Graças a Deus! — diz ela baixinho a Sophia. — Nem faz ideia…

Sophia estende os braços e pega o menino no colo.

— O filho de Sabina. Ele é uma graça. Mas, mãe, não entendo. Como é possível? O que aconteceu com Sabina?

O garotinho se debate e volta para os braços de Krystyna. O rosto do sr. Rozental desaba, esvazia-se como um balão.

— É melhor nos sentarmos.

A sra. Rozental põe a chaleira no fogo, concentrando-se nessa pequena tarefa, de costas para a mesa. Sophia pega na mão de Misha e aguarda. O pai mexe a cabeça distraidamente antes de encontrar palavras para começar.

— Sabina e o Lutek mudaram-se para seu próprio apartamento, cedido por um bom amigo. Um lugar minúsculo, mas uma verdadeira dádiva de Deus. As pessoas aqui moram amontoadas; são seis ou oito em cada cômodo.

— Eu devia tê-la mantido comigo — interrompe a sra. Rozental. — Devia ter percebido que não andava bem, que sua alma descanse em paz.

— Minha linda menina… Ela nunca recuperou da vergonha de ter sido despedida pela modista. O cabelo errado, o nariz errado, os cartazes de judeus horrendos com as barbas cheias de piolhos: foi assim que tudo começou. Sabina nunca foi forte como você. Não foi fácil. Muitas vezes passamos fome. Essa é a verdade. Tenho que contar a eles, Mãe. Uma noite, Sabina nos procurou. Queria que vendêssemos tudo, que fizéssemos uma última boa refeição juntos e depois nos matássemos. Não a levamos a sério. Todos aqui têm esses pensamentos de vez em quando. A irmã pareceu se acalmar. Na manhã seguinte, ela saiu para vender o relógio dela para comprar cenouras para o bebê, por causa das vitaminas, mas enquanto estava no mercado alguém roubou a carteira dela com todo o dinheiro da venda do relógio. Aquela tarde ela pediu que tomássemos conta do bebê. Não sabíamos, mas ela subiu no telhado. Tirou a fita do cabelo, vendou-se e depois... – o sr. Rozental fez uma pausa.

Sophia leva a mão à boca.

– Ela se matou?

– Está enterrada no fundo do cemitério – diz a sra. Rozental, com a voz embargada. – Com os suicidas. Longe de todos os outros. A minha menina.

Eles se sentam em volta de uma mesa num silêncio partilhado. Um ruído áspero de vozes vem lá de fora, na rua.

– Não entendo. Não entendo coisa nenhuma. Se as coisas estão assim tão mal, como é que vocês têm feito para arranjar comida? – pergunta Sophia.

– No início vendíamos lâminas de barbear. Lembra-se de Sammy, aquele rapaz que tinha uma queda por você? Fechou a fábrica de lâminas de barbear antes de deixar a cidade e deu-nos o resto do estoque. É como ouro. A gráfica do Lutek fez envelopes individuais para as lâminas e passávamos todas as noites embalando-as. Depois as vendíamos. Ainda duraram algum tempo.

– E agora?

– Krystyna é garçonete na rua Sienna. Lutek mora com um colega dos tempos da escola que lhe arranja trabalho. Não temos espaço aqui, como veem. Quando pode, ele passa aqui em casa e traz comida para o menino. Ainda temos alguma coisa para vender, se precisarmos.

O sr. Rozental mostra um cartão com fileiras de estrelas negras e o coloca sobre a mesa.

– É ridículo, mas vão ter que se registrar para ter um destes. Ele dá direito a senhas de comida suficiente para não se morrer de fome, duzentas calorias. Só se sobrevive no gueto graças à comida que os contrabandistas passam aqui para dentro.

Os olhos da sra. Rozental se enchem de lágrimas.

– Muitos deles não passam de crianças. Se os pegarem, eles serão espancados e levados para a prisão.

– Mas eu vi pessoas bem vestidas aqui, com boas roupas, assim como do lado de fora dos muros. Como é que conseguem?

– Como é que conseguem viver em paz com a própria consciência, você quer dizer – resmunga o pai.

– Ah, se você é rico e não se importar que os nazistas metam as mãos nos seus bolsos, não há nada que não possa passar aqui para dentro. Uísque, peles... Há pequenos restaurantes com champanhe e mulheres elegantes, tudo a portas fechadas, claro. Você vai ouvir dois nomes importantes aqui dentro: Kon e Heller. Dois dos maiores vigaristas de Varsóvia.

– Eles são judeus?

– Ah, sim. Moram no gueto, mas vivem com estilo.

– Sophia e Misha já ouviram o bastante por hoje, Pai. Muito em breve, verão tudo com os próprios olhos. Amanhã de manhã, ainda vai estar tudo na mesma.

– E o dr. Korczak? – pergunta Misha. – Têm tido notícias? Como vai ele?

A sra. Rozental abre um sorriso pela primeira vez.

– O dr. Korczak é como um raio de sol no gueto. Você o vê em todos os lugares com um saco nas costas, à procura de comida para as crianças.

– E as crianças estão bem? Stefa?

– Sim, sim, estão todos aqui. Dizem que o orfanato dele é quase como estar do lado de fora do gueto. Pobre, é claro, mas limpo, as crianças felizes. Um pequeno oásis.

– Fica na rua Chlodna – acrescenta Krystyna.

– Podemos ir lá visitá-los amanhã bem cedo – diz Misha, apertando a mão de Sophia.

– Primeiro vocês têm de ir ao Conselho Judaico se registrar para poder solicitar seus cartões. Assim que abrir. Se vocês forem parados na rua sem eles...

A sra. Rozental olha para o marido.

– Ah, Sophia, por que não ficaram em Lvov?

Sophia não tem palavras para descrever o que deixaram para trás em Lvov.

– Bom, o que interessa é que estão aqui agora e estou muito feliz em vê-los. Agora só nos resta ficarmos todos juntos até isso acabar – diz o sr. Rozental.

Os Rozental dormem no minúsculo quarto principal, Krystyna na cozinha. Só há espaço na cama para Sophia, e o garotinho dorme num berço ao lado das irmãs. Misha tenta dormir em cima de duas cadeiras, no pequeno espaço entre a janela e a mesa, mas está ansioso demais e cheio de adrenalina. Para que inferno ele os trouxe? Como pode haver tantas crianças passando fome, mendigando nas ruas?

Korczak e as crianças estarão sofrendo assim?

O espaço apertado lhe provoca cãibras nas pernas e um sono agitado. Só pensa em se levantar e começar a procurar uma maneira de ganhar o suficiente para sobreviverem naquele lugar inimaginável.

Ele está passeando com Sophia pela margem do Vístula, o céu é azul e o espaço infinito... Ele abre os olhos e o gueto regressa. É cedo, mas lá fora na rua já há uma cacofonia de vozes ecoando entre os prédios. Nenhum barulho de carro. Os bondes não passam ali.

Ele sente as articulações rígidas e precisa de um banho quente. Lava o rosto e as axilas na pia da cozinha, sem fazer barulho. Não quer acordar as irmãs, que ainda dormem profundamente na cama contra a parede. O pequeno Marianek está sentado no berço, observando Misha com uma expressão desconfiada e começa a chorar quando o intruso alto olha para ele. Sophia acorda e coloca o bebê junto dela, fazendo-o sorrir. Ela atravessa o cômodo de camisola, dá um beijo rápido em Misha e corta uma fatia de pão para Marianek.

Levanta o resto do pão, que mal dá para três e é tudo o que há para o café da manhã.

– Não vamos poder comer. Talvez dê para comprar mais a caminho do orfanato. Vou me vestir e podemos ir para lá. A esta hora, já devem estar todos em pé, tomando o café da manhã.

Misha sorri, ela o conhece muito bem.

– Só para ver como eles estão. Depois vamos aos escritórios do Conselho Judaico.

*

Há um cadáver estendido na calçada em frente ao prédio, nu e emaciado. O vento começa a levar as poucas folhas de jornal que o cobrem.

– Mas por que ninguém está fazendo nada? – Para seu horror, Sophia vê mais cadáveres ao longo da rua. As pessoas desviam o olhar ao passar por eles.

Ouvem um carrinho de mão preto e comprido rangendo pela rua, os aros de ferro das rodas de madeira batendo contra as pedras da calçada. Um homem vai empurrando e outro puxando, entre as hastes pretas, como um cavalo de tração. Eles param, aqui e ali, para recolher os cadáveres nus, que empilham no carrinho de mão como se fosse lenha. Os corpos estremecem à medida que o carrinho de mão prossegue aos solavancos, sobre as pedras irregulares.

O carrinho para na frente de Misha e Sophia. Os homens começam a içar o cadáver.

– Por que estas pessoas foram deixadas assim, dessa maneira? – pergunta Sophia, indignada.

Um dos homens olha para ela, sem entender.

– E isso é alguma novidade... De onde vocês são?

– Só chegámos ontem, de Lvov.

– Pois deveriam ter fugido para muito longe, enquanto podiam. – Ele esfrega a bochecha e parece envergonhado. – É preciso pagar para enterrar alguém no cemitério de Gesia, por isso as famílias deixam os corpos nas ruas... que descansem em paz. As pessoas precisam vender as roupas para comprar comida.

– Não entendo. Ontem atravessamos a cidade e vimos mercados e lojas onde não faltava comida. É uma loucura.

O homem encolhe os ombros, volta para a sua posição, na frente do carrinho, que se afasta chocalhando. As cabeças sem vida vão balançando e batendo contra o carrinho.

O endereço é aquele, mas a porta da frente foi bloqueada com tijolos. Ouvem-se as vozes das crianças através da parede. E risadas. Misha repara que é a primeira vez que ouve risos desde que atravessaram os portões do gueto. Eles batem no portão lateral, a portinhola se abre e Monius, com o seu cabelo vermelho-vivo, surge do outro lado. Ele os deixa entrar, dá um grande abraço em Misha e grita para anunciar que Pan Misha e Pani Sophia chegaram. Misha observa o cenário. O portão lateral abre para um pátio com paredes de janelas de apartamentos em três dos lados, como o pátio interior de um castelo, e o muro do gueto ao fundo. As crianças brincam em silêncio, pálidas, mas saudáveis. Korczak está sentado num banco ao sol da tarde e conversa com um grupo de crianças. Misha fica chocado ao ver o aspeto descarnado do rosto do velho professor, as grandes bolsas sob os olhos vermelhos e remelentos, e o cabelo completamente branco. Ele ainda está vestindo o seu uniforme de major polonês, sem as insígnias no colarinho.

No momento em que os vê, Korczak abre um largo sorriso e se levanta, de braços abertos.

– Então voltaram para casa e para junto de nós! – Ele os abraça com carinho.

– Como vai, dr. Korczak?

– Forte como um cavalo, como podem ver. Ah, sim, estamos bem aqui, muito bem. Nem uma única criança doente entre nós.

Um bando de crianças com rostos familiares mas mais magras e muito mais altas, reúnem-se para cumprimentar Pan Misha e Pani Sophia: Sammy, agora quase tão alto quanto Misha, com a sua gaita; Abrasha, de violino na mão; a pequena Sara, a quem uma vez atiraram uma pedra à saída da escola e que ainda tem uma cicatriz prateada na testa; a meiga Halinka, de mãos dadas com a amiga. As crianças levam o casal para uma excursão pela casa nova, gritando de entusiasmo e contando as novidades.

Dentro da casa, uma pobreza melancólica e asseadíssima paira sobre o lugar, mas as pinturas das crianças estão por toda parte. Os amados gerânios vermelhos de Korczak crescem nos peitoris das janelas. Lá estão os mesmos edredons brancos impecavelmente dobrados, os banheiros imaculados, o cantinho da leitura e os avisos na parede com as novidades das crianças.

– Pan Misha, você voltou para ficar? – Erwin desce correndo as escadas, agora um rapaz de 13 anos, magro e vigoroso, mas com o mesmo cabelo louro, o nariz pequeno e adunco, e os olhos redondos arregalados. Ele tem a postura combativa de um pequeno boxeador. – Vai voltar a vir aos sábados para ler as nossas notícias em voz alta?

– Sim, sim, eu vou. Mas este não pode ser Erwin, é alto demais!

– Nem tão alto assim, Pan Misha, e já não moro aqui o tempo todo. – Ele se inclina na direção de Misha. – Saio e trago pão por cima do muro para o Pan Doutor e para Halinka.

– Eu também iria – diz Sammy, atrás dele. – Mas que posso fazer? – Esconde o nariz longo e bonito com a mão, como é seu hábito.

– Sammy, você tem um nariz de imperador, como César – diz Misha. – Tenha muito orgulhoso dele.

– Ele vai ser meu fim.

Pani Stefa chega apressada, como sempre com o vestido marrom de gola branca. Tem o cabelo todo grisalho e o rosto flácido devido à idade e o cansaço, mas o lindo sorriso é o mesmo de sempre.

– É muito bom voltar a ver vocês. Nem sei por onde começar. – Enquanto voltam para o pátio, ela descreve com clareza a seriedade da situação. – Korczak passa o dia todo fora, tentando conseguir doações, mas não sei como consegue tanta energia. Não está nada bem. Vai ser muito bom ter vocês dois aqui.

– Vejo que quase todas as professoras estão aqui.

– Depois do cerco, os homens foram para o leste, como sabem. Mas entre nós, damos conta do recado. Esther, que estava estudando medicina, agora está conosco. Ela ajuda muito nas rondas de Kocrzak. Ele gosta muito dela. E o Henryk também gosta, embora o interesse dele seja mais romântico. Mas o que esperar de um rapazinho de 17 anos? Como veem, tirando o jovem Henryk, não temos professores morando aqui, e alguns dos meninos que vêm das ruas do gueto já viram demais. – Ela franze os lábios.

– Estou aqui para ajudar no que puder.

O rosto dela se ilumina com um sorriso de alívio.

– Não queria pedir isso, agora que você é casado, mas seria uma grande ajuda. Não podemos pagar, claro, mas temos as refeições. Se puder ajudar às vezes com o turno da noite no dormitório dos meninos...

Misha olha para Sophia.

– Claro, você precisa ajudar – diz ela.

– É tão bom ter vocês dois de volta. Nem sei o que dizer.

Eles deixam as crianças brincando no pátio, com Korczak supervisionando. O som das risadas infantis os acompanha por alguns passos até que regressam à realidade do gueto. Sophia se aproxima mais de Misha e segura o braço dele, mas não é possível. Ela tem que largá-lo e seguir atrás dele, para conseguirem abrir caminho pelas ruas apinhadas.

As pessoas correm para cima e para baixo pelas escadas dos escritórios do Conselho Judaico na Rua Grzybowska, mas Sophia continua adiante, seus pés seguindo rumo ao antigo prédio de apartamentos, fazendo o percurso que conhece desde criança. Ao perceber onde ela vai, Misha pega na mão dela e a segue.

Sophia dá uma volta, procurando um ponto de referência da sua infância. O prédio de apartamentos não existe mais, só ficou um espaço vazio até a rua seguinte. Os tijolos que restaram são agora montes de entulho. A igreja ainda lá está. Todos os que sobem seus degraus exibem uma braçadeira com a Estrela de Davi: cristãos enviados para o gueto por terem pais ou avós judeus. Algumas famílias nem tinham conhecimento da sua herança judaica até serem abordadas por oficiais nazistas.

Sim, definitivamente estão na Praça Grzybowski, mas é difícil reconhecê-la. Em vez do clamor generoso do mercado, com seus cestos carregados de pães e flores, há um amontoado de pessoas desesperadas, vendendo o pouco que ainda tem – gravetos para acender fogo, sobras de carne... – em bancas minúsculas ou bandejas penduradas no pescoço. A rua está imunda, coberta de lama e palha. Uma criança pequena, com os olhos grandes demais para o tamanho dela, só ossos por baixo do casaco, começa a dançar na frente de Sophia. Ela esvazia a carteira e compra para a criança um grande pedaço de pão. Outras crianças se aglomeram em volta deles.

Mais nada na carteira e um cerco de rostos infantis esfomeados. Com relutância, Sophia segue Misha até aos edifícios do Conselho Judaico.

Os polícias judeus que guardam as altas portas duplas têm ar de impostores ruidosos. O uniforme não passa de uma braçadeira da polícia, um cinto e um quepe por cima de roupas civis, com aspecto desmazelado, como homens adultos brincando de polícia e ladrão, uma versão sinistra de um jogo infantil. Eles olham acima das multidões com um ar arrogante, sentindo-se desconfortáveis, cada um deles com o seu cassetete.

Lá dentro, Sophia e Misha entram na fila ao lado de um cartaz de um piolho gigante com instruções em alemão para manter a higiene.

– Isso se a pessoa conseguir arranjar sabão – resmunga o homem à frente deles na fila, indicando o cartaz com um gesto de cabeça. Tira os óculos e esfrega os olhos. – Desculpe, é que sou médico e isso cansa a pessoa.

– Há muitos casos de tifo aqui no gueto? – pergunta Misha. – Acabamos de chegar.

– O que acha? Meio milhão de pessoas desnutridas amontoadas em menos de dois quilômetros quadrados, nestas condições. Um quarto da população já se foi, eu diria. Tentem não tocar ninguém na rua, por causa dos piolhos.

Sophia se encolhe dentro do casaco, só de pensar.

O homem olha para a aliança no dedo dela e a fita com um olhar triste.

– E, minha querida, não queira arriscar uma gravidez num lugar deste.

Quando saem, um dos polícias está batendo num mendigo com o cassetete. O homem se encolhe sob os golpes.

Depois de vários dias sem ver mais que uma faixa de céu visível por entre os terraços dos apartamentos e edifícios da cor da areia suja, é um choque chegar a um lugar verdejante onde crescem flores: o cemitério. Sophia e Misha seguem Krystyna para além das fileiras de lápides de pedra, até um terreno mais acidentado e mais verde. Há um grupo de jovens capinando canteiros de cebolas e couves novas ao sol – uma horta num cemitério.

Longe da entrada, junto do muro mais afastado, encontram a tabuleta de madeira que indica a cova de Sabina. É ali que enterram os suicidas. Eles param em semicírculo, ouvindo os pássaros cantando, respirando o já quase esquecido cheiro de relva pisada e flores do campo.

Sophia fecha os olhos, tentando visualizar a irmã, uma garota sentada numa carruagem branca, repleta de flores, a caminho do seu casamento, tão bela e cheia de esperança.

Mas Sabina morreu. Sophia abre os olhos e engole o ar ressequido pela mágoa e pelo pesar. Sente uma mão na sua. Krystyna se aconchega no ombro dela e as duas choram pela irmã.

Capítulo Catorze

VARSÓVIA, SETEMBRO DE 1941

Korczak vê o guarda chutar uma criança caída no chão. Ele se encolhe como se pudesse sentir a biqueira de aço contra as costelas do menino, cada golpe da coronha do rifle. Nabos e cenouras finas estão espalhados pelas pedras da calçada, diante do portão. Quando o guarda sacia sua raiva e o pequeno contrabandista já não grita nem se mexe, o alemão dá ordens para levarem os legumes para a guarita e perde o interesse na criança. Um guarda mais jovem faz sinal para que um homem venha remover o menino dali. O homem, apavorado, pega o garoto do chão e se afasta, os braços e as pernas da criança flácidos, a cabeça caída para trás, a boca aberta.

Korczak se apressa para alcançá-lo.

– Para onde você o está levando?

– Não sei. Para o hospital, se o aceitarem lá.

Korczak franze a testa. Os hospitais estão cheios de casos de tifo, um leito num hospital é praticamente uma sentença de morte.

– Eu sou médico. Traga-o comigo.

– Claro. É o dr. Korczak, não é? Eu costumava ouvi-lo no rádio, senhor.

No orfanato da rua Chlodna, o homem deposita a criança numa cama da enfermaria.

O menino está semiconsciente. O médico ouve a respiração fraca e entrecortada. Korczak examina os ferimentos na cabeça da criança, observa o casaco folgado com o bolso interno rasgado, as calças cortadas amarradas com um cordão esgarçado ao redor da cintura fina, os braços e as pernas finos como gravetos. Ele deve ter cerca de 8 anos, mas é difícil saber, com tantas crianças desnutridas. Tem ossos miúdos, mãos pequenas e um rosto inteligente. Parece uma criança que em outra vida estaria destinada aos estudos na Yeshiva, a quem a mãe obrigaria a usar um cachecol nos dias frios. Korczak desamarra os cadarços das botas grandes demais e sente um cheiro de tecido úmido e podre.

O homem ao lado dele olha em volta, para a casa tranquila e asseada, deslumbrado.

– É como se não estivéssemos no gueto, aqui dentro.

– Garanto que estamos – diz Korczak, medindo a pulsação da criança. – Mas isso não significa que precisamos viver como monstros. – Ele aperta o pulso do menino, concentrado. Olha para o casaco do homem, que já viu dias melhores, a pele branca com veias cinzentas salientes na testa e sente o cheiro da fome no hálito.

– Desça à cozinha e diga para lhe darem uma refeição. Não sei o que será.

*

– Você pode ficar conosco agora – diz Korczak ao menino, quando ele recupera os sentidos. O garoto fica confuso ao se ver deitado numa cama de enfermaria, com uma grande atadura na perna.

– Quem disse que eu quero ficar? – pergunta ele a Korczak, cheio de suspeita. – E onde foram parar as minhas botas?

Korczak aponta para as botas ao lado da cama.

– Estão aqui, não se preocupe. Sempre respeitamos as propriedades das crianças. Mas me diga... – Ele faz uma pausa.

– Aronek – diz o menino. – Eu me chamo Aronek.

– Então me diga, Aronek. Você tem pais no gueto? Família?

Os olhos do menino são duros e desafiadores, como os de alguém que já viveu mil anos.

– Eu cuido de mim mesmo.

Ele fala com desenvoltura, como se já tivesse frequentado a escola, mas a lógica do gueto ensinou-o a não confiar em ninguém.

– Isso é admirável. Mas se você ficar... – O aroma da sopa de lentilhas com salsicha paira no ar vindo do corredor, a barriga do menino ronca ruidosamente. – Se quiser ficar terei de raspar a sua cabeça, como deve imaginar. Você tem de ter muita coragem.

O garoto leva a mão à cabeça.

Korczak anuncia que vai traçar um mapa de Varsóvia na cabeça de Aronek com a máquina de cortar cabelo. rua Marshall, rua de Jerusalém...

– Sabia que você tinha umas lojas muito chiques acima da orelha esquerda e uma loja de salsichas acima da direita?

Por fim, ele senta Aronek em frente ao espelho e a máquina deixa a cabeça do menino lisa como um ovo. Atrás dele, Sara, Abrasha e os outros batem palmas. Aronek franze a testa para eles pelo espelho. Não gosta que se amontoem em torno dele. Ele se inclina para a frente com cara de poucos amigos e não reconhece o menino magricela que o espelho reflete. A fome levou-lhe os últimos vestígios das bochechas rechonchudas de quando era menor. O nariz afilado e as orelhas de abano sobressaem dolorosamente no rosto magro. Ele toca o hematoma roxo que a bota do guarda lhe imprimiu num dos lados da testa, admira a crosta da ferida. Dói.

Ele olha para baixo. Não se sentia tão limpo desde... desde antes do gueto. Ele afasta uma lembrança da mãe enchendo uma banheira de zinco com água quente num cômodo com cortinas de renda, um fogão num canto, aquecendo uma sopa.

No refeitório, entre conversas, as outras crianças lhe passam uma grande tigela de sopa e um cestinho com pedaços de pão. Não param de lhe fazer perguntas. Aronek ignora a todos e, com o braço em volta da tigela, devora as lentilhas antes que alguém possa roubá-las dele. Já viu larápios nas ruas, que arrancam os pacotes das mãos das pessoas e engolem o conteúdo tão depressa que às vezes nem sequer param para ver se é comida. Quem garante que aquele menino de olhos grandes e lacrimejantes não fará a mesma coisa?

Quando ninguém está olhando, Aronek pega um pedaço de pão do prato de outra criança e esconde-o para comer mais tarde.

Mas há alguém que vê, é claro. Korczak decide não dizer nada sobre o pão roubado. Muitas vezes, demora um pouco até que as crianças que conheceram a fome – e ele já viu muitas – acreditem que haverá pão em todas as refeições. Por ora, é melhor ignorar o pão roubado. Os olhos de Korczak pousam em Aronek, com tristeza. Ali está uma criança sedenta da mãe. Uma criança em sofrimento.

Mas há os palavrões. Aronek tornou-se mestre no praguejar típico dos cortiços iídiches de Varsóvia, expressões longas e poéticas repletas de tudo o que há de mais chulo. Korczak aprendeu uns palavrões no exército, mas se pergunta se Aronek não saberia um número bem maior. As crianças se calam, horrorizadas, ou aparecem aos gritos dizendo que Aronek está outra vez falando palavrões.

O garoto parece não conseguir se conter, pragueja com a mesma frequência com que respira. E todas as crianças sabem que há penalidades para quem diz palavrões. Esperam que Aronek seja tratado como todos os outros. Korczak tem um dilema para resolver.

O doutor põe Abrasha frente a frente com Aronek.

– Este é o seu novo irmão mais velho.

– O que ele quer de mim? – diz Aronek, e observa Abrasha com desconfiança. Não gosta daquele rapaz magro e efeminado. Um empurrão e o menino sairia chorando.

– Não quero nada – declara Abrasha. – Eu posso contar tudo sobre o que fazemos aqui, como as coisas funcionam.

– Não preciso da ajuda de um bebê chorão como você – rebate Aronek, sondando o rosto expressivo do menino músico, as mãos finas e delicadas e os olhos amendoados.

– Todo mundo tem um irmão ou uma irmã mais velhos aqui – explica Korczak, paciente. – É normal. As pessoas inteligentes sabem aceitar um conselho de vez em quando. Por que você não ouve

Abrasha? E se no final do dia continuar não querendo um irmão mais velho, tudo bem.

Korczak deixa Abrasha iniciar uma visita guiada pela casa com o novo integrante do orfanato, descrevendo para ele os seus costumes.

— Como assim, os professores podem mandar as crianças para a cadeia se quiserem? – pergunta Aronek.

— Não. As crianças que são os juízes. Já fui juiz três vezes, sabia? Até o Pan Doutor já foi punido por se zangar com uma menina. Aqui todos os professores e todas as crianças têm que seguir as mesmas regras, respeitar uns aos outros. É uma questão de justiça. Imagina que alguém tenha lhe feito alguma maldade...

— Se fizesse, eu batia nele...

— Mas aí ele bate em você também. Vocês viveriam numa guerra. Não, aqui você diz, vou processar você, e o tribunal ouve o seu caso.

Abrasha para diante de um armário alto.

— E cada criança tem uma gaveta neste armário para guardar suas coisas. Ninguém mexe em nada. Os menores só têm botões, barbantes, mas todo mundo respeita as coisas deles. Aqui em casa as crianças são realmente respeitadas, sabe?

Aronek encolhe os ombros, pouco convencido. Ninguém vai fazê-lo de tolo.

Os meninos encontram um balde e um esfregão deixados à vista de todos como se fossem um belo adorno.

— E todos ajudamos nas tarefas domésticas.

— Eu não. Eu que não vou esfregar o chão.

Mais tarde, quando as crianças estão prontas para ir para a cama, Korczak se senta em sua cadeira no dormitório dos meninos para ler uma história do Rei Mateusinho.

Aronek vira de costas e cobre a cabeça com o lençol. Aos 8 anos, já é velho demais para contos infantis, depois de tudo o que passou no gueto.

Não acredita mais na infância.

Korczak continua lendo, mas seus olhos tristes se voltam para as escápulas pronunciadas, que se projetam sob o lençol como cotos de asas cortadas.

Alguns dias depois, Korczak repousa no banco do pátio enquanto as crianças brincam, deixando o sol aquecer suas pálpebras fechadas por alguns instantes, quando sente a presença de um dos meninos ao seu lado.

Sabe que, se olhar para baixo, verá aquelas orelhas de abano e a penugem loura no couro cabeludo rapado e cheio de cicatrizes.

Pelo menos, o cheiro fétido desapareceu, o anúncio da morte que os famintos carregam.

– Pan Doutor, tem mais histórias como aquela?

– Talvez. Deixe-me pensar. Você conhece aquela do navio voador encalhado na floresta e do rapaz que não tinha mais nada além de um bom coração?

Sente uma mãozinha aninhar-se na sua.

Capítulo Quinze

VARSÓVIA, SETEMBRO DE 1941

Sophia levanta a cabeça e estica o braço. O outro lado da cama está vazio, mas os lençóis ainda estão quentes. Ouve Misha na cozinha e alguma coisa cozinhando no fogão. Solta um suspiro de alívio. Misha está em casa.

Ele passa, pelo menos, três noites fora de casa, tomando conta das crianças no orfanato de Korczak – e tem todo o apoio dela. Mas isso não torna as coisas mais fáceis. Ela detesta quando o lado dele na cama fica vazio à noite toda.

Misha afasta a cortina de chenile e passa uma caneca para ela.

Do outro lado da cortina, as esposas de dois outros casais que partilham o minúsculo apartamento já deram início à primeira discussão do dia: comida que desapareceu, quem tem o direito de usar primeiro o fogão...

Sophia percebe o nervosismo que Misha procura reprimir quando se senta na beira da cama para beber seu café. O corpo inteiro dele parece vibrar.

– O que você tem?

– Nada.

– Diga-me, Misha. Não sou mais criança, você não precisa me proteger do mundo.

– O resto do dinheiro que trouxemos de Lvov não dá para uma semana. E o que eu ganho para transportar pessoas na bicicleta não é suficiente, não com o preço da comida hoje em dia…

Sophia olha para os braços magros dele, com veias parecidas com cordas. A perda de massa muscular é alarmante.

– Você come mais do que ganha carregando pessoas naquela bicicleta. Não vale a pena. E estou ganhando um pouco dando aulas para as minhas sobrinhas.

Ele se inclina para trás e aperta a mão dela.

– O importante é que estamos juntos. Vamos conseguir resistir a tudo enquanto soubermos que temos um ao outro.

Na cozinha, uma panela cai com estrondo no chão. Uma das mulheres, descabelada, afasta a cortina com violência e gesticula na direção da outra.

– Uma lêndea! – guincha ela. – Esta aqui me traz uma lêndea! Será que não vê o perigo que é, com metade do gueto morrendo de tifo? Como posso aguentar isso se ela nem sequer tem a decência de manter a higiene? Isso já é demais para mim.

E solta a cortina.

No apartamento minúsculo da rua Ogrodowa, Sophia encontra a mãe sentada à mesa, tomando conta do neto enquanto a criança brinca no chão com seus blocos de madeira. Marianek estende os braços e Sophia pega o sobrinho no colo.

– Onde está papai?

A mãe olha em volta com um ar ausente.

– Ah, sabe bem como é o seu pai. Deve ter ido à rua vender alguma coisa. Não me pergunte o quê. – Ela pega a carteira sobre a mesa, abre-a e volta a fechá-la com o semblante inexpressivo. – Eu devia sair para comprar alguma coisa para o jantar. Não entendo como as batatas podem estar tão caras agora.

– Eu vou, mãe. Ainda tenho algum tempo até a próxima aula. Vou ver se consigo arranjar alguns ovos.

– Nunca pensei que um dia não teríamos dinheiro para comprar um simples ovo.

– Pelo menos, tento arranjar um para Marianek.

Sophia sai para a rua com o cesto vazio, perguntando-se se um dia se habituará a sentir sempre uma certa fome.

Perto do toque de recolher, Erwin anda por uma das ruas junto aos muros do gueto, onde não há fachadas de edifícios. Durante o dia, estão desertas, com guardas a patrulhá-las, mas ao cair da noite praticamente todos os alemães deixam o gueto e as ruas fronteiriças enchem-se com o rumor dos passos das crianças que atravessam a calçada para passar por baixo do muro, se espremendo em pequenos buracos.

Erwin para junto a uma parte do muro e Isaac surge das sombras. Verificam que não há ninguém por perto antes de começarem a soltar os tijolos em volta do buraco de escoamento. Enquanto Erwin passa para o outro lado, Isaac espera sob a proteção do umbral de uma porta.

A rua do outro lado está vazia. Erwin se levanta com cautela. A luz começa a diminuir, não se vê ninguém na rua, mas ouvem-se vozes falando alemão na rua principal, a poucos metros de distância, risos e conversas. Ele espera até que os soldados passem e se esgueira pela Varsóvia ariana.

Graças ao seu narizinho arrebitado polonês e cabelo loiro, ninguém olha duas vezes para ele ao vê-lo entrar correndo numa padaria, a primeira que visitará esta noite. Compra um pão de centeio ainda quentinho e com um aroma tão doce que tem de se conter para não parti-lo e comê-lo ali mesmo.

Ao voltar para o muro, ele solta um assobio baixo. Quando Isaac responde, Erwin passa para o colega o pão pelo buraco. Agora tem que esperar, oculto nas sombras do muro, com os ouvidos bem abertos. Depois de alguns instantes, ouve outro assobio: Isaac está de volta e faz deslizar alguns *zloty* para as mãos de Erwin.

No gueto, eles conseguem vender o pão pelo dobro do preço que custa na zona ariana. Por isso, Erwin pode comprar mais dois pães e vendê-los no gueto. Terá de fazer várias viagens até terem dinheiro suficiente para comprar pão para comer e guardar alguns *zloty* para começar tudo outra vez no dia seguinte.

Ele está na sua última viagem, andando rente às paredes ao longo da rua Rynkowa, quando encontra três poloneses passando sacos por cima do muro o mais rápido que podem. Ele ouve vozes roucas gritando em alemão, vários pares de botas golpeando o chão. Recua, dobra a esquina e foge correndo, deixando para trás o ruído de uma troca de tiros.

Ele se esconde na entrada de um prédio até estar tudo calmo e então volta para a cerca de madeira com o coração ainda acelerado, atento ao ruído das botas dos soldados.

Misha acorda com o barulho de passos furtivos no assoalho. Senta-se na cama com a pele formigando, os sentidos em alerta. Há um vulto baixo e atarracado movendo-se do outro lado do dormitório, o casaco estranhamente volumoso.

Erwin. Misha aumenta um pouco a intensidade da luz do lampião.

O adolescente se aproxima da cama dele e puxa para trás a aba do casaco. No interior, há uma bolsa de lona costurada de forma grosseira, infantil. Com os olhos brilhando à luz do lampião, Erwin tira dali vários pães de centeio escuro.

— É a coisa de verdade, Pan Misha, não aquela cola com serragem que nos empurram nas lojas do gueto. E veja.

O menino entrega a Misha uma minúscula barra de sabonete embrulhada em papel grosso. Misha inspira o cheiro adocicado de alfazema.

— Você vai ficar bem perfumado, Erwin.

— É para Halinka. É a minha melhor amiga, Pan Misha. Quando eu crescer vou consertar carros, nos casamos, vamos para os Estados Unidos e teremos três filhos. E todos terão leite e pão branco todos os dias. Tanto quanto quiserem.

— É um plano muito bom.

Erwin responde com um aceno e volta a guardar o sabonete cuidadosamente dentro do casaco.

– Mas escuta, Erwin, sabe o que pode acontecer se você for pego, não sabe?

– Não tenho medo de levar uma surra.

Misha deita-se na cama, pensativo. As suas viagens ao lado ariano, em que usa um dos varais do pátio como escada para pular o muro, não foram muito proveitosas: um punhado de batatas, dois ou três pães. Uma criança se sairia melhor. E fazem isso, todos os dias, visto que é mais fácil para as crianças passarem pelos buracos. Muitos pais agora dependem de filhos com apenas 6 anos para terem comida na mesa.

O que Misha precisa desesperadamente é encontrar uma forma de se juntar a um dos bandos de homens que contrabandeiam no gueto quantidades significativas de alimentos. São esses homens que mantêm o gueto vivo. Ele já ouviu dizer que conseguem passar centenas de sacos pelos sótãos ou porões de casas rentes ao muro; histórias sobre um cano na parede por onde são despejados litros e litros de leite.

É preciso ter os contatos certos para poder ter a esperança de ser convidado para o tipo de empreitada capaz de trazer ao gueto alimentos suficientes para fazer uma diferença real.

Mas, para cada homem que arrisca a vida para contrabandear comida e alimentar o gueto, há alguém disposto a lucrar com a miséria do gueto, a cobrar preços exorbitantes pelos bens mais essenciais, homens que se misturam com a Gestapo em boates decadentes e não se importam em entregar outra pessoa pelo preço certo.

Capítulo Dezesseis

VARSÓVIA, SETEMBRO DE 1941

— Acabei de levar o maior susto da minha vida. O sr. Rozental deixa sobre a mesa os livros que saiu para vender na rua Nowolipki.

— Lá estava eu, com os meus livros, e vejo um policial polonês vindo direto em minha direção. Depois percebi quem era, você nem vai acreditar. Stanislaw Zymkowski. Lembra, Mãe? Fomos colegas no ginásio. O que acha? Disse que está fazendo contrabando de comida para dentro do gueto e que nos arranja pão por um bom preço. E mais: anda à procura de um homem de confiança para ajudar deste lado do muro. Falei de Misha e agora Stanislaw quer que ele se encontre com o judeu que trabalha com ele, um tal de Jakub Frydman. O que acha disso? Não é uma boa notícia? Quer que Misha o encontre no café Zglinowicz.

— Não quero Misha envolvido com nenhuma quadrilha de contrabandistas. O senhor não vê como isso é perigoso? — rebate Sophia com raiva.

Mas, quando Misha ouve sobre isso, evita olhá-la nos olhos.

— Pode ser a solução para os nossos problemas — murmura ele.

— E se esse tal encontro for uma armadilha para prender contrabandistas? Não podemos deixar que você corra esse risco.

— Mas também é um risco continuarmos assim, sempre sem dinheiro e a comida cada vez mais cara.

Sophia fica acordada à noite, sem conseguir dormir com o choro das crianças famintas lá fora na rua. Sabe que Misha está certo. Eles não têm alternativa, se quiserem sobreviver ali dentro.

Misha se senta a algumas mesas de distância da vidraça do Café Zglinowicz. O lugar fica no piso térreo de um prédio de apartamentos novo e elegante, construído numa época em que o mundo era moderno, em que o mundo estava progredindo. De onde se encontra, ele tem uma vista panorâmica dos enormes portões de madeira do gueto e dos guardas que passam em revista de quem os atravessa: carrinhos de entregas, uma carroça puxada por um cavalo, pessoas a pé. São três tipos de guardas: os alemães com rifles, os policiais poloneses nos seus uniformes azuis e bonés pretos bem como os patéticos guardas judeus de cinto, boné e cassetete por cima de roupas civis.

Misha já verificou que pode fugir pelos fundos, se preciso. Procura não mexer muito na sua xícara de chá, para não denunciar o tremor nas mãos.

Um homem alto e de ombros largos, usando o boné e o cinto da polícia judaica, passa do outro lado da vidraça e entra no café. Examina o salão, aproxima-se e senta-se à mesa de Misha. Então este é Jakub Frydman.

Chega um café, o homem troca palavras amigáveis com o garçom. Frydman parece ser bem conhecido ali. Estimado, até, pois o garçom logo traz o café que pediu.

Frydman é alto e robusto, sem nenhum sinal de fome. Tem um rosto sincero, com as feições bem proporcionadas, do tipo que inspira confiança e atrai o interesse das mulheres. Por baixo do traje civil, porém, traz a camisa branca da Polícia Judaica para a Manutenção da Ordem Pública – quem mais pode se dar ao luxo de usar uma roupa de linho tão imaculada? – e os olhos de Misha seguem o boné da farda que Frydman coloca na mesa ao lado de um caríssimo par de luvas de couro. Alguns membros da polícia judaica parecem acreditar que se comportar com a mesma brutalidade de um nazista faz deles nazistas, privilegiados e intocáveis. Não se pode confiar neles.

Frydman repara na direção que o homem está olhando.

– Vejo que não gosta de falar com um policial.

– E pode me culpar por isso?

Frydman acende um cigarro, oferece um a Misha, mas este recusa.

– É um risco para você e é um risco para mim. A questão é, o que está disposto a fazer para sobreviver aqui?

– Não estou disposto a trabalhar com pessoas que trabalham com a Gestapo.

– Nisso, estamos de acordo. Mas está disposto a correr o risco de ser pego pela Gestapo?

O olhar de Misha se mantém firme.

– Se isso significar que vou conseguir mantimentos para Korczak e para a minha família, então sim.

– Naturalmente. Para Korczak especialmente, faremos o que pudermos. Ótimos preços.

Misha tenta controlar uma expressão de gratidão. Ele ainda tem dúvidas.

– E você tem certeza de que seus contatos poloneses são confiáveis?

– São boas pessoas. Têm de ganhar a vida, como todo mundo, mas não fazem isso apenas por lucro. Os poloneses estão começando a se dar conta do que está acontecendo dentro dos muros do gueto. Falam de pilhas de cadáveres. Eles ouvem tudo do outro lado do muro, sentem o fedor no ar, e sabem que o cheiro da morte também vai soprar para o lado deles. Saiba que, para cada polonês disposto a chantagear ou denunciar um judeu, há dois ou três que arriscariam (e arriscam de fato) a própria vida para ajudar os judeus. Estes poloneses com quem trabalho, confio neles como se fossem meus irmãos.

Misha analisa o rosto admirável de Frydman por mais alguns instantes. Ele parece sincero, competente. E há qualquer coisa na vitalidade dele, na vontade de se arriscar e vencer as adversidades do gueto, que se assemelha ao desejo intenso que Misha tem de fazer mais. Seus instintos lhe dizem que pode confiar em Frydman. Que com o tempo, quem sabe, podem até vir a ser amigos.

– Então o que precisa que eu faça?

Para começar, a única tarefa de Misha é esperar perto do telefone, no café do lado oposto ao portão. Frydman trabalha com um casal polonês, Tadeusz e Jadwiga Blazejewski. Quando eles querem entrar pelo portão, ligam para o café e pedem para falar com Misha –

o garçom recebe uma percentagem. Misha responde com um código que lhes diz se o guarda certo (o que aceita subornos) ainda está no portão e o jovem casal entra com os mantimentos escondidos no fundo falso do carro.

– Não sei onde você conseguiu isso e também não quero saber – diz Stefa enquanto Misha carrega o impossível até a cozinha do orfanato: caixas de banha. – Mas obrigada. A gordura faz muita falta para as crianças, por causa das vitaminas. E agradeça por nós aos seus amigos. Mas vai tomar muito cuidado, não é, Misha?

Sophia também se preocupa.

– Querida, vou tomar cuidado. Não penso em correr riscos desnecessários – diz Misha quando estão abraçados na caminha estreita, aquele hábito que ela tem de puxar o braço dele por cima dos ombros como uma tenda, de criar um mundo particular naquele pequeno espaço que só pertence a eles, com seu amor e sua proximidade.

E ele se pergunta como contar a Sophia que Frydman já está preparado para sair do gueto e ajudar a carregar o carrinho no armazém em Wola.

Capítulo Dezessete

VARSÓVIA, SETEMBRO DE 1941

Hoje Korczak assiste a uma sessão do tribunal das crianças, sentado na ponta de uma das filas de cadeiras onde as crianças se juntaram para ouvir o caso que Halinka veio expor às crianças maiores, reunidas atrás de uma mesa.

O assunto é complicado. Aronek, o acusado, está sentado à esquerda de Halinka, emburrado, de braços teimosamente cruzados sobre o peito como que para impedir que possam afastá-los e ver o que lhe vai no coração, o rosto fechado numa expressão de raiva e mau humor.

– Guardei o chocolate na minha gaveta. Era uma barra pequena, um presente – Halinka cora ligeiramente – do Erwin. Não comi na hora, quis guardar porque era especial. E achei que ficava seguro na gaveta até que eu quisesse dividi-lo. Mas ontem abri a gaveta e ele tinha desaparecido. E a Sara diz que viu o Aronek fechando a minha gaveta e sair com os braços apertando o suéter de um jeito engraçado.

– Isso é verdade, Sara? – pergunta Chaya. Cabelos negros, olhos castanho-escuros, o rosto sério. Ela é a juíza do dia.

Sara responde com um aceno de cabeça, os olhos muito abertos. Tem perfeita noção da gravidade do que tem a relatar.

– E você, o que tem a dizer? – pergunta Chaya a Aronek.

Aronek cruza ainda mais os braços e lança um olhar furioso para a menina.

– Que ela esperava? Para que serve um chocolate idiota guardado na gaveta?

Há uma reação coletiva das crianças reunidas em volta da mesa do tribunal. Aquilo é praticamente uma confissão. Erwin salta da cadeira de punhos cerrados, mas Misha, ao lado dele, faz com que o garoto se sente novamente na cadeira.

– Deixa o tribunal terminar – sussurra ele ao menino furioso. Misha sabe que o chocolate veio da Varsóvia ariana numa das incursões de Erwin ao outro lado do muro. E sabe que não se trata de uma mera barra de chocolate, mas de um precioso retângulo que representa todo o afeto que Erwin tem por Halinka e os riscos que está disposto a correr por ela.

A alguns metros de distância, Korczak deixa escapar um suspiro de desânimo. Dedicou tanto tempo e tanto amor ajudando Aronek a confiar nos outros e a começar a fazer amigos, a brincar com eles como uma criança normal. Aronek até tinha deixado de dizer palavrões.

E agora era especialmente dedicado ao Abrasha, o seu irmão mais velho na casa. Então por que começar de repente a roubar?

– Você não tem nada a dizer em sua defesa? Não vai explicar por que comeu o chocolate da Halinka?

– Não comi chocolate nenhum – rebate Aronek, carrancudo.

– Então, onde ele está?

– Sei lá. Vendi.

Outro sobressalto geral.

– E não está arrependido?

Aronek balança a cabeça sem tirar os olhos das botas.

– E onde está o dinheiro?

– Gastei.

– Gastou? Em quê?

– Isso não é da sua conta.

– Não tem nada a dizer em sua defesa? – Chaya parece perturbada. – Roubar é um crime grave. Se acumular três crimes graves, você pode ser obrigado a deixar a casa.

– Não pedi para vir para cá. Posso ir embora quando quiserem.

Korczak torna a suspirar. Aronek vai e volta quando bem entende, embora aos 9 anos seja muito pequeno para perambular pelas ruas. Poucos dias antes, ele passou o dia inteiro fora. O que andará fazendo? Há crianças tão afetadas pela negligência dos adultos e pela crueldade das ruas que nunca chegam a se recuperar. É raro, e muito triste, mas acontece.

Szymonek se levanta.

– Chaya, acho que Aronek pode ter roubado outras coisas.

– Tem certeza?

– Ele abriu a gaveta de Abrasha hoje de manhã, muito depressa, e voltou a fechá-la. Talvez tenha tirado alguma coisa.

Aronek cora até as raízes do cabelo. Fixa o assoalho ainda de braços cruzados, como se tivessem acabado de insultá-lo.

O tribunal se reúne para tomar uma decisão.

– Este tribunal acha que Pan Doutor e Abrasha devem ir lá embaixo abrir a gaveta.

O armário fica no andar de baixo. Passa-se algum tempo até ouvirem passos subindo as escadas. Abrasha irrompe na sala com um pequeno envelope quadrado na mão e um grande sorriso.

– É uma corda nova para o meu violino! A antiga tinha partido e não consegui arranjar uma nova. Você que colocou lá, Aronek?

Aronek tem um ar de sobressalto, de quem se sente culpado, acusado de ser mariquinha como as meninas. Ali está a prova de que foi ele o ladrão, que vendeu o chocolate para comprar a corda.

Mas onde terá ele conseguido arranjar a corda se Misha já tinha vasculhado o gueto à procura de uma igual? Aquilo explica onde Aronek foi a semana passada. Saltou o muro para ir comprar a corda.

Aronek encolhe os ombros.

– O que tem?

Os membros do tribunal discutem acaloradamente. Aronek fuzila a todos com o olhar. Finalmente chegam a uma conclusão. Chaya lê o veredito:

– Este tribunal declara que, já que foi por bons motivos e que Aronek está aqui há pouco tempo e provavelmente ainda não sabia que podia ter falado com o Pan Doutor sobre como arranjar uma corda de forma honesta, desta vez receberá apenas uma advertência.

Aronek fica obrigado a substituir o chocolate de Halinka no futuro, quando puder.

Abrasha nem ouve. Foi correndo buscar o violino e já está apertando a cravelha e ouvindo a nota que a corda nova produz, dedilhando-a e afinando-a até vibrar em harmonia com as outras. Ele pega no arco e, de olhos fechados, toca as primeiras notas de "Noite no Bosque". Por breves instantes, abre os olhos transbordando de gratidão e fita Aronek. À medida que a música preenche a sala e as crianças são transportadas para uma noite serena entre os pinheiros altos, os braços de Aronek relaxam, a raiva no rosto dele se esvai – um rosto de criança outra vez. Um menino de cabelos curtos e grandes orelhas, perdido e cheio de esperança.

Capítulo Dezoito

VARSÓVIA, SETEMBRO DE 1941

De volta ao seu quarto na rua Leszno, Sophia encontra um bilhete de Misha, mas nem sinal dele. O marido está fazendo um turno extra no orfanato.

Ela se deixa cair na cama com um baque, tão desapontada que tem vontade de chorar. Claro que quer que ele ajude a cuidar dos meninos do orfanato – é um dos fundamentos de tudo aquilo em que acreditam –, mas detesta ficar ali sozinha. Quando estão os dois, têm de falar baixinho. Ouve-se até o mínimo ruído produzido pelos outros casais.

E também há o aluguel daquele quartinho miserável, dinheiro que lhes faz falta para a comida, a família, as crianças. Sophia anda cada vez mais preocupada com os pais. A cada dia, fica mais difícil deixá-los. Eles parecem viver num estado cada vez mais distante da realidade. A mãe queimou um braço num acidente na cozinha. Ela se preocupa com o bem-estar de Marianek.

Sabe o que tem de fazer. Deveria se mudar para casa dos pais e ajudá-los a cuidar do pequeno Marianek. Infelizmente, não há espaço para outro casal no minúsculo apartamento da rua Ogrodowa. Está simplesmente fora de cogitação.

Não, seria insuportável voltarem a viver separados.

E, no entanto, Sophia sabe que mais cedo ou mais tarde não terão alternativa.

Fica deitada no escuro, na cama estreita, pensando em como vai propor a Misha que vivam separados.

As lágrimas escorrem pelo rosto dela quando se imagina dizendo as palavras.

Na tarde seguinte, Misha se junta à família Rozental no apartamento da Ogrodowa para o jantar, batatas com um pouco de margarina e uma pequena porção de arenque.

Lutek também está ali, com o filho pequeno no colo. Trouxe batatas, mas muito poucas. Parece adoentado, há algum tempo que não arranja trabalho. Vendeu o casaco de inverno, diz ele. Arranja outro quando esfriar.

Ao voltarem para o quarto da rua Leszno, sob o sol do fim da tarde, Misha olha para Sophia, preocupado.

– Você ficou muito quieta à tarde toda. O que foi?

– Porque não fingimos que esta guerra nunca aconteceu, só por alguns minutos? Estamos passeando à beira do rio e vamos parar para comprar sorvetes, ou então vamos outra vez àquele café no parque, o que tem a pista de dança à sombra das árvores. Estão tocando músicas novas.

Eles caminham em silêncio, passando pelos mendigos e vendedores de rua desesperados, o ar abafado e as calçadas imundas de sempre.

Ao chegarem ao prédio de apartamentos, Sophia para sob o arco da entrada e se vira para Misha.

– Querido, nós tentamos, mas é impossível. Não podemos continuar pagando este quarto, não quando a comida está tão cara. – Ela hesita, não quer mencionar a fome que os acompanha como uma sombra constante. – E eu preciso ajudar os meus pais a cuidar do Marianek. Não há espaço no apartamento para os dois, mas você já passa tanto tempo no orfanato. Podemos continuar a nos ver todos os dias.

Misha fecha os olhos e a aperta contra o peito.

– Eu sei. Tenho pensado a mesma coisa. O melhor é voltar para o orfanato e ficar com Korczak. Eles precisam muito de ajuda lá.

Num dos apartamentos do andar de cima, alguém pôs uma velha canção de Varsóvia para tocar num gramofone, uma música para dançar. Sophia aninha a cabeça na curva do pescoço de Misha, sente o cheiro reconfortante da pele dele, ligeiramente forte por falta de banho. O cabelo dela está igual, com certeza. Ficam algum tempo ouvindo a música. Sophia se sente prestes a desmoronar.

– Não sei se aguento, Misha, não estar contigo todos os dias.

Ele roça o cabelo dela com o rosto.

– É por pouco tempo, amor. Só até isto acabar. É o melhor que temos a fazer.

Ficam abraçados por um longo tempo, as lágrimas de Sophia molhando a camisa dele. Misha esfrega os olhos com as costas da mão e ela o sente se movendo para tirar alguma coisa do bolso do casaco.

Misha mostra a ela uma das fotografias que traz na carteira. Os dois, de braço dado nos degraus de uma das cabanas de madeira no último acampamento de verão na Pequena Rosa.

Sophia olha a fotografia. Lá estão eles, a roupa branca resplandecente sob o sol quente, sorrindo como quem sabe que será sempre verão e que o futuro lhes pertence. Ela é ainda uma adolescente bochechuda, posando um degrau acima de Misha para ficarem da mesma altura. Ele segura o braço dela como se tivesse acabado de ganhar um prêmio. Passaram-se apenas dois anos.

Um Misha mais velho, de olhos encovados, agora pega na sua caneta tinteiro e escreve nas costas da fotografia: "Sophia, meu amor, vamos acreditar que um dia muito em breve estaremos juntos de novo, e tão felizes como estávamos naquele dia na Pequena Rosa".

Em vez de dormir, passam a noite abraçados, conversando baixinho até amanhecer.

De manhã, Misha tem de sair cedo, uma tarefa urgente a pedido de Frydman. Mais tarde, tomará as providências necessárias para se mudar para o orfanato.

Sophia tem pouco tempo para embalar os poucos pertences do casal antes de se mudar para a casa dos pais, na rua Ogrodowa, mas ela se senta na cama e contempla o jovem casal da foto, de braço dado ao sol. Os olhos dela ardem e se enchem de lágrimas, como se o sol da foto fosse brilhante demais.

O tempo no gueto está retrocedendo e desfazendo o casamento deles.

Capítulo Dezenove

VARSÓVIA, SETEMBRO DE 1941

— Pan Doutor, pode amarrar meus cadarços, por favor? — Szymonek, o menorzinho da casa, para diante de Korczak com uma das botas desamarradas.

— Faço até melhor. Posso ensinar você a amarrá-los. Nunca é cedo demais para aprender a fazer as coisas por nós mesmos. — Ele deixa de lado a sacola de juta. — Faz assim... Agora tenta você. Outra vez. Já pegou o jeito, bom trabalho.

Szymonek vai embora olhando os pés, todo orgulhoso.

Stefa perguntou a ele se podia arranjar alguma coisa com óleo hoje. Mais fácil seria pedir barras de ouro. Contudo, talvez seja possível obter um pouco de salsicha. Deixa o orfanato para ir ver se a salsicha que lhe prometeram no Conselho Judaico já chegou à loja.

A mulher do balcão está gritando com um homem.

— Quer dizer então que a banha está rançosa. E daí? Se não está agradando, por que não vai embora? Tenho muitos clientes esperando.

– Mas, senhora, que tipo de loja é esta? – responde o homem. É magro, com ar de intelectual e veste um casaco velho. – Isto é roubar dos clientes.

A mulher agita no ar o vale do gueto como se fosse algo repulsivo e bufa com impaciência.

– Ele acha que está numa loja. Isto não é uma loja, e você não é cliente nenhum. Eu não vendo nada e você não me paga, porque estes pedaços de papel que chamam de dinheiro não valem nada. Como é que eu posso roubar dos clientes se nunca tenho lucro?

Quando chega a vez de Korczak, ele fica olhando a sua pequena porção de salsicha ser pesada.

– É tão cara. Tem certeza de que não é feita de carne humana? – diz ele por brincadeira.

A mulher olha para ele com cara de poucos amigos.

– Como posso saber? Não estava lá quando fizeram.

Todo bom humor dele se dissipa. Korczak guarda as salsichas na sacola de lona e vai para o edifício do Conselho Judaico falar com o diretor, o seu velho amigo Adam Czerniakow.

Sobe as escadas até o escritório de Czerniakow a fim de lhe entregar um convite para a celebração do Yom Kippur no orfanato. O diretor do Conselho Judaico tem um ar abatido, o semblante de um homem sendo lentamente esmagado pela responsabilidade do cargo de intermediário entre o gueto e a Gestapo.

– Ainda sem braçadeira – comenta Czerniakow sem erguer os olhos do livro de contabilidade que está examinando. Ele tira os óculos do nariz comprido e esfrega a papada. Um verdadeiro estadista, sempre com um terno impecável, Czerniakow nunca sorri.

Por trás dos óculos, no entanto, os olhos cansados são cheios de bondade e senso de humor.

Korczak afunda na cadeira do outro lado da escrivaninha e estica as pernas. Os dedos, ainda marcados com leves manchas de nicotina dos cigarros que costumava fumar, tamborilam nos braços da cadeira. No gueto, está fora de questão desperdiçar dinheiro com cigarros, mas os dedos ainda procuram o conforto dos rolinhos de papel.

– Não entendo. Por que todo mundo aqui foge quando me vê chegando pelo corredor?

– O que você esperava, Korczak? É de partir o coração. Todo mundo tem pavor de ver você. Seja o que for que lhe damos nunca é suficiente. Não é à toa que fogem.

– É pedir muito um ou dois sacos de batatas para as minhas crianças? E nem sempre venho para pedir alguma coisa. Aliás, hoje até passei aqui para lhe dar isto. – Ele coloca na frente de Czerniakow um convite para um concerto no orfanato.

– Obrigado. Sabe, ainda penso naquela sua peça a que assisti no Ateneu, quase dez anos atrás. O general insano que queria queimar tudo, queimar livros, queimar judeus, que marchava por todo o palco, batendo o pé. Os críticos disseram mal dela por ser muito sombria, mas agora parece profética.

– Estava tudo explicado no livrinho de Hitler, se as pessoas se dessem ao trabalho de lê-lo. Mas Hitler não é o povo alemão, não se esqueça. Quando o povo alemão se der conta das atrocidades que estão sendo cometidas em nome dele, logo vão pôr um fim nisto.

— Talvez você esteja certo. Pelo menos, tenho boas notícias, alguma esperança para o gueto. Finalmente nos deram permissão para abrir escolas aqui dentro. Seis.

Korczak analisa o comunicado do Palácio Brühl e o devolve. Não parece muito impressionado. Como Czerniakow sabe, ele dirige uma escola no orfanato a pretexto de proporcionar às crianças do gueto atividades recreativas, apresentações, tardes de leitura – atividades que passariam por qualquer inspeção nazista com o objetivo de garantir que nenhum judeu esteja recebendo educação.

— Não vê? Se temos uma permissão formal para educar as nossas crianças, isso significa que os nazistas veem um futuro para o gueto. – Czerniakow tira os óculos para limpá-los com o lenço limpíssimo e fita Korczak com um olhar atormentado. – Sei muito bem que fazem musiquinhas caçoando de mim, sobre o meu barrigão, por eu trabalhar com os alemães, mas alguém tem de tentar negociar as melhores condições possíveis para a nossa gente aqui no gueto.

— Se não tivesses aceitado o cargo, meu amigo, eles teriam simplesmente se livrado de você e arranjado outra pessoa qualquer, alguém que não se importasse nem um pouco com o que acontece ao nosso povo, provavelmente.

— Eu tento. Tento exigir condições melhores. Na maioria das vezes não consigo nada, mas só me resta continuar a tentar.

Ele vai até outra escrivaninha e dobra um pequeno quadrado de papel que tirou de uma pilha, coloca ali dentro uma dose de pó para dor de cabeça e engole-o com um pouco de água. Czerniakow sofre de enxaquecas constantes.

– Vou ser sincero contigo, Korczak. Não posso fingir que acredito que todos nesta prisão vão sobreviver à guerra. A taxa de mortalidade devido à fome e à doença em alguns abrigos de refugiados é impensável. Impensável! Ontem saí do médico com um pacote de pó para as dores de cabeça e uma mulher arrancou o pacote da minha mão e engoliu tudo na minha frente, desesperada por qualquer coisa para comer. – Ele ergue um olhar vazio. – Mas enquanto pudermos velar pelas nossas crianças, enquanto pudermos proteger os nossos pequeninos, ainda haverá esperança para o nosso povo. E, enquanto houver esperança, continuarei a ir ao Palácio Brühl todo santo dia tentar obter concessões para o gueto, tudo o que possa ajudar o nosso povo a superar isto. E, olha, vou escrever um recado para você levar lá embaixo. Diz a eles que lhe deem dois sacos de batatas.

– Obrigado. Obrigado, meu amigo. Se pudesses dispensar três...

Capítulo Vinte

VARSÓVIA, OUTUBRO DE 1941

Misha enterra ainda mais o queixo no cachecol e vira a gola do casaco para cima. A ruazinha nos fundos das duas fábricas cinzentas está deserta, mas ele se mantém vigilante, olhando nas duas direções. Ali numa esquina da Varsóvia ariana, ele se sente irreal, um fantasma fora do seu tempo; sua pele está arrepiada como se tivesse descido a um submundo proibido. A luz mortiça do anoitecer se mistura com o nevoeiro, tornando os edifícios indistintos e espectrais. Para as pessoas que vivem no gueto, Varsóvia não passa agora de uma lenda, um sonho.

Se ele for pego, nunca mais voltará para casa.

Do lugar onde está, ele vê Tadeusz e Jadwiga transportando às pressas sacos de cereais para a carroça, na entrada do portão do armazém. O cavalo raspa os cascos no chão, nervoso com a atmosfera tensa. Caso veja alguém se aproximar, Misha tem instruções para tirar o boné, um sinal para que os irmãos tenham tempo de puxar a lona por cima do trigo-sarraceno e desaparecer no interior do armazém.

Lá dentro, ouve-se o barulho da tampa do fundo falso sendo fechada às marteladas, sem muito capricho, porque em breve terão de voltar a abri-lo. Tadeusz sai para levar uma maçã a Misha. Baixo e de rosto arredondado, ele parece quase um menino. Apesar do frio, seu rosto está suado devido ao esforço de carregar os sacos.

– Um destes dias temos de ir beber uma cerveja.

– Claro – responde Misha com um sorriso brincalhão.

Depois de cobrirem a carroça com entulho, Misha pega as rédeas e faz o cavalo avançar, um simples trabalhador polonês regressando para casa.

Quando chegam aos portões do gueto, Misha sente um nó no estômago. Tem dinheiro suficiente para os subornos e vê que é o guarda certo que está de serviço, como esperado, mas sente as palmas suadas, as rédeas escorregando das mãos quando o alemão começa a se aproximar ao mesmo tempo que continua conversando por cima do ombro com o outro guarda ao lado da guarita. Eles riem-se com o pingente de um ganso gordo que pende do cinto dele.

O guarda verifica os documentos de Misha com um ar distante, retira as notas que estão entre eles e as mete no bolso.

Misha faz sinal com as rédeas para que o cavalo comece a andar e a carroça se põe em movimento. Mas nesse instante ele vê um terceiro guarda alemão e se sobressalta. Do outro lado do portão, sentado num banquinho enquanto espera engraxarem suas botas, está aquele a que chamam de Frankenstein, miúdo e simiesco, o rosto talhado como se fossem toscas peças de madeira, os olhos vidrados de um monstro sem coração. Ele jurou matar um judeu por dia, não toma o café da manhã sem assassinar um primeiro.

É conhecido no gueto por espancar brutalmente qualquer criança que pegue fazendo contrabando e por matar gente ao acaso, através de janelas, nas esquinas. Hoje está saciado, cochilando sentado no banco de pernas abertas, enquanto a carroça passa pelo portão.

Mas Misha ainda não está a salvo. Tem de parar uma segunda vez. O policial polonês no seu uniforme azul-marinho levanta a mão, verifica os documentos e examina o entulho que tem como destino o cemitério de Gesia. Devolve os documentos, guardando para si as notas do suborno e faz um sinal para Misha avançar.

Bastam algumas moedas para passar pelo guarda judeu, mas o homem prende as rédeas do cavalo, faz sinal a Misha para que ele chegue mais perto e lhe diz baixinho:

– Diga ao seu Korczak agora: parece que ele vai ter que se mudar.

– Como assim?

– Vão encolher o gueto. Estão se preparando para pôr milhares de pessoas na rua qualquer dia destes. Ele tem que começar já a procurar um lugar decente.

Misha faz o pesado saco de juta deslizar para cima da mesa da cozinha, mas hoje não há sorrisos de Stefa. Ela está lendo a *Gazeta Judaica* com um ar perdido e desanimado.

– Ah, Misha, você viu isto? É uma loucura. Vão nos obrigar a mudar de lugar outra vez. Mas para onde agora?

Misha lê o aviso. Todas as propriedades que fazem fronteira com a zona ariana serão excluídas do gueto. Ao estudar o novo mapa, ele se dá conta do que os alemães estão fazendo. Não haverá mais edifícios colados ao muro, apenas uma rua de paralelepípedos ao redor dos quarteirões do gueto que permitirá aos guardas patrulhar o gueto com mais facilidade e atirar em qualquer pessoa que tente atravessar o muro. Acabaram-se os sacos de farinha que entravam por sótãos ou porões. Vai ser mais difícil do que nunca passar comida para o gueto.

Vão estrangular o gueto, matando os judeus de fome.

– E vamos ter só alguns dias para arranjar outra casa – continua Stefa. – O Doutor já está andando por aí, procurando. Não sei como ele vai enfrentar isso. Já não anda nada bem, passa as noites praticamente em claro, escrevendo no diário, os dias andando pelas ruas, e agora isto. Ah, lá vem ele.

Um Korczak de rosto pálido, a pele marcada pelas rugas de cansaço, entra e se deixa cair no banco ao lado do fogão sem tirar o casaco e o cachecol.

– Os funcionários no Conselho Judaico dizem que não podem fazer nada. Parece que vamos ter mesmo de mudar de casa outra vez.

– Mas sabem ao menos dizer para onde?

– Não. Mas felizmente temos amigos que podem nos ajudar, pessoas com influência.

– Não foi falar com aquele gângster do Gancwajch, não é? Ele está sempre circulando por aí, querendo que você aceite dinheiro e o ajude a limpar a reputação dele. O pior traidor do gueto.

– Stefa, por favor. Não, o nosso salvador é um pequeno anjo de avental. A sua cunhada, Misha, Krystyna. Mas ela diz que temos de ir já ver o local.

Parece um bom lugar, o clube de empresários vazio da rua Sienna, um dos melhores endereços de Varsóvia antes da guerra. Ali ainda há gente com algum dinheiro. Eles passam por uma mulher com um pequeno chapéu, passeando com seu cãozinho e ignorando a nova cerca de arame farpado que corta a rua.

O clube ocupa os dois andares superiores de um grande prédio de apartamentos. Krystyna trabalha no café de Tatiana Epstein, um piso abaixo. Ela desamarra o avental e vai buscar a chave na sala dos fundos.

– Temos falado para todo mundo que já está ocupado – informa Tatiana –, mas não podemos mentir por muito mais tempo.

A entrada da rua para o clube de empresários é impressionante. Portas duplas, uma varanda por cima do pórtico, mas o interior... uma decepção. Tudo imundo e caindo aos pedaços. O primeiro andar tem uma espécie de palco e lá no fundo, um cenário em tinta a óleo desgastado.

– Não é o ideal para crianças – comenta Stefa olhando a sala vazia, o assoalho impregnado de poeira. – Talvez o andar de cima seja melhor.

No piso superior, atravessam um salão espelhado com colunas de mármore. As vidraças danificadas das janelas altas deixam passar uma forte corrente de ar frio.

– No verão, uma escola de arquitetura usava este espaço, mas, quando o tempo esfriou, mudaram-se para outro lugar – diz Krystyna.

– Não estou surpresa. Vai ser impossível aquecer este espaço no inverno – responde Stefa, andando por ali com um ar melancólico.

– Talvez os meninos mais velhos possam dormir aqui em cima quando o tempo esquentar. – Korczak está fazendo o melhor que pode para ver o lado bom da situação, mas a preocupação está estampada em seu rosto. O que ele vê é um edifício inadequado para moradia, como uma sinagoga ou uma fábrica, usado para abrigar refugiados em condições miseráveis, e onde, dias ou semanas depois, a fome e o tifo esvaziaram as camas construídas às pressas.

Não. Não vai ser assim. Esta é Stefa, ao seu lado. Eles farão aquilo ser um lar para as crianças. Um bom lar.

Ele se senta numa cadeira coberta de pó e bate com o pé no assoalho.

– Só precisa de uma boa limpeza.

– Com um banheiro sujo para duzentas crianças e mais os funcionários?

– Então vamos comprar baldes e esvaziá-los todas as manhãs.

– A primeira coisa que precisamos fazer é limpar tudo muito bem – diz Stefa.

Krystyna volta do café, no andar de baixo, com vassouras e um esfregão.

Korczak tira o sobretudo e o casaco e arregaça as mangas, estende-lhe as mãos.

– Oh, não, Pan Doutor. Pode deixar que eu faço – diz Krystyna.

– No final das contas, é assim que se avaliam as nobres intenções: quantas vezes você varreu, quantas batatas descascou?

– O senhor só vai atrapalhar – diz Stefa a ele. – Desça até o café e negocie o aluguel. E tome alguma coisa quente.

Korczak faz menção de sair mas de repente volta atrás e pega nas mãos de Stefa, dizendo com voz fraca:

– Vamos dar um jeito, cara Stefa, não vamos?

– Claro que sim – responde ela. – Sempre damos.

Capítulo Vinte e Um

VARSÓVIA, DEZEMBRO DE 1941

Numa tarde sombria de dezembro, no grande salão da rua Sienna, as crianças se reúnem em círculo enquanto Halinka acende a última vela da menorá. A pequena chama cresce, afugentando a escuridão que começa a invadir os cantos dos tetos altos.

– Vejam como até uma pequena vela é mais forte do que a escuridão – diz Korczak às crianças. – Da mesma forma, nunca devemos deixar de acreditar que os gestos de bondade são mais fortes do que a escuridão.

Sammy toca as primeiras notas de uma canção de Hanukkah e as crianças começam a cantar baixinho. De pé, mais atrás, com Misha, Sophia dá a mão a ele. Sara segura a outra mão dela com força e contempla a luz das velas com a cabeça encostada no braço de Sophia.

Korczak sempre adorou esta época. Por tradição, acendiam--se primeiro as velas do Hanukkah no orfanato judaico e depois as velas da árvore de Natal no orfanato polonês. As crianças polonesas iam assistir à peça de teatro do Hanukkah. As crianças judias cantavam com eles em volta da árvore de Natal. Será que as crianças não têm o direito de fazer parte da Varsóvia umas das outras? De conhecer e respeitar as tradições umas das outras?

Antes da guerra, havia pratos especiais para o Festival de Luzes, como bolinhos de batata, pastéis recheados de geleia, mas, neste ano, é simplesmente impossível, com tão pouca comida entrando no gueto. Já é bom o suficiente terem conseguido instalar as crianças na sua nova casa em segurança e alimentá-las todos os dias.

Em geral, eles estão indo razoavelmente bem. À noite, o piso inferior enche-se de fileiras de camas e das formas das crianças sob os edredons brancos, e quase não há espaço para andar entre as camas. As cortinas que dividem o lado dos meninos e o das meninas conferem ao espaço o ar de uma enfermaria à noite. O palco serve agora de refeitório. O cenário pintado ao fundo, uma floresta e um chalé sob um céu enluarado, contribui para o ar de irrealidade e impermanência do lugar, embora as crianças gostem da sensação de viver numa peça de teatro. E talvez estejam realmente vivendo um drama – escrito por Nietzsche e produzido por Hitler.

Durante o dia, as camas são recolhidas para dar lugar a um cantinho de leitura, um clube de artesanato, um círculo de costura e à oficina de marionetes. O coro e o clube de teatro, o tribunal das crianças e o jornal continuam a funcionar como sempre.

Mas nada é como antes.

Já faz semanas que Korczak não vê um polonês. Agora que foi instituída a pena de morte para quem é pego saindo do gueto e que começaram as represálias contra os poloneses que tentam entrar sem autorização, o gueto está ainda mais isolado. Em vez de irem à prisão, as crianças capturadas do lado ariano são agora abatidas no próprio local. O fluxo constante de velhos amigos poloneses que vinham passar a tarde no orfanato interrompeu-se totalmente.

Maryna e algumas das professoras polonesas, como Ida e Newerly, enviaram o que puderam para o Hanukkah, contrabandeando através de Misha, mas as coisas estão mais difíceis do lado ariano também.

A música acabou. As crianças ficam em silêncio olhando as velas. Korczak olha para os rostos delas, magros e sérios demais para a idade que têm.

Ouvem o ronco distante de um carro passando do outro lado do muro. Stefa bate palmas suavemente e as crianças tomam seus lugares às mesas para a ceia: tigelas de mingau de trigo-sarraceno e fatias de pão preto.

— Saiu um novo edital — diz ela a Korczak enquanto observam as crianças comendo. — Os alemães querem que os judeus entreguem os artigos de pele, sob pena de morte. Casacos, os forros das botas, tudo, até o último farrapo.

— Mas essa é uma boa notícia, Stefa.

— Você chama isso de notícia? Eu tenho de arrancar a gola do meu casaco e ele chama isso de boa notícia. Com este frio.

— Mas você não vê? Se o Führer precisa roubar as golas de pele dos casacos das senhoras, isso significa que as coisas não vão assim tão bem. O inverno russo derrotou Napoleão e o mesmo há de acontecer a Hitler. Escreva o que eu digo.

Capítulo Vinte e Dois

VARSÓVIA, JANEIRO DE 1942

Eles não podem acolher mais crianças. Já decidiram. Desta vez foi Stefa quem cedeu, por se tratar do filho de uma amiga de uma pessoa amiga.

O endereço que Stefa deu a Korczak é de um dos abrigos de refugiados na rua Nalewki, uma oficina abandonada com fileiras de tábuas de madeira toscas e cobertas de palha servindo de camas. Há lixo espalhado por todo o lado.

De toda a miséria do gueto, os abrigos de refugiados são os locais mais abomináveis. As pessoas chegam de trem vindas das vilas e cidades das redondezas, exauridas e despojadas dos seus pertences, sem utensílios para cozinhar nem ferramentas que lhe permitam continuar a exercer os seus ofícios. São alojadas em sinagogas, igrejas ou oficinas e, muito rapidamente, a fome e o tifo começam a dizimar a população. Os comitês de vários edifícios residenciais fazem o melhor que podem para arrecadar fundos e Korczak organizou vários concertos para ajudar os refugiados, mas esses esforços são uma gota no oceano.

Korczak olha ao redor à procura da mulher. Há um fogão composto de um barril de ferro no meio do cômodo, que liberta um cheiro acre mas irradia pouco calor. As várias camas desocupadas indicam que o frio e a doença já começaram a fazer vítimas.

Ele encontra a mãe ardendo em febre, a pele ligeiramente azulada. A criança, um menino de 9 anos, está tentando esquentar água num tripé sobre uma fogueira feita de gravetos, no chão de cimento ao lado da cama da mãe.

Para sobreviver, o menino tem de sair dali imediatamente, antes que também contraia a febre.

Quando a mulher vê Korczak, o rosto dela relaxa e adquire uma expressão de paz.

– Agora o meu menino vai estar em boas mãos. Obrigada, Doutor. Zygmus, quero que você vá com o Pan Doutor.

– Não. Não. – Como a mãe pode pensar que ele seria capaz de deixá-la?

Ela geme e põe a mão no cabelo do filho. Não lhe resta muito tempo de vida, mas ela se recusa a morrer enquanto o filho precisar dela. E o menino se recusa a deixar a mãe enquanto ela precisar dele.

Korczak não vai mentir para a criança. Não pode dizer a ele que a mãe não vai morrer para conseguir tirá-lo dali.

– Se souber que você vai ficar bem, Zygmus, a sua mãe vai poder morrer em paz. Você pode mostrar muita coragem e fazer uma coisa muito difícil, mas muito bonita pela sua mãe?

– Vá com o Pan Doutor, meu Zygmus. Está na hora.

Os olhos da mulher seguem os dois enquanto se afastam, queimando como as últimas labaredas de uma fogueira.

Uma criança. Uma criança salva.

No caminho de volta para o orfanato, ele passa por muitas outras crianças famintas, esqueléticas, moribundas. Toda noite, ele ouve os soluços das crianças lá fora na rua, chorando por um pedaço de pão.

No outro dia, de manhã bem cedo, Korczak irrompe nos escritórios do Conselho Judaico. Ele tem um plano. Um abrigo. Se lhe cederem um edifício, um lugar qualquer onde as crianças à beira da morte possam morrer junto de alguém que cuide delas, alguém que dê um pouco de sopa às que ainda podem ser salvas. Nenhuma criança deve morrer sozinha. Não é preciso muito, só uma loja vazia, talvez. As prateleiras poderiam servir de camas.

– Lamento, dr. Korczak. – Eles o conduzem para fora do edifício. – Estamos fazendo o que podemos. Não há mais nada a fazer.

Korczak volta ao orfanato, inconformado. Não vai desistir. Vai encontrar uma maneira de ajudar pelo menos algumas dessas crianças.

Poucos dias depois, numa visita ao abrigo para crianças da rua Dzielna onde vê mil bebês e crianças morrendo de fome e no abandono bem como funcionários que lhes roubam a pouca comida, Korczak decide que já basta. Ele invade novamente os escritórios do Conselho Judaico e exige que lhe entreguem a direção do abrigo da rua Dzielna. Escreve cartas ao leitor no jornal do gueto, expondo o escândalo. Já que tem fama de ser um grande rebelde, que incomoda todo mundo que encontra, ele vai se encaixar muito bem à equipe de lá. É a pessoa perfeita para administrar o abrigo. Algumas semanas depois, Czerniakow concede o cargo a ele.

– Outras mil crianças! – exclama Stefa, quase chorando, sem saber se lhe dá os parabéns ou se o mata. – O Doutor já não tem idade para isto. Como vai fazer?

Korczak dá de ombros.

– Vou entrar em guerra com os funcionários do abrigo – ele responde. – Garantir que cuidem das crianças como deve ser. Você sabe tão bem quanto eu que uma vida que merece ser vivida é sempre uma vida difícil.

– Sim, sim. Se não se matar primeiro.

As palavras dela são duras, o olhar preocupado, mas no coração de Stefa só existe amor. Desde o dia em que a conheceu, então uma moça modesta de 19 anos, com um sorriso encantador, dedicada às crianças, ele não se imagina sem a presença dela.

Na enfermaria, velando pelas crianças, Korczak está sentado à velha escrivaninha do pai. São duas da madrugada. A lâmpada incandescente zumbe e produz um odor penetrante, sulfuroso, e um pequeno círculo de luz fraca. Ele tem um lápis na mão, o diário o espera. Quer registrar tudo, deixar um testemunho dos acontecimentos no gueto, mas se sente exausto ao fim de mais um dia, andando de edifício em edifício com a sua sacola de lona e recolhendo doações para as crianças. Seria tão fácil ceder à dor que sente no peito, à raiva diante do que vê todos os dias – entregar-se ao desespero.

Ele fecha os olhos, vira as palmas das mãos para cima e deixa a bondade que há no mundo chegar até ele e mergulhar na sua alma. Ele passeia pelos campos ao redor da Pequena Rosa num dia de verão, ao som de uma orquestra de grilos. Seu coração se acalma. A dor em seu peito diminui. Mais tranquilo, ele abre os olhos, sentindo-se suficientemente abençoado para abençoar o mundo outra vez.

Capítulo Vinte e Três

VARSÓVIA, FEVEREIRO DE 1942

Sophia vem da cozinha, com o seu vestido rosa-velho. Misha aplaude enquanto ela dá uma voltinha, embora sinta o coração apertado. É o vestido que ela usou no dia em que se casaram, mas de lá para cá as maçãs do rosto sumiram-se, revelando a forma dos ossos.

Ela se inclina para olhar no espelhinho em cima do baú e prende uma mecha que se soltou.

– Foi o melhor que consegui.

– Você está linda. – Ele pega a mão dela e Sophia recebe o contato de forma quase tímida. Passam tanto tempo longe um do outro que o pouco que têm juntos se tornou ao mesmo tempo precioso e constrangedor.

O sr. Rozental volta da rua com a calça que pretendia vender ainda no ombro.

– Meu Deus, você está linda! Vão a algum lugar?

– Misha vai me levar ao Café Sztuka.

– Ah, o Sztuka. Quem é que vai tocar? Pode não haver comida no gueto, mas músicos de primeira categoria não faltam. – Ele tira a calça marrom do ombro e a deixa deslizar para cima da mesa, desanimado. – Horas no mercado de Gesia, mas até os contrabandistas que vêm comprar roupa usada para vender do lado ariano torceram o nariz a esta. E, vejam, ainda está em muito bom estado. Praticamente nova.

– Ninguém quer ficar aqui sentado falando da sua calça velha. – A sra. Rozental retira a calça da mesa, passa um braço ao redor dos ombros da filha e faz menção de virá-la para a porta. – Vocês, meus jovens, deviam ir andando. Aproveitem bem a sua tarde.

Sophia veste um casaco de lã e o sobretudo, enrola um cachecol em volta do pescoço.

– Não esqueça, mãe, ainda há um restinho de manteiga para as batatas do Marianek e...

– Sim, sim, pode parar. Pelo menos, uma vez, pensem só em vocês dois durante umas horas. Deus sabe como merecem. Ainda vamos estar aqui quando voltarem.

O Café das Artes Sztuka na rua Leszno mantém as persianas sempre fechadas contra a miséria das ruas do gueto. Sophia e Misha passam por baixo do relógio pendurado por cima da porta e entram num lugar mágico, uma cápsula do tempo antes da guerra. O salão está lotado. Grupos de jovens se aglomeram em torno das mesinhas, todos vestindo as melhores roupas que conseguiram arranjar, os remendos ocultos pela luz tênue que espalha uma atmosfera de glamour pelo salão. No palco, há uma jovem vestida de renda preta cantando em frente a uma pintura de Chagall, dançarinas flutuando entre estrelas e flores. Os braços da cantora se erguem e se abaixam ao som da melodia, como se ela dançasse.

A única nota dissonante é a braçadeira branca no braço do violinista que a acompanha.

Misha encontra duas cadeiras de vime vazias junto de uma das mesinhas redondas. Sophia despe o sobretudo e o casaco de lã e ajeita o cabelo. O cardápio é surpreendentemente curto e tem preços exorbitantes. Misha pede uma garrafa pequena de cerveja e, quando ela chega, não afasta a mão do copo, quando do retorno de um amigo que há muito não via. Para Sophia, um café. Primeiro ela fecha os olhos e sente o aroma, e só depois dá um pequeno gole. Parece quase café de verdade. Terá de durar toda a tarde.

De uma coisa Sophia tem certeza: já não será capaz de apreciar a música como antes. Pouco a pouco, todos aqueles meses no gueto lhe entorpeceram as emoções. Ela se pergunta se alguma vez voltará a ser capaz de sentir algo profundamente.

Pola Braun entra, com o cabelo preso no alto da cabeça, um vestido de cetim verde. Ela se senta ao piano para tocar uma melodia melancólica com as suas mãos graciosas. Começa a cantar, pedindo aos ventos das montanhas da longínqua Zakopane que cheguem ao gueto, a límpida voz de contralto ondulando como uma brisa suave. A música atinge Sophia com uma força inesperada, pegando-a desprevenida. Por instantes, ela deixou o gueto e se vê na encosta da montanha, sentindo o ar puro e o vento frio afagando seu rosto. De repente, lágrimas quentes escorrem pelo seu rosto e todas as coisas que o coração lhe tinha proibido voltam numa torrente de emoções.

Envergonhada, ela baixa a cabeça e esconde o rosto atrás das mãos. Não cai bem uma pessoa desmoronar quando todo mundo está tentando ter um momento de alegria.

Demora um pouco até ela se atrever a olhar ao redor. O rosto de Misha está tenso de emoção, quase todos no salão choram abertamente. Ela arrasta um pouco a cadeira para se encostar nele e Misha passa o braço ao redor dos ombros dela. Falta-lhes tanta coisa ali dentro do gueto, perderam ou estão em vias de perder tanto naquela terrível prisão, mas, enquanto tiverem um ao outro, enquanto se amarem, terão derrotado tudo aquilo em que os nazistas acreditam ou tentam lhes fazer.

Há uma expectativa no ar quando Pola deixa o palco, uma agitação no salão antes da mais esperada atuação da noite: Wladyslaw Szlengal, poeta e comediante. De baixa estatura e constituição forte, com um par de óculos redondos no estilo americano, de grossas armações de tartaruga, ele faz todos rirem às gargalhadas, não há limites para o seu humor negro e mordaz. Sophia e Misha trocam olhares risonhos durante uma sequência de piadas sobre dois casais tentando dividir o mesmo quarto.

Em seguida, Szlengal declama um poema.

– Em homenagem àqueles que amaram e perderam Varsóvia, apresento "O Contrabandista".

Quando a noite cai

Vou até a janela

E contemplo-a, contemplo-a com fome no olhar

E apodero-me da Varsóvia de outrora.

Roubo a silhueta da prefeitura

A Praça do Teatro aos meus pés.

A lua vigilante
Finge que não vê
O contrabando sentimental.
Varsóvia, responda-me.
Estou à sua espera.

Segue-se um momento de silêncio, depois o salão irrompe em aplausos. Sophia tem um sobressalto ao ouvir uma voz familiar perto do seu ouvido:

– Posso? – Uma jovem com um ar travesso, sardas e cachos loiro-arruivados, indica com a cabeça a cadeira vaga.

– Tosia! – exclama Sophia. – Há quanto tempo! Misha, lembra-se de Tosia, nós nos conhecemos na universidade? Não sabia que você estava no gueto.

– Não venho muito para cá. – Ela se aproxima, fala quase num sussurro. – Viajo de cidade em cidade para falar com os movimentos de jovens, para saber o que está acontecendo em outros lugares.

– Mas isso não é muito perigoso? Todo mundo sabe o que acontece aos judeus fora do gueto nos dias de hoje. É morte instantânea ou tortura, se os alemães estiverem à procura de informações.

Tosia dá de ombros.

– Há uma rede de locais que nos acolhem, e temos nossas estratégias para sair do gueto. É muito importante. Não sabemos quase nada sobre o que se passa lá fora, aqui trancados. – Ela balança a cabeça e lança para eles um sorriso provocativo. – De todo jeito, pelo visto agora tenho o que se considera uma boa aparência. Quem tem cabelo louro pode andar de trem sem muita dificuldade.

Misha se inclina para a frente.

– E o que há de novo lá fora? Tosia, tem notícia de Pinsk? Não sei nada da minha família desde que os alemães invadiram a Rússia.

– De Pinsk especificamente, não. Sinto muito. Mas há muitas notícias ruins vindas do leste. Parece que o gueto em Vilnius foi completamente evacuado.

– Mas isso não era apenas um boato? E para onde os levaram?

Tosia não responde de imediato. Mal se ouve a voz dela.

– Fuzilados na floresta de Ponary. Praticamente toda a população judaica de Vilnius.

Sophia ofega.

– Mas há quase tantos judeus em Vilnius quanto em Varsóvia. Não, não quero acreditar numa coisa dessas.

– Ninguém quer, mas testemunhas confirmam.

– Tosia, isso é simplesmente impossível.

Há uma explosão de gargalhadas a uma mesa perto do bar. Dois homens de ternos novos comem caviar com as namoradas vestidas com roupas extravagantes. Tosia olha para eles com uma expressão enojada. Há sempre uma maneira de se ganhar um bom dinheiro no gueto para quem colabora com a Gestapo.

Tosia inclina-se na direção do casal.

– Ouçam, quero perguntar uma coisa a vocês. Estão pensando em ir à palestra de Korczak na comuna de Dror?

– Claro.

– Então, nós nos vemos lá.

Do lado de fora, o frio faz arder a pele do rosto, a respiração quente condensa no anoitecer precoce. O gueto volta a encarcerá-los. Nada mudou. Andam para casa em silêncio. Falta pouco para o toque de recolher.

– Será mesmo verdade o que Tosia disse? – pergunta Sophia.

– Não faço ideia. Surgem boatos novos todos os dias. Ninguém sabe em que acreditar. Eu vou perguntar a Yitzhak na palestra, a família dele é de Vilnius. Deve ter ouvido alguma coisa.

Continuam a caminhar em silêncio, passando pelas formas encolhidas das pessoas que moram nas ruas, encostadas às paredes dos prédios.

No apartamento da rua Ogrodowa, os Rozental foram cedo para a cama e esta noite Marianek dorme no quarto do casal. Deixaram uma mensagem dizendo que Krystyna foi passar a noite no apartamento de Tatiana, uma amiga.

Um lampião está aceso sobre a mesa. Há dois copos na mesa e um restinho de vodca de ameixa no fundo de uma garrafa. Não há lenha ardendo no fogão, mas esta noite a cozinha e o crepúsculo pertencem só aos dois. Misha toma o rosto de Sophia nas mãos e cobre-o de beijos ternos e apaixonados. Ela enterra o nariz na curva do pescoço dele, o seu porto seguro, e uma vez mais suas mãos buscam a pele um do outro.

Ainda há amor no gueto. E, se tivermos amor, temos tudo.

Capítulo Vinte e Quatro

VARSÓVIA, MARÇO DE 1942

O céu está azul e o frio é cortante. Sophia passa apressada pelas paredes de tijolo cor de ferrugem e o pináculo coberto de azeviche da igreja de Santo Agostinho, e atravessa o arco de um grande prédio de apartamentos, na rua Dzielna, número 34. Ela procura não faltar às palestras de Korczak às segundas-feiras no orfanato, mas a de hoje será realizada no edifício da comuna de Dror, a poucas casas de distância do terrível abrigo onde Korczak ainda tenta melhorar as condições de vida de mil crianças. Ela olha na direção do abrigo, perguntando-se como pode um edifício parecer tão respeitável e solene quando no seu interior os funcionários continuam a fazer tudo o que podem para roubar a comida das crianças.

Na comuna da Dzielna, a história é diferente. Ali os jovens dirigem uma escola ilegal sob a fachada de uma cozinha comunitária, doando o que podem para ajudar a alimentar crianças e adolescentes.

No pátio, há uma multidão de jovens falando ao mesmo tempo, descascando legumes ou pendurando a roupa lavada. Antes de a guerra estourar, a comuna estava se preparando em segredo para começar uma nova vida na palestina, administrando uma pequena fazenda perto de Varsóvia. Agora seus conhecimentos os ajudam a dar apoio aos trezentos adolescentes e jovens que vivem nos apartamentos ao redor do pátio.

Sophia sobe ao grande salão de jantar no andar superior. Está lotado. Os estudantes ocupam todas as superfícies, incluindo o chão e a mobília.

Ela vê Misha nos fundos, falando com um jovem igualmente alto com o porte elegante de um piloto polonês arrojado, uma mecha loura caindo na testa, bigode louro e olhos azuis brilhantes. Yitzhak Zuckerman é o responsável pelo ensino na comuna. Hoje, ele e Misha conversam com expressões graves.

Sophia atravessa o salão lotado na direção deles, imaginando o que estarão discutindo. Misha se volta para ela quando a vê chegar.

– Yitzhak diz que recebeu más notícias sobre a família em Vilnius.

Os olhos de Yitzhak transbordam de dor.

– Foi confirmado. A minha família foi assassinada, junto com o resto dos judeus de Vilnius.

Sophia leva as mãos à boca.

– Sinto muito.

– E Lublin foi evacuada. Colocaram todos nos trens. Varsóvia pode muito bem ser a próxima.

– Mas como você pode ter certeza? Correm tantos boatos por aí.

– Os alemães confiscaram a nossa fazenda, mas continuam a nos usar como mão de obra fora do gueto e o capataz polonês é um bom homem. Ele nos deixa enviar mensageiros através da fazenda. Por isso, temos certeza. E decidimos nos preparar para resistir se fizerem o mesmo em Varsóvia.

– Então a comuna vai acabar com o programa de ensino – diz Misha.

– Mas por quê? – diz Sophia. – Korczak diz que a escola que vocês dirigem é a melhor do gueto.

– Vamos iniciar um treinamento com armas.

– Treinamento com armas? Como assim? Falaram sobre isso com o Conselho Judaico? O que eles dizem?

– Eles dizem que só estamos assustando todo mundo, colocando as pessoas em risco de sofrer represálias dos alemães. Eles não querem saber. Mas achamos que os nazistas estão planejando eliminar todo o gueto. Todos os guetos. Nada menos que destruir todos os judeus. E nós decidimos que não iremos como ovelhas para o matadouro.

Tosia chega e se junta ao grupo. Seu cabelo loiro está mais frisado do que nunca, as sardas contra o rosto faceiro ainda mais pálidas. Ela olha para Yitzhak com um olhar de interrogação.

– Contei tudo a eles.

– Mas treinamento com armas? E vocês têm armas? – pergunta Misha.

– Uma pistola.

– Uma pistola? Só uma?

– É um começo.

Tosia se vira para Sophia.

– Conseguimos a pistola por meio da Associação de Trabalhadores Poloneses. Eles também têm poucas armas e por isso não quiseram ceder mais do que uma. Querem saber se vamos saber usá-la bem antes de passarem mais armas para dentro do gueto, por isso estamos pedindo a todos os afiliados que participem de um treino inicial e sei que você era do centro acadêmico quando estava na universidade. Quer vir aprender a usá-la, Sophia?

Sophia parece em dúvida.

– Talvez seja bom saber usar uma arma – diz Misha, que na infância passou muitos verões caçando nos pântanos de Pripyat.

Sophia assume uma expressão resoluta.

– Quando?

– Amanhã às quatro.

Tosia sussurra no ouvido dela um endereço na rua Nowolipie e sai discretamente antes do início da palestra.

Do outro lado da sala, atrás da mesa da cozinha, Korczak limpa as lentes dos óculos e fecha os olhos fatigados ao começar.

– Quero ajudar as pessoas a compreender e a amar este milagroso e criativo "não sei" quando se trata de crianças, tão cheias de vida e incríveis surpresas.

Sophia escreve rápido, procurando se concentrar na palestra e não pensar no que Yitzhak e Tosia disseram. É um tema que ela conhece bem do livro que Misha lhe deu como presente de casamento. O apelo de Korczak para que se respeitem todas as crianças representa um oásis de esperança e integridade moral num deserto de desumanização e crueldade. E haverá melhor protesto do que passar essa chama à geração seguinte, por mais que os nazistas façam para excluir um grupo de pessoas da espécie humana?

Mas Sophia não consegue tirar da cabeça as palavras de Yitzhak. Será mesmo possível que os nazistas tenham um plano para eliminar todos os judeus na Polônia?

Capítulo Vinte e Cinco

VARSÓVIA, ABRIL DE 1942

Sophia se pergunta se deve aprender a manejar uma pistola, com todos os riscos que isso envolve.

Ela pensa em Krystyna. Agora que faz parte de uma rede de contrabando, a irmã caçula tem saído do gueto regularmente – pega o trem para fora da Varsóvia polonesa – a fim de resgatar judeus que estão sofrendo perseguições terríveis nas cidades a leste, sob o jugo do Terceiro Reich.

Como ela pode deixar de ir ao treinamento?

O endereço que Tosia lhe forneceu a leva a um edifício dilapidado na rua Nowolipie. As escadas para os andares superiores não inspiram muita confiança. As balaustradas e os rodapés de madeira há muito que foram arrancados para alimentar os fogões das casas. Sophia desce os degraus de pedra até o porão e chama por alguém no escuro. Uma porta se abre. Tosia a aguarda lá dentro com um punhado de adolescentes e jovens que Sophia nunca viu.

Eles aprendem táticas de guerrilha, defesa pessoal, como fabricar bombas com gasolina e garrafas vazias. Ao longo das duas semanas que se seguem, Sophia se familiariza com o peso do metal frio e denso na sua mão, o cheiro de lubrificante e o gosto metálico do sangue de um corte no lábio enquanto aprende a disparar, desmontar e engatilhar a pistola.

No entanto, sempre que deixa o porão e volta à rua Ogrodowa, a hora que acabou de passar treinando lhe parece uma reação exagerada. O clima está mais quente, os lilases do outro lado do muro exalam o seu perfume. Os decretos dos nazistas têm sido mais brandos e o toque de recolher passou para mais tarde.

Tosia e os outros estarão certos em pensar que os alemães planejam liquidar o gueto?

Talvez o Conselho Judaico é que esteja com a razão. É um erro incitar à violência. Se conseguirem aguentar, continuar vivos, talvez o melhor a fazer seja simplesmente manter a cabeça baixa e tentar chegar ao fim da guerra.

Capítulo Vinte e Seis

VARSÓVIA, ABRIL DE 1942

É a última noite de Sammy Gogol no orfanato. Uma tia resolveu pagar um suborno para sair do gueto e levar com ela o adolescente para a fazenda de um tio no sul do país.

– Você não acha que Sammy ficaria mais seguro aqui com as outras crianças? – pergunta Korczak. – Com certeza é uma viagem arriscada.

Ele não afirma o óbvio, o inescapável nariz judeu de Sammy. Se o veem, ele não tem chance. As consequências serão terríveis se for pego.

– Vamos viajar à noite – diz a tia. – Já tenho dinheiro guardado para pagar a um dos guardas para nos ajudar a sair e depois teremos de tentar a sorte.

Korczak não está feliz, mas não discute com ela. Em tempos de paz, é sempre melhor para uma criança que deixa o orfanato ter o apoio de uma família extensa. E ele pode ver que os boatos que circulam pelo gueto preocupam a tia, cujos instintos, como um pombo-correio, lhe dizem que está na hora de migrar para o sul. E a mulher está decidida a levar Sammy com ela, e não há nada a fazer.

– A decisão é sua – diz ele a Sammy.

– Eu vou com a minha tia – responde o menino. – Quero ter certeza de que ela chegará bem.

No andar de cima, os meninos varreram o salão de baile e estenderam os colchões em fileiras. Triste, Erwin ouve o amigo tocando a sua gaita para o dormitório uma última vez antes de adormecerem. *Shalom Aleichem*, a paz esteja com vocês. Os dois garotos são inseparáveis desde que chegaram ao orfanato de Korczak, aos 8 anos. Abrasha se junta à música com o seu violino, Chaimek com o seu bandolim. Os restantes ficam sentados na cama, extasiados e melancólicos, pensando em Sammy atravessando as florestas cerradas da Polônia e se perguntando se estará mais seguro e se será mais feliz do que ali.

Quando a música acaba, Misha anda ao redor do salão para se certificar de que estão todos deitados. É fácil começar uma discussão entre dois meninos quando os nervos estão à flor da pele. Mas a noite está quase quente, quase uma promessa do verão que ainda está distante. As crianças estão acordadas em silêncio, tranquilizadas pela música.

Misha se acomoda no cubículo que lhe serve de quarto. As noites são quase serenas naquele canto mais distante do gueto. Tirando uma patrulha ocasional, as ruas estão praticamente livres de alemães, que continuam a marcar o ponto às cinco como se fossem funcionários de escritório e saem correndo na pressa de chegar aos seus limpos e arrumados apartamentos e no Palácio Brühl.

Misha diminui a chama do lampião, estende-se na cama e reza por Sophia, que dorme a mais de um quilômetro dali. Tantas fragilidades entre ambos. Ele suspira e estica o braço para a direita, onde ela sempre prefere se deitar ao lado dele.

Três tiros rápidos. Misha se senta na cama com o coração martelando no peito. As crianças se sentam também nos seus colchões e camas improvisadas, aterrorizadas, em silêncio, na expectativa do que virá a seguir. Um suspiro de Aronek, que já conviveu com armas de fogo muitas vezes durante a sua curta vida.

Nenhum outro tiro.

– Está tudo bem, meninos. Relaxem – diz Misha. Ouve-se o farfalhar dos colchões de palha e dos lençóis à medida que as crianças voltam a se deitar, de olhos bem abertos, fitando a escuridão.

Uma segunda rajada de tiros, um pouco mais distante, seguida de outras duas. Durante toda a noite, eles ouvem o estampido dos rifles na escuridão.

Ninguém dorme no gueto, estão todos acordados na cama, ouvindo o tiroteio e imaginando o que isso poderá significar. Os alemães nunca vêm ao gueto depois do anoitecer a não ser que seja para colocar em ação um dos seus esquemas funestos.

Assim que amanhece, no dia seguinte, Misha sai para a rua deserta. Tatiana Epstein está na porta do café ainda fechado, cobrindo a boca com o avental. Algumas casas abaixo, pessoas estão enxaguando as manchas de sangue na calçada, varrendo a água escura para a valeta.

– Ah, Misha, mataram o velho que morava no número trinta e o filho dele, e os corpos foram deixados na rua como se fossem de cães. Um velho e um menino, que mal eles fizeram? Não vou abrir o café hoje. Ninguém apareceu para trabalhar. E diga ao Korczak que hoje também não deve sair de casa.

– Vou dizer a ele. – Ele se vira para entrar, mas Tatiana volta a chamá-lo.

– Não acha que o tiroteio de ontem à noite significa que é verdade, que vão começar a aniquilar o gueto de Varsóvia assim como fizeram em Lublin? Outro dia no café, atendi um homem de Lublin, parecia meio morto. Ele me disse que conseguiu escapar um pouco antes de levarem todos para leste, não se sabe para onde. Eu não sei nem em que acreditar. Todos os dias surge uma nova história no gueto, uma pior do que a outra.

Sentindo uma necessidade urgente de saber se Sophia está bem, Misha decide arriscar e ir ao apartamento dela na rua Ogrodowa. Uma atmosfera sinistra de medo paira sobre o gueto. As venezianas estão fechadas, as ruas desertas, ninguém passa na passarela sobre a rua Chlodna. Diante do tribunal na rua Leszno, porém, ele avista um punhado de gente lendo um aviso colado à parede pelos nazistas. Misha se junta ao grupo para ver do que se trata a mensagem escrita em tinta preta.

As execuções foram necessárias para livrar o gueto dos indesejáveis. As pessoas de bem não têm com que se preocupar. Todos devem abrir seus negócios novamente e a normalidade deve ser restabelecida.

Quando chega ao apartamento de Sophia, as pessoas estão começando a aparecer nas ruas. O aviso já circula pelo gueto, deixando as pessoas mais tranquilas. Ao virar na rua Ogrodowa, Misha reconhece um rapaz da comuna de Dror. Ele corre para alcançá-lo e pergunta se Yitzhak já sabe de alguma coisa. O rapaz está branco como um fantasma.

– Yitzhak? Ainda não sabe? Ontem à noite foram atrás dele e da esposa. Felizmente, ele já tinha sido avisado de que iria receber visitas; então, ele e Zivia esconderam-se na casa de um amigo. Mas os guardas tinham uma lista, cotas a cumprir. Em lugar deles, levaram um rapaz e o pai do apartamento do andar de baixo. Só para cumprirem as cotas. E diga à Sophia que o treino foi cancelado.

Sammy deixa o orfanato dois dias depois. Após a partida, não são apenas as crianças que estão nervosas.

– Você acha que estamos fazendo a coisa certa? – pergunta Stefa. – Será que não devíamos dividir as crianças e tentar mandá-las para fora do gueto? Aquela enfermeira polonesa, Irene, já tem levado crianças para fora do gueto em sacos e caixas de ferramentas, e até em caixões.

Korczak olha para ela, incapaz de tolerar a ideia de fechar uma criança aterrorizada num caixão, sozinha, no escuro.

– Não, temos de mantê-las juntas. Estarão mais seguras aqui conosco até o fim da guerra. Não será a primeira vez que mantemos as nossas crianças a salvo durante uma ocupação alemã.

Sophia espera notícias do líder da sua célula. Depois disso, ela se sente mais empenhada do que nunca em treinar para a resistência. Mas não recebe nenhuma mensagem.

Korczak continua com as palestras às segundas-feiras no orfanato, mas há menos gente assistindo. Sophia fica surpresa ao ver Yitzhak ao fundo da sala.

Misha ouve-o com a expressão séria. Volta-se para ela quando a vê chegar.

– São más notícias. Nesta manhã, a Gestapo prendeu os líderes de duas das células – informa Yitzhak. – Vão ser torturados para darem os nomes de outras pessoas. Eu só vim avisá-los.

Sophia ofega.

– Pobres homens. – A brutalidade da Gestapo é bem conhecida.

– É melhor que tenham cuidado.

Yitzhak deixa a palestra. Tem de ir avisar os outros.

Misha não vai deixá-la sozinha. Ele a acompanha até em casa e passa a noite dormindo numa cadeira ao lado da cama das irmãs. Apesar do medo que só tem fim quando adormecem e os invade assim que acordam, nunca se sentiram tão próximos, tão abençoados pela presença um do outro e tão apaixonados. Krystyna acorda muito cedo e sai sem fazer barulho.

Misha desliza para a cama ao lado de Sophia e a aperta nos braços enquanto ela dorme.

Ficam paralisados quando ouvem alguém batendo na porta. É o rapaz da comuna de Dror. Souberam que ambos os homens foram torturados até a morte, mas não delataram ninguém.

O perigo de novas prisões passou, mas já não existe nenhuma esperança de organizar a resistência.

E agora que todos os jornais clandestinos foram reduzidos a pó na noite da matança, os cerca de meio milhão de habitantes do gueto só saberão o que os nazistas quiserem que eles saibam.

Semanas se passaram. Surgem os primeiros sinais da primavera, uma mudança no ar. O leve perfume dos lilases do outro lado do muro. O sol está azul e o sol brilha.

Nenhum dos terríveis rumores sobre a destruição do gueto se concretizou. Com a entrada da Rússia e dos Estados Unidos na guerra e também com a Grã-Bretanha bombardeando cidades alemãs, todos sabem que é apenas uma questão de tempo até os alemães serem derrotados e a guerra acabar. No gueto, a sensação é a de que, se aguentarem mais um pouco, vão conseguir sobreviver à guerra. E quanto aos rumores sobre Varsóvia ser liquidada tal como Lublin, os terríveis relatos sobre assassinatos, tal coisa nunca poderia acontecer em Varsóvia, com uma população tão grande. Isso é algo impensável.

Capítulo Vinte e Sete

VARSÓVIA, MAIO DE 1942

Seguindo a sugestão de Korczak, as crianças decidem escrever uma carta. Há poucos dias, enquanto atravessava a Praça Grzybowski sob um sol escaldante, Korczak vislumbrou um pequeno canteiro verde além do pórtico adjacente à igreja católica. Rosas pendendo de uma treliça. Ele ficava apenas a um quarteirão do orfanato. Se tivessem a permissão, não seria muito arriscado levar até lá algumas crianças de cada vez para brincarem no jardim. Ele conhecia o clérigo. O padre Godlewski era um antissemita fanático antes da guerra, mas as opiniões dele tinham mudado radicalmente depois de testemunhar em primeira mão o sofrimento da sua congregação de judeus convertidos ao cristianismo, ainda e sempre judeus aos olhos dos nazistas. Agora ele é conhecido por fazer tudo o que pode para ajudar a comunidade judaica do gueto.

No orfanato, há um grupo de crianças sentadas em volta de uma das mesas cobertas com linóleos. Halinka, Abrasha, Sami, Erwin e Aronek ponderam o que escrever na folha de papel vazia.

É importante escolher bem as palavras se quiserem obter do padre permissão para brincar no jardinzinho ao lado da igreja.

– Escreva que sentimos falta de ar puro e de um pouco de verde – diz Halinka a Abrasha, o encarregado de escrever a carta.

– Sim, conta como o ar aqui é abafado, que mal se pode respirar com tanta gente. Dava tudo para passar uma hora nos Jardins da Saxônia – comenta Erwin.

– E colher flores para Halinka. Ainda se lembra do guarda do parque correndo atrás de você?

– Eram muito bonitas – sussurra Halinka.

– E diga que prometemos não estragar as plantas – acrescenta Aronek com sinceridade.

– Depois da guerra... você nem vai acreditar nos seus olhos, Aronek. Vamos passar um verão inteiro na Pequena Rosa. – diz Halinka. – As florestas e os campos. Fazemos fogueiras e nadamos no rio.

– Ah, lembra-se do céu a perder de vista... – diz Abrasha. – Que só acaba onde começam os campos e o rio. Aqui só vemos umas faixas de céu por cima dos prédios. Já estou me vendo no meio dos campos, onde não há cercas, gritando até o fim do mundo.

– Eu me contento em respirar um pouco de ar puro.

Eles assinam a carta, que entregam a Korczak, e aguardam, cheios de esperança.

Também Czerniakow está determinado a fazer alguma coisa pelas crianças do gueto, sempre fechadas, sem acesso a parques ou espaços verdes. Uma vitória de cada vez, insiste em melhorar as condições de vida do gueto, embora a maioria das suas petições seja recusada. Desta vez, porém, a visita ao Kommissar Auerswald no Palácio Brühl deu frutos. Vai poder abrir três parques infantis.

Num dia de calor intenso em junho, Korczak, Misha e várias centenas de pessoas reúnem-se ao redor de um terreno de cimento rachado, onde o entulho foi varrido e que parece ondular sob o sol inclemente. As crianças nos seus vestidos ou calções e camisetas brancos estão em posição de sentido. Num terno branco de safari, de capacete colonial com um tufo de plumas brancas, Czerniakow percorre as fileiras enquanto a banda da polícia judaica toca "Hatikvah". Atrás dele, há balanços de madeira e estruturas de escalada construídos por um grupo de operários do gueto de acordo com as suas instruções. Uma pequena área de grama nova, já amarelando, agarra-se desesperadamente à vida. As paredes dos prédios de ambos os lados do espaço exibem murais recém-pintados com paisagens campestres. O bafo quente do vento transporta um cheiro de poeira de tijolos quebrados. Czerniakow ergue a mão para silenciar a banda e dirige-se à multidão com a voz embargada de emoção.

– O nosso maior e mais sagrado dever é garantir que as nossas crianças sobrevivam à tragédia dos nossos dias. A vida dentro do gueto se tornou árdua e difícil, como sabem, mas nós, o povo judeu, não podemos desistir. Todos os homens, mulheres e crianças devem continuar a fazer planos e a trabalhar para o nosso futuro. E isto – ele brada, indicando a zona bombardeada à sua volta, – é apenas o primeiro de muitos projetos novos, parques infantis para as nossas crianças, um instituto para treinar professores e uma escola de balé para as meninas.

A multidão aplaude e as crianças começam a marchar em círculo enquanto a banda toca uma melodia alegre. Cada criança recebe um saquinho de balas de melaço fabricadas no gueto. A multidão sorridente começa a se dispersar.

Korczak vê Czerniakow ao seu lado.

– O que achou da cerimônia? – ele pergunta ao médico.

Korczak está vestindo uma capa de chuva por cima do uniforme do exército. É uma pobre figura ao lado do esplendor branco de Czerniakow. Ele olha para o capacete colonial com as plumas brancas.

– Maravilhosa. Se bem que alguns dirão que é muito dinheiro para gastar com uma cerimônia.

– Eu sei que não gosta de pompa, Korczak, mas as pessoas precisam de um bálsamo para as suas feridas. Veja como estão sorrindo. É bom para o moral. – O rosto flácido de Czerniakow assume uma expressão sombria. – Tenho de confessar, meu amigo, que há dias em que tenho a sensação de ser como o capitão do *Titanic*, dizendo à orquestra para tocar enquanto o navio afunda. Mas estou determinado a levar este navio ao porto e com todas as crianças seguras a bordo.

Korczak aperta o ombro dele.

– Eu sei, eu sei. E você obteve alguma resposta ao seu pedido para libertarem algumas das crianças da prisão?

– Eu tentei, mas a Gestapo não está querendo ceder. Pelo menos, consegui que libertassem alguns dos homens. Vão levá-los para um campo de trabalho aqui perto. Não terão as melhores condições, mas sempre é melhor do que morrer na prisão da Gesia. Trata-se de um campo de trabalho novo chamado Treblinka.

Capítulo Vinte e Oito

VARSÓVIA, JUNHO DE 1942

A caminho do café Zglinowicz, em frente ao portão da rua Leszno, Misha faz uma pausa para observar três soldados da Wehrmacht com uma câmera num tripé. Eles estão filmando um cadáver caído na calçada, junto à vitrine de uma loja. Ao lado do corpo, está uma criança esquelética vestindo trapos. A vitrine é maravilhosa, cheia de balas e chocolates. Ao sinal de um dos soldados, uma mulher vestindo um terninho chique e um chapéu minúsculo sai da loja com um pacote na mão. O cinegrafista para de filmar e pede que ela volte a entrar na loja e que, desta vez, passe mais depressa pela criança faminta. Outros dois *takes* até ele ficar satisfeito. A mulher devolve, apavorada, o pacote e se afasta o mais rápido que pode.

Do lado de fora da loja, a criança sem viço continua sentada junto da vitrine como um pequeno sábio, os olhos fundos nas órbitas observando a rua como que se estivesse muito distante dali. Os alemães entram na loja e começam a esvaziar a vitrine.

Misha se dá conta de que ficou parado ali olhando durante mais tempo do que devia.

Inquieto, ele apressa o passo até o café Zglinowicz. Esta mania de filmar o gueto é recente. É evidente que os nazistas andam planejando alguma coisa, mas o quê?

Na cafeteria, ele pede o café fraco do gueto e se senta a uma mesa com vista para o portão número dois.

O telefone preto pendurado na parede ao lado do balcão é um dos poucos que ainda funcionam no gueto. Com quase todos os telefones desligados, alguém deve estar pagando uma fortuna em subornos para manter este funcionando. O garçom vira as costas e continua limpando um copo. Misha abre um exemplar da *Gazeta Judaica*. De pálpebras semicerradas, espreita pela janela para ter certeza de que os guardas que Jakub Frydman subornou ainda se encontram de serviço no portão.

Ao longo dos meses que passou sentado no café vigiando o portão, Misha assistiu a uma evolução gradual. As árvores que antes ladeavam a Leszno transformaram-se em lenha. O bonde elétrico ariano deixou de atravessar o gueto. A entrada deixou de ser uma barreira baixa, semelhante ao que se poderia encontrar na zona rural, junto da qual as pessoas mostravam os seus passes para entrar e sair para o trabalho, e agora é uma muralha de tijolos com três metros de altura, cercando um portão com fileiras de estacas pontudas, e uma pena de morte para quem tenta sair do gueto.

A placa de avisos continua lá, informando os poloneses de Varsóvia de que o gueto é uma zona de tifo. E os guardas alemães continuam do lado de fora dos portões, com receio do contágio, e com uma guarita de tijolos onde tomam café da manhã ou tiram um cochilo. Agora os guardas estão lá dentro, degustando a garrafa de conhaque que Jakub Frydman lhes enviou. Tão cedo não voltam a sair.

Misha olha para o relógio. A qualquer momento, Tadeusz, o seu contato polonês, vai ligar para ele do café polonês do outro lado do muro e Misha vai lhe dar a senha que lhe dirá que é seguro passar com a carroça. No portão, há uma "vitrola automática", por assim dizer, que toca a música certa quando se introduz dinheiro.

O telefone toca. O garçom finge não ouvir. Misha se levanta e vai atender. Ouve a voz de Tadeusz:

– O seu irmão não pode vir almoçar hoje. Uma doença na família. Você tem que ir já para casa.

O telefone fica mudo.

Com a mão trêmula, Misha deixa algumas moedas na mesa e sai calmamente. Algo correu mal. Ele desce apressadamente a rua Leszno, suando frio e olhando por cima do ombro para ter certeza de que não está sendo seguido.

No apartamento dos Rozental, as duas sobrinhas de Sophia estão à mesa da cozinha estudando a lição com a ajuda da tia.

– Não recebeu nenhum recado para mim?

– O que foi? – pergunta Sophia ao ver a expressão de Misha. Leva-o para o quarto dos pais, onde as crianças não podem ouvi-los.

Misha procura manter a voz calma, mas, por mais que se esforce, não consegue esconder a preocupação.

– Houve algum problema com a entrega. Há qualquer coisa no ar, uma atmosfera tensa no gueto. Ouça, vou ver se consigo encontrar Marek. Não quer que eu leve as meninas para casa para você? É melhor você não sair na rua hoje.

– Se ficarmos fechados em casa cada vez que há um clima tenso no gueto...

– Só hoje, por favor – diz ele com urgência na voz.

– Está bem, eu fico.

As pequenas arrumam as sacolas. Sophia o chama de lado antes de irem embora.

– Você esqueceu isto. – Ela lhe dá um beijo. Misha se dá conta de que não quer largar a mão dela.

– Ainda volto hoje, antes do meu turno.

Quando chega a hora do toque de recolher, ele ainda não sabe de nada.

Naquela noite, no salão de baile, Misha está lendo à luz de uma lamparina a petróleo quando Dawidek afasta a cortina e vem se sentar na beira da cama dele, com uma postura abatida e mordendo ansiosamente a pele do polegar. Parece não querer falar de nada em particular, mas Misha sabe que ainda está abalado por causa do espancamento brutal a que assistiu no portão àquela tarde. Dawidek boceja, agora mais calmo, começa a sentir o cansaço obrigando-o a fechar os olhos e se acomoda em sua cama. Pouco depois o menino já está dormindo.

A noite está quente e as janelas estão abertas por trás das cortinas pesadas. Uma brisa leve, com um odor azedo, infiltra-se no cômodo, esfriando os braços de Misha na sua camiseta regata.

O livro continua aberto, mas Misha se perde em devaneios. O que será que Sophia está fazendo agora? Estará dormindo ou conversando com Krystyna? Cada instante que passa longe dela é uma aflição e ele só sente alívio quando volta a senti-la nos braços, viva e segura.

Há três anos, nessa época, eles estavam na Pequena Rosa empinando pipas com as crianças. O verão era sinônimo de noites de dança no parque, sorvetes à beira do Vístula, cochilos ao sol.

Ele procura captar sinais de vida do outro lado do muro, atravessando a rua, gente conversando e cantando em coro ao sair do café da esquina, o ruído de carros e bondes.

Ouve um ruído inesperado. Um carro se aproximando devagar, a vibração mecânica dos pneus contra a calçada, o eco do barulho contra o muro. Deste lado do muro. Só os alemães é que andam de carro no gueto, e que fará um carro alemão ali aquela hora? Misha continua de ouvidos atentos. O medo faz suas mãos e pés formigarem, mas o carro passa pelo edifício deles e segue adiante. Misha respira de alívio.

Poucas casas adiante, o veículo para, mas o motor continua funcionando. Entretanto, os meninos foram acordando e estão sentados nas camas, atentos ao ruído. Ouvem botas entrando num edifício num passo rápido, uma explosão de gritos, botas correndo escadas abaixo e saindo na rua. Misha vai até a janela e espreita lá fora por trás da persiana. Os faróis do carro iluminam a rua. Uma voz rouca grita ordens em alemão. Um grupo de homens começa a correr pela rua à frente do veículo enquanto os guardas no interior dão tiros. Ouvem-se risos e o veículo se afasta, aos solavancos por cima dos vultos caídos na calçada. Por cima dos corpos.

Os tiros ecoam pelas ruas madrugada afora. Outra noite sangrenta como a de abril. De manhã, há cadáveres espalhados por todo o gueto.

Misha recebe um aviso para se encontrar com Marek nos fundos do orfanato, que dá para a rua Sliska. Marek traz as mãos enterradas nos bolsos do casaco azul. Parece abatido.

– Falou com o Jakub? – pergunta Misha. – Por que cancelaram a entrega assim do nada?

O rosto dele está cinzento e encovado.

– Jakub está morto. Foi abatido do lado de fora do gueto.

– Atiraram nele?

Parece que ele ainda pode ver Jakub Frydman, tão cheio de vida, o cabelo escuro, as bochechas coradas, seu jeito de ser sempre tão seguro de si e cheio de certezas. Misha leva a mão aos olhos para travar as lágrimas que ameaçam transbordar. Que desperdício de uma boa vida. Porém, não há tempo para lágrimas.

– Era um bom amigo, tanto para você quanto para mim – diz Marek com a voz embargada, desviando o olhar enquanto Misha seca o rosto. – Muita gente dependia de Jakub.

– Mas como faremos para trazer suprimentos aqui para dentro? Para o orfanato?

Marek se aproxima mais.

– Não há o que fazer, Misha. Ouça, Jakub foi pego trazendo pistolas. Alguém o denunciou. Como é que se explica que a Gestapo soubesse das armas? Tudo acabou, Misha. Daqui para a frente você não me conhece e eu não o conheço. Lamento. Sei que não é fácil, por causa das crianças... – Faz um gesto na direção do orfanato. – Mas ou desistimos agora ou seremos os próximos. Sinto muito.

Ele se afasta depressa.

Profundamente preocupado, Misha volta para o interior do edifício. No salão principal, as crianças leem ou escrevem em seus diários em silêncio. Os menores montam casinhas com blocos de construção e há um grupo montando um teatro com uma caixa de papelão e uma lanterna servindo de holofote.

Korczak o vê entrar e nota a expressão de Misha.

– Só um instante – diz ele ao menino ao seu lado e se junta a Misha.

– Parece que você viu um fantasma.

– Frydman foi pego por contrabando.

Korczak recua como se tivesse recebido um golpe.

– O sal perdendo o sabor e o esterco se multiplicando aqui dentro[1] – diz ele, revoltado.

– Ainda temos o riquixá – diz Sophia nessa noite.

Krystyna pediu algum dinheiro emprestado a Tatiana para comprar uma bicicleta vermelha de três rodas com um assento para um passageiro. Ela a guarda no pátio atrás do café e a aluga para ir pagando o empréstimo.

– Krystyna deixa os meninos mais velhos levarem o riquixá para ganhar uns trocados. Você sempre pode usá-lo, Misha. E eu posso tentar arranjar trabalho pago como professora, em algum lugar.

A voz dela enfraquece. Até os ricos começam a morrer de fome e o tio teve de deixar de pagar as aulas para as filhas.

---

1   Referência a uma metáfora bíblica em Lucas 14:34,35: "O sal é bom, mas se ele perder o sabor, como restaurá-lo? Não serve nem para o solo nem para adubo; é jogado fora. (N. da T.)

– E ainda temos o salário de garçonete de Krystyna. E o Lutek passa aqui quase todos os dias com um saco de *kasha* ou algo assim, para o Marianek – continua ela, animada. Mas a lista chegou ao fim e ambos sabem que não será suficiente.

Capítulo Vinte e Nove

VARSÓVIA, JUNHO DE 1942

Misha encontra Stefa no café da manhã, com olheiras roxas, dando graças no palco com as crianças. Desta vez, o massacre perpetrado pela Gestapo não durou apenas uma noite como em abril. Os fuzilamentos continuaram ao longo de várias noites. O gueto passa as noites em claro, atento ao som de um carro chegando, alguém batendo na porta.

Por fim, começam a perceber o motivo dos massacres. As redes de contrabandistas foram eliminadas e os habitantes do gueto começam a morrer de fome em massa.

– Nesta manhã, tive que diluir o leite – diz Stefa a Korczak quando ele se junta a eles. Com um ar doentio, o rosto chupado, o colarinho folgado, os olhos salientes raiados de sangue devido à fadiga, parece mais perto dos 70 do que dos 60.

– Isso devia ser crime.

– Não sei mais o que fazer. O leite está pela hora da morte agora que Misha deixou de trazer provisões através do Frydman.

Misha vê Korczak deslizar o seu pão para o prato de Aronek, que não tirava os olhos do seu prato. O pão desaparece em segundos.

– Temos de arranjar um jeito de trazer comida lá de fora – declara Korczak. – Eu talvez conheça alguém.

Korczak caminha para a íngreme ponte de madeira nova sobre a rua Chlodna, que liga o pequeno gueto ao grande gueto. O fluxo pardo de pessoas atravessando a ponte contrasta com o azul perfeito do céu. Como sempre, o Doutor não usa a braçadeira.

Ele avança com dificuldade por entre a multidão da congestionada rua Karmelicka, sempre rente à parede para o caso de um carro da prisão irromper pela ruazinha estreita, com as suas sacadas de ferro forjado projetando-se para fora por cima de quem passa na rua, e o guarda abrindo caminho com o seu cassetete cheio de pregos.

Na rua Tlomackie, Korczak dirige-se à Grande Sinagoga. Por instantes, diante da escadaria larga e da enorme cúpula, ele volta a ser o jovem de 17 anos que segue o cortejo funerário do pai em meio às multidões enlutadas de cartolas, xales e solidéus de seda.

Agora, a Grande Sinagoga serve de abrigo aos milhares de refugiados que chegaram pouco tempo antes de Berlim. Eles estão saudáveis e bem vestidos, em muito melhores condições do que a população que vive há mais tempo no gueto. E como ainda são capazes de erguer uma pá ou uma picareta com vigor, e falam a língua materna dos alemães, são os primeiros convocados pelos guardas nazistas para trabalhar do lado de fora dos muros.

Trabalhar fora do gueto num dos grupos de prisioneiros escoltados por guardas armados é agora praticamente a única maneira de ter acesso regular a mantimentos. Além do salário simbólico que os prisioneiros recebem, isso ainda lhes dá oportunidade de comprar comida em Varsóvia e contrabandeá-la para o gueto.

É quase impossível para um judeu de Varsóvia conseguir fazer parte de uma dessas equipes de trabalho.

Dentro da Grande Sinagoga, o perfume espiritual das velas de cera e dos livros antigos foi substituído pelo odor de baldes de excrementos e cebolas cozidas. O estuque ornamentado do teto está negro, coberto de fuligem. Os bancos de madeira no primeiro piso e as sacadas do segundo piso foram divididos com cordéis e cobertores para acomodar as famílias. Em comparação com os outros abrigos – estações da morte –, a sinagoga parece limpa e as pessoas ainda se vestem com algum esmero, mas o espectro da fome e das más condições de higiene começa a se evidenciar: homens com a barba por fazer, gritos de mulheres discutindo por causa de uma panela, crianças chorando. O início da espiral descendente.

A um canto, Korczak reconhece uma velha amiga dos seus dias de estudante de medicina em Berlim, agora viúva de um médico alemão de origem judaica.

Ela se levanta e pega nas mãos dele. Lamenta que o filho, um rapaz de 20 anos, não esteja ali para conhecê-lo, pois está fora do gueto em trabalhos de construção junto das casernas.

Sim, claro, ela teria todo o prazer em perguntar se arranjam lugar na construção para alguns dos meninos de Korczak.

– E dr. Korczak, quando acha que vão nos deixar voltar para casa?

Todas as manhãs depois do nascer do sol, Misha e três dos garotos mais velhos, o circunspecto Jakubek, Monius com o seu cabelo ruivo e o pequeno Dawidek, deixam o gueto pelo Portão Krasinskich escoltados por militares armados. Passam junto do parque onde idosos com chapéus de abas largas e longos cachos laterais costumavam se agrupar para discutir os textos sagrados ou ler jornal, onde mulheres conduzindo pequenos carrinhos de bebê passeavam com a próxima geração pelo ar puro sob as árvores verdejantes.

Está vazio agora. Há guardas patrulhando os terraços do palácio no meio do parque, agora a residência de um oficial alemão de alta patente.

Em fileiras de quatro operários, os membros da equipe de trabalho andam pela rua Dluga a caminho das conhecidas ruelas da cidade medieval. Ninguém cumprimenta esses homens maltrapilhos, que passam como fantasmas em direção à ponte.

Ao cruzar o rio depois de tanto tempo, é um choque para Misha respirar a brisa de verão que transporta com ela o frescor das águas, e senti-la em sua pele áspera e nas roupas velhas. Qual seria a sensação de se banhar no rio ou de tomar um banho quente? Como seria vestir roupas novas e ficar na varanda de um apartamento contemplando o rio e bebendo uma xícara de um bom café, feliz e esperançoso com relação ao dia de amanhã?

Eles marcham pelas ruas de Praga até o velho quartel militar, que agora aloja os soldados da Wehrmacht. Um homem num uniforme bem engomado conduz um magnífico cavalo castanho para os estábulos com um cuidado reverente. Os trabalhos de construção ecoam no ar. As casernas estão sendo reformadas e ampliadas para acomodar os novos soldados.

Misha e os meninos são incumbidos de remover o entulho e carregar tijolos. Os militares alemães que os vigiam são jovens e não podem deixar de sentir uma certa solidariedade com os judeus de Berlim que falam a sua língua. É um alívio descobrir que não são cruéis. Fazem vista grossa quando os judeus de Berlim se revezam para fazer negócios com trabalhadores poloneses em troca de comida.

Misha conhece bem a região. Depois de um tempo, também se esgueira pelo portão para ir comprar pão e batatas numa loja da rua Onze de Novembro. Quem o vê passar com as roupas surradas e a braçadeira não pode deixar de reparar que ele está onde não devia. O casal idoso polonês que dirige a loja sabe que se arrisca ao atendê-lo, mas são pessoas bondosas e adicionam ao pedido algumas cenouras a mais.

– Da próxima vez, venha pela porta dos fundos – diz a mulher a ele.

Ela o encara com um olhar duro, sabe perfeitamente que agora há pena de morte para quem ajudar um judeu.

– Os alemães levaram o meu filho para uma fábrica. Eles têm roubado tantos dos nossos meninos. É para isso que usam os poloneses, sabia? Para serem escravos. Dão um mínimo de comida, um mínimo de educação para que as nossas crianças façam o trabalho sujo por eles. Se precisar de alguma coisa, venha pela porta dos fundos.

Misha agradece e volta ao quartel, comovido com a bravura da senhora. Ele sabe que existem milhares de judeus vivendo escondidos em Varsóvia graças à bondade de amigos poloneses.

Mas, para cada polonês disposto a arriscar a vida, há outro disposto a denunciar um em troca de dinheiro.

No final da tarde, os homens marcham de volta por Varsóvia. O clima está ameno e os guardas não se mostram muito vigilantes. Ninguém vai tentar fugir. Uma muralha de olhos circunda os prisioneiros, poloneses sem escrúpulos que ganham a vida roubando e chantageando qualquer judeu que tente se livrar da braçadeira e desaparecer nas ruas de Varsóvia. Quem quer sobreviver do lado ariano precisa de muito dinheiro para molhar as mãos dessa corja.

No portão do gueto, Misha e os meninos esperam com rostos inexpressivos e mãos suadas. Esconderam a comida contrabandeada no fundo das sacolas, embaixo das ferramentas que eles próprios tiveram que conseguir para poder trabalhar para os alemães.

Eles passam pelo portão e vão para casa, exaustos, pelas ruas apinhadas no meio de um calor insuportável.

Dia após dia, eles voltam para o gueto ilesos, com os alimentos ainda nas sacolas. Stefa até providenciou cantis com fundos falsos onde Misha e os meninos podem transportar óleo ou margarina – artigos valiosos. No entanto, por mais que tragam, nunca é suficiente.

Tarde da noite, Korczak lê o seu diário, chocado com os seus pensamentos desconexos. Eles nada têm em comum com o texto lúcido que costuma escrever, mas quem é que consegue se concentrar neste estado constante de fome? É muito comum as pessoas divagarem no meio de uma frase, esquecerem o que iam dizer. Ele se deita debaixo do seu velho cobertor do exército. Ultimamente só sonha com comida, sonhos vívidos com framboesas e creme de baunilha. Ganso cozido com vinho de Marsala. Só provou champanhe duas vezes, mas depois da guerra pretende tomar todo dia. Bolos e pavê de morango para as crianças, essa será a primeira refeição delas quando voltarem para o prédio da rua Krochmalna.

Capítulo Trinta

VARSÓVIA, JULHO DE 1942

Misha acorda com o choro de uma criança. Nesta semana, Aronek tem tido pesadelos quase todas as noites. Misha encontra-o sentado na cama com os punhos cobrindo os olhos e as grandes orelhas rosadas à luz da lamparina.

O som de um rifle ressoa pelas ruas. Os olhos de Aronek se fixam nos de Misha, cheios de medo e de perguntas.

– Vou ficar aqui até você dormir.

– Pensei que Aronek não tinha mais pesadelos – comenta Korczak com tristeza quando Misha volta para o gueto, na tarde seguinte. – É de ouvir os tiros todas as noites, tantas mortes, isso o faz reviver as coisas horríveis que passou nas ruas do gueto antes de vir para cá.

– Mas o que podemos fazer? Como vamos explicar o que está acontecendo, as prisões e execuções todas as noites? – pergunta Misha.

– Não podemos mentir para eles. São inteligentes. Os diários deles estão cheios de histórias sobre contrabandistas que são baleados, pessoas lutando por um pedaço de pão. Assim como os adultos, eles precisam de uma filosofia que os ajude a compreender e aceitar a morte que os rodeia.

Esterka, com seu rosto fino e cabelo cacheado, o casaco de lã com botões enormes, o estetoscópio sempre pendurado no pescoço, está ali perto verificando o conteúdo do armário de medicamentos. Korczak se vira para ela e a chama.

Às vezes, Esterka o faz se lembrar de um Korczak mais jovem, um médico recém-saído da faculdade, dedicado às crianças. Uma vida difícil, mas bela. Eles têm a mesma paixão pela literatura e pelo teatro.

– Esterka, querida, você não disse que tinha assistido à peça de Tagore, o poeta indiano?

– Sim, *A Agência dos Correios*. Eu a vi em Varsóvia há alguns anos. – Ela fecha o armário e vem se sentar à mesa com Korczak e Misha, no palco. – Pensei que seria um pouco mórbida, porque é sobre uma criança que morre, mas é poética, inspiradora.

– Talvez possa ajudar as crianças.

Esterka assente com a cabeça.

– Concordo. E cenários não nos faltam – acrescenta ela, indicando com um gesto os rolos de cenários pintados a óleo amontoados no fundo do palco. – O Pan Doutor sabe que eu adoraria ajudar a organizar audições ou até montar a peça.

– Quem melhor do que você? Fico muito grato, querida Esterka.

O papel principal, de Amal, o órfão, é dado a Abrasha, por causa dos seus longos cílios e do rosto sensível de músico. Halinka faz o papel da mãe dele, uma camponesa pobre de uma aldeia indiana. O papel do médico será interpretado pelo circunspecto Chaimek, com os seus óculos e uma das gravatas-borboleta de Korczak, e o mensageiro do rei será Jerzyk, com a sua voz alta e cristalina.

Sophia vem ajudar a preparar o figurino e os cravos-de-defunto feitos de papel para Sara, que será a florista. O restante das crianças forma a plateia, que assiste aos ensaios e dá a Abrasha indicações sobre a maneira mais convincente de morrer.

Szlengal, o poeta e estrela do espetáculo Pequena Resenha, no café Stuka, redige os convites para um evento que "mais do que uma peça de teatro, será uma experiência e um espelho para a alma – já que será encenado por crianças".

O salão se enche de convidados, entre os quais estão Yitzhak e Zivia, da comuna de jovens da rua Dzielna. Krystyna aparece ainda tirando o avental e junta-se a Sophia e Marianek. Ela beija o cabelo dele, tão parecido com o de Sabina.

As luzes diminuem de intensidade. Numa distante aldeia na Índia, o órfão Amal conhece os seus novos pais e explora as florestas e os campos ao redor da aldeia.

Mas Amal adoece e fica de cama num quarto minúsculo, com uma única janelinha com venezianas. Ele não vê a hora de poder voltar a correr pelos campos e pelas florestas. Uma noite, enquanto tenta finalmente abrir a veneziana para deixar a luz das estrelas entrar, o vigia da noite lhe traz boas notícias: um dia ele vai poder sair do quarto e recuperar a liberdade.

Em vez disso, porém, Amal fica mais doente. Deitado em sua cama, um dia a cabeça do menino tomba, um dos braços cai frouxo para o chão e Amal morre. Enquanto a família chora, sua amiguinha, a florista, chega e deposita na cama um ramo de cravos-de-defunto.

— Não fiquem tristes — diz ela à família de Amal. — Amal está só dormindo. Logo o rei virá e Amal vai acordar. Os dois vão juntos para uma terra maravilhosa, que nunca ninguém deste mundo visitou.

As crianças das fileiras da frente estão muito quietas, com os rostinhos pensativos. Talvez, no lugar de Abrasha e Sara com figurinos e maquiagens, estejam vendo Amal dormindo.

Atrás delas, os adultos também estão muito calados, vários chorando abertamente, todos com fome e extenuados. Durante algum tempo, o salão permanece em silêncio.

Depois, aplausos. As luzes se acendem. As crianças voltam ao palco para agradecer ao público e o espaço se enche de conversas e sorrisos.

Korczak junta-se a Stefa no fundo do salão, aplaudindo efusivamente.

— Ah, se ao menos pudéssemos ficar assim aqui, Stefa, numa peça nova, escolhida por nós.

Czerniakow chegou tarde para assistir à peça e agora aparece ao lado de Korczak, aplaudindo também com jeito de quem se desculpa.

— Que pena eu ter perdido a peça — diz ele a Korczak em voz baixa. — Hoje não tive um momento de paz. Gente querendo saber se isto é verdade, se aquilo é verdade... Vão nos enfiar num trem e nos deportar? Vão nos enviar para o leste, para a Rússia?

— E vão?

— O Kommissar Auerswald me assegura que não. E ainda ontem recebi de dois alemães uma grande encomenda de botas. Fariam isso se o gueto estivesse para ser desativado? Os alemães enfrentam uma tremenda falta de mão de obra agora. Devem precisar do trabalho dos judeus de Varsóvia, é a única explicação racional.

— Sabe, alguns jovens estão convencidos de que os nazistas pretendem desativar o gueto e fazer muito pior.

— Sim, eles vieram outra vez falar comigo. Essa conversa dos movimentos da juventude sobre uma resistência armada… — Ele lança um olhar furtivo para Yitzhak, que está conversando com Misha. — É uma loucura. Seria um desastre para todos nós. Estou numa fase muito delicada de negociações para conseguir que libertem mais homens da prisão. Vão poder viver no tal campo de trabalho aqui perto, em Treblinka. Os alemães precisam de homens para trabalhar, mas quanto a evacuar o gueto inteiro…

— Suponho que foi nisso que os judeus se transformaram, nesta gigantesca empreitada de guerra dos alemães — comenta Korczak. — Em vez de pessoas, somos mercadorias. Não vale a pena nos darem banhos de sol em praias, sestas agradáveis ou jogos de *bridge*, apenas calçado, roupa, ferramentas, um pouco de comida para continuarmos a fazer o nosso trabalho. Não passamos de mãos e pés para manter a máquina alemã funcionando.

Czerniakow concorda, lúgubre.

— Mas aconteça o que acontecer, hei de manter as crianças seguras. Esses pequenos terão um futuro. Vou garantir isso a elas. E agora tenho uma reunião com esses cinegrafistas que os alemães enviaram. Trouxeram todo o tipo de coisas da sinagoga para o meu gabinete — tapetes, pinturas, uma vela da menorá que pingou cera em toda minha escrivaninha –, tudo porque o gabinete não lhes parecia judeu o suficiente. Não estão interessados em filmar orfanatos ou os lugares que servem sopa para os pobres. Só lhes interessa filmar mulheres ricas ao lado de mendigos famintos. E agora querem encenar um baile para mostrar como vivemos no gueto. Temos ordens para providenciar comida e mulheres com vestidos longos, e eu serei o convidado de honra. Pois, não vou aparecer, podem ter certeza.

Mais tarde, enquanto as crianças se acomodam para dormir, Korczak dá uma volta no dormitório e se detém ao lado da cama de Aronek.

O menino está sentado na cama com os braços em volta dos joelhos, balançando para a frente e para trás, com a testa franzida. Ele olha para cima e vê o Pan Doutor sentado no escuro ao lado dele.

– Você tem medo da morte, Pan Doutor?

– A morte não existe. Até o nosso corpo físico continua vivendo de outro jeito, os mesmos átomos numa forma diferente, como um pássaro ou uma flor. E eu acredito que Deus nos ama e que o amor nunca morre.

Aronek aperta os lábios e pensa no que acabou de ouvir. Concorda com a cabeça.

– A minha mãe me amava – diz ele com lágrimas na voz.

– Eu sei que sim, Aronek.

– Se eu tivesse um pai, seria como o senhor, Pan Doutor.

Capítulo Trinta e Um

VARSÓVIA, 20 DE JULHO DE 1942

Apesar das garantias oficiais de Czerniakow, os rumores sobre as deportações eminentes continuam a circular pelo gueto. É verdade que há trens esperando para transportar 60 mil pessoas que vão construir fortificações para os alemães ou outro campo de trabalho? É verdade que quem tem um certificado dizendo que é necessário para trabalhar no gueto não será levado?

Czerniakow acorda na segunda-feira bem cedo após uma noite mal dormida. Antes de mais nada, vai ao seu carro com motorista até o quartel-general da Gestapo na avenida Szucha, para tentar descobrir o que está acontecendo. Está acostumado às artimanhas dos nazistas, mas acredita que, se perguntar a várias pessoas, talvez entre as evasões possa surgir uma noção aproximada do que realmente se passa.

A avenida Szucha está agora proibida aos judeus. Czerniakow fica apreensivo ao sair do carro e passar pelos vigias na entrada do edifício da Gestapo. Lá dentro, dirige-se ao departamento que administra o gueto e é levado ao gabinete do Sargento Mende, da SS.

De terno engomado e gravata-borboleta, com um lenço branco dobrado na forma de triângulo e meticulosamente colocado no bolso do paletó, Czerniakow mantém-se a uma distância respeitosa da escrivaninha de Mende. Já sente uma enxaqueca a despontar por trás da testa larga.

– Sargento Mende, o bairro está tumultuado por causa de boatos infundados sobre deportações. Posso perguntar se o boato de que o bairro judeu vai ser evacuado hoje tem alguma razão de ser?

Alto e de constituição forte, Mende tem a aparência plácida de um homem que nunca fez mal a uma mosca. As suas luvas brancas repousam na escrivaninha ao lado de um álbum de filatelia.

– Posso assegurar a você que nada me chegou aos ouvidos – responde ele tranquilamente. Volta-se para o auxiliar, o tenente Brandt, um homem amargo e obeso que está sentado numa cadeira limpando as unhas. – Ouviu alguma coisa a respeito do assunto?

Brandt franze a testa e balança a cabeça, negando.

Com um aceno de cabeça, Mende indica que o assunto está encerrado e que Czerniakow deve se retirar, mas ele permanece diante do militar.

– Algo assim poderá acontecer no futuro, Herr Mende?

– Eu repito. Não sabemos nada sobre esse tal esquema.

Czerniakow percorre o corredor até o gabinete do Kommissar Bohm, o responsável máximo por todos os assuntos do gueto.

– É verdade que estão planejando começar as deportações esta noite, às sete e meia? – pergunta.

Bohm demonstra surpresa.

– Posso garantir que, se fosse esse o caso, eu saberia. Pode perguntar ao Hohman, na seção política, se ele ouviu alguma coisa sobre esses boatos.

Hohman recusa-se a recebê-lo, mas seu auxiliar também parece perplexo ao tomar conhecimento dos boatos.

– Que absurdo! Você tem a permissão da Gestapo para emitir um comunicado através da polícia judaica declarando que esses receios são infundados.

Ainda não satisfeito e transpirando por baixo do terno imaculado, Czerniakow pede ao motorista que o leve ao Palácio Brühl, na Adolf Hitler Platz, para falar com o homem responsável por todos os assuntos judaicos em Varsóvia. Assim como os outros, o Kommissar Auerswald assegura-lhe que os rumores são completamente falsos. Ele, na verdade, tem boas notícias. As crianças que estão na prisão vão poder se mudar para a casa que Czerniakow está lhes preparando no gueto.

No caminho de volta, Czerniakow procura se convencer das boas notícias, mas sente o coração acelerado, um nó de ansiedade no estômago, à medida que o carro atravessa o portão e os odores do gueto voltam a rodeá-lo. Durante todo o dia, ele fez perguntas e ainda não tem respostas.

Na manhã seguinte, ele está em seu escritório, tentando agilizar a transferência das crianças da prisão para a casa nova quando um enxame de paramilitares da SS ocupa o edifício gritando ordens e detendo todos os membros do Conselho Judaico. Sem nenhuma explicação, a polícia faz todos os membros do conselho entrarem numa van com destino à prisão de Pawiak. A esposa de Czerniakow também é feita de refém, sem estar claro para que propósito, mas obrigam-na a permanecer todo o dia no escritório com o marido, enquanto ele faz ligação atrás de ligação, para tentar conseguir que libertem os membros do conselho.

No final da tarde, o casal recebe permissão para voltar ao apartamento na rua Chlodna, mas a Gestapo deixa bem claro que a esposa continua sendo considerada refém.

Por que motivo? O que os nazistas estão planejando? Ele tem certeza de que a Gestapo pretende converter o gueto num campo de trabalho, mas quantos serão levados por não estarem aptos para o trabalho?

Ele fica acordado, rolando na cama, atormentado por imagens terríveis e uma enxaqueca que não lhe dá tréguas.

E o que será das crianças? Aconteça o que acontecer, ele vai fazer o que estiver ao seu alcance para protegê-las.

Capítulo Trinta e Dois

VARSÓVIA, 21 DE JULHO DE 1942

Por todo o gueto, as pessoas não pegam no sono. Estão apavoradas com a terrível incerteza do que está por vir. Poucos se atreveram a sair durante o dia, com os soldados disparando ao acaso. No pequeno apartamento na rua Ogrodowa, Sophia e Krystyna também não conseguem dormir, dominadas pelo pânico que contagia todo o gueto.

As meninas estão bebendo água quente aromatizada com preciosas borras de café moído, gentilmente cedidas pelo Café de Tatiana.

Misha passou no apartamento e deixou um pedaço de pão para elas. Ele custa uma fortuna agora e é tão difícil de conseguir que todos andam zonzos de fome. Amanhã ele trará mais.

— Mas o que você acha que vão fazer? — sussurra Krystyna. — Transferir mão de obra? Um *pogrom*? Aqueles boatos dos judeus de Lublin desaparecerem sem deixar rastro...

– São só boatos. Veja a quantidade de oficinas novas que os alemães abriram. Não seriam loucos a ponto de desperdiçar tanta mão de obra.

– Isto não pode continuar assim para sempre. Os alemães não podem vencer a guerra, isso está claro. Se conseguirmos aguentar mais um pouco... Sophia, onde você acha que estaremos daqui a um ano?

– Isso só Deus sabe. Só rezo para que ainda estejamos todos juntos.

Lá fora, na escuridão da noite, ouve-se uma saraivada de tiros de rifle e depois completo silêncio.

Sentado na cama, Korczak levanta a cabeça ao ouvir vários tiros. Obriga-se a continuar a escrever no diário, registrando os acontecimentos estranhos que ocorrem todos os dias no gueto.

E o futuro? Tantos rumores e contrarrumores.

Os rumores sobre a dissolução do gueto já chegaram ao outro lado do muro. Pouco antes, Newerly entrou disfarçado de inspetor das águas e saneamento com o propósito de tirar Korczak do gueto. Newerly era um grande amigo que trabalhara com Korczak no orfanato polonês e no orfanato dos judeus e que posteriormente assumira a gestão do jornal das crianças. Manteve contato com Korczak tanto quanto possível, mas já fazia alguns meses que não visitava o gueto e pareceu profundamente abalado com o estado em que encontrou as pessoas nas ruas. As crianças, apáticas, quase sem se mexer. Korczak percebeu no rosto de Newerly que este o achou muito doente e envelhecido, curvado sobre a bengala, com o uniforme parecendo dois números maior.

Newerly falou com urgência ao médico. Korczak tinha de fechar o orfanato; então ele poderia fugir com alguns dos outros trabalhadores. Maryna tinha preparado um quarto secreto para Korczak no orfanato polonês.

Korczak olhou para ele como se Newerly tivesse acabado de lhe propor que assaltassem um banco ou cometessem uma fraude.

– Você quer que eu abandone as crianças e fuja para salvar a minha pele? Obrigado, meu amigo, mas os alemães, no fundo, não são pessoas irracionais. Eles não vão acabar com o orfanato.

Agora, Korczak baixa o lápis e esfrega os olhos. Newerly estava totalmente enganado se julgou que ele seria capaz de fugir e deixar as crianças para trás.

Sente-se profundamente cansado. Precisa de muita força de vontade só para se levantar todas as manhãs, vestir as calças, amarrar o cadarço de uma bota e depois da outra, pôr um pé à frente do outro.

Enquanto isso, a máquina de guerra alemã avança, implacável.

E o que faz ele em protesto?

Limpa a mesa.

Não, não, dizem os outros, deixe que eu faço isso, Pan Doutor. E com isso, na realidade, estão dizendo que ele está só atrapalhando. Mas ele gosta de limpar a mesa. Faz com que ele se sinta em paz, as pequenas pistas para o caráter e o estado de espírito de cada criança: uma cadeira caída, os talheres cuidadosamente dispostos sobre um dos pratos, uma tigela rachada. Ele se recusa a abrir mão dessas interações humanas, desses pequenos gestos de afeto.

São três da manhã, hora de dormir um pouco. Ele dá uma olhada nas crianças, na enfermaria em volta, desliga a lamparina e puxa o cobertor do exército até cobrir os ombros.

Amanhã será seu aniversário. Fará 64 anos.

Capítulo Trinta e Três

VARSÓVIA, 22 DE JULHO DE 1942

Czerniakow acorda no seu apartamento na rua Chlodna. No mesmo instante, é assombrado pelas lembranças do dia anterior e as prisões da Gestapo. Veste seu uniforme com esmero, com cuidado em cada detalhe, pronto para a batalha. Hoje tem de conseguir convencer os alemães a libertar da prisão os homens do Conselho Judaico. Enquanto bebe um café aguado, pode ouvir uma chuva leve caindo. Vai até a janela e o que vê quase faz parar seu coração. Há guardas de uniformes pretos a cada trinta metros ao longo dos muros do gueto. Cada um armado com um rifle.

O pequeno gueto está cercado. Com o coração acelerado, ele desce às pressas para o carro que o espera na frente do edifício.

– Quem são estes, senhor diretor? – pergunta o motorista a ele ao virar na direção do Portão Chlodna.

– Ucranianos, eu acho.

O motorista estuda o rosto de Czerniakow pelo espelho retrovisor.

No momento em que o carro para diante do edifício do Conselho Judaico, quase não chove e o ar está quente e úmido. Do outro lado da rua, já há crianças no parquinho aproveitando o sossego da manhã para brincar nos balanços e no gira-gira. Czerniakow apressa-se a entrar para começar a fazer as primeiras ligações. Assim que penetra no santuário que é o seu gabinete de trabalho, suavemente iluminado pelo vitral da janela artesanal – parte de um esquema para dar trabalho a artistas morrendo de fome –, ele passa um lenço no pescoço e pega o telefone para ligar para a sede da Gestapo. A secretária entra correndo.

– Senhor, o médico polonês que tinha um passe para vir operar ontem à noite... a SS apareceu no meio da cirurgia e matou todos.

– Mataram o paciente? Um enfermo numa mesa de cirurgia?

– E o médico, os enfermeiros e a família do paciente. E há muitos mais relatos de pessoas assassinadas ontem à noite. E prisões, senhor. – Ela deposita uma lista na escrivaninha como quem pede desculpas.

Abalado, Czerniakow apoia pesadamente os braços na mesa ao ler a lista. É chocante a notícia sobre o assassinato do médico polonês. Imagens nauseantes o assaltam quando ele tira o fone do gancho para ligar à Gestapo.

Uma voz informa Czerniakow, em poucas palavras, que ele não pode mais falar com o Oberscharführer Mende em pessoa. O Kommissar Auerswald, no Palácio Brühl, também não se encontra disponível para falar com ele.

Ele recoloca o fone no lugar. As autoridades alemãs cortaram relações com o Conselho Judaico. O que ele pode fazer agora se se recusam a negociar com ele?

À beira de um ataque de nervos, ele salta da cadeira quando o telefone toca. É a polícia judaica ligando das imediações do Portão Leszno. O homem está praticamente aos gritos.

– Diretor Czerniakow, acabaram de entrar no gueto oito carros cheios de soldados alemães. Está escrito Pol. nas laterais dos carros. As ruas aqui estão desertas. – Ao fundo, ouve-se o rugido dos motores. – Há mais carros chegando, mas estes agora são diferentes. Trazem equipamento de guerra, sr. Diretor, e agentes da SS.

Czerniakow ouve uma rajada de tiros.

– O que está acontecendo aí? Alô?

– Senhor, estão atirando! Santo Deus, uma mulher ali na varanda… – O telefone é desligado. Não atendem quando ele liga de volta.

Ele se levanta da cadeira com determinação. Irá agora mesmo ao Palácio Brühl falar pessoalmente com Auerswald. Nesse momento, porém, ouve o ruído de motores lá fora na entrada, gritos, portas batendo. Botas pesadas golpeando as escadas. Um aroma de verão entra pela janela aberta e a brisa dispersa as vozes das crianças no parquinho do outro lado da rua.

Dez homens da SS invadem o gabinete de Czerniakow. Ele reconhece o SS Sturmbannführer Hofle, do gueto de Lublin. Cruzaram-se há alguns meses quando fez uma breve visita ao gueto com alguns dos seus oficiais.

É óbvio que agora quem manda são os homens de Lublin. Logo atrás seguem Mende e Brandt da Gestapo de Varsóvia.

Czerniakow se levanta, procurando manter a compostura.

Desligue esse telefone, ordena Mende secamente. Hofle senta-se na poltrona diante da escrivaninha e o movimento faz ranger o couro do seu longo casaco. Ele não tira o chapéu em forma de sela. Cruza as pernas com uma atitude descontraída de autoridade e agita no ar a ponta da bota engraxada. Czerniakow observa as manchas coloridas que o vitral da janela projeta no assoalho. Lá fora, um dos alemães no veículo sem capota de Mende pôs uma valsa de Strauss para tocar no toca-discos automotivo. Do parquinho do outro lado da rua, as vozes das crianças soam como cantos de pássaros distantes.

Agora que não tem de fingir que não sabe o que está acontecendo, Mende grita as suas ordens.

– Feche o parque infantil e mande as crianças para casa. Ouça bem as instruções que vou lhe dar e não se engane, é para cumprir todas elas. A partir de hoje, os judeus vão ser evacuados do gueto e transferidos para o leste. Às quatro horas, 6 mil pessoas têm que estar esperando na Umschlagplatz, prontas para entrar nos trens.

– Mas como? É impossível – gagueja Czerniakow.

Hofle observa-o por detrás dos óculos redondos com uma expressão de burocrata irritado, ansioso para terminar o dia com a missão cumprida e ir para casa. Ele se levanta da poltrona e coloca uma ordem escrita para as deportações na escrivaninha diante de Czerniakow.

– Os trens estão aguardando. Não haverá exceções. Assine a ordem e passe esta informação a toda a Polícia Judaica para que cumpram as instruções para a deportação.

– Para onde vão levá-los?

Hofle se levanta, num acesso de raiva.

– Não sei por que você acha que tem permissão para me questionar. Você vai cumprir as ordens sem exceção ou os seus colegas serão executados na prisão. Acho que fui claro.

Czerniakow sente os ouvidos tinindo ao ler o documento. Não pode se dar ao luxo de reagir à fúria de Hofle. Ele acalma a respiração, permanece cuidadosamente calmo e tenta ampliar as categorias dispensadas da deportação.

– Aqui diz que os trabalhadores e seus familiares bem como a Polícia Judaica estão dispensados, entendi bem? Seria possível também dispensar os membros do Sindicato dos Artesãos e as esposas, mais os aprendizes?

Hofle dá de ombros.

– É possível, sim. Eles podem ser dispensados.

– E vejo que estão dispensados também os doentes internados no hospital. Podemos ampliar a categoria para incluir crianças em orfanatos, que também são vulneráveis e estão sob os nossos cuidados?

A paciência de Hofle se esgota e ele arranca o documento das mãos dele.

– Vou reconsiderar a questão das crianças, desde que se comprometa a ter 6 mil pessoas na Umschlagplatz todos os dias, prontas para partir.

– Mas e se eu não conseguir encontrar assim tantas pessoas dispostas a ir?

– Nesse caso a sua esposa será executada.

A Gestapo deixa o gabinete com as botas trovejando na escadaria de madeira. Czerniakow fica só, sentado no escritório, o cheiro de couro e óleo de cabelo ainda pairando na sala. Ele respira fundo para conter a náusea que agora acompanha a dor de cabeça latejante. Tem de pensar. Tem de agir. Tem de se concentrar no que pode fazer para impedir que as crianças entrem nos trens. A Gestapo tem de isentar as crianças, por Deus!

Ele se aproxima da janela aberta. Os balanços estão vazios, apenas um vento empoeirado sopra no cimento sob o sol da manhã.

Durante todo o dia, Czerniakow tenta libertar o restante dos reféns. Enquanto isso, vai acompanhando os relatórios dos números na Umschlagplatz, ciente de que, se não cumprirem a cota, os reféns serão fuzilados. Ele envia mensagens e faz uma sucessão de telefonemas para saber se já obtiveram permissão para isentar os órfãos.

Na sede da Polícia Judaica, os guardas recebem ordens e a indicação do número de pessoas que cada um terá de levar para o pátio anexo aos trens, a Umschlagplatz. Haverá execuções se as cotas não forem cumpridas. Eles se dispersam em leque pelo gueto e começam a arrebanhar os sem-teto das ruas e dos abrigos e os prisioneiros da Gesia.

Aos olhos do resto do gueto, estão eliminando os improdutivos.

Sophia está em meio à multidão diante de um cartaz na parede, tentando compreender o que lê. Sente o chão cedendo sob os seus pés. Chegou o momento. É o princípio do fim. Em volta dela, o gueto parece ter sido atravessado por uma corrente elétrica. Algumas pessoas correndo para tentar arranjar uma licença de trabalho, outras torcendo as mãos, desesperadas.

A polícia está esvaziando o abrigo dos judeus-alemães bem vestidos que chegaram há pouco tempo. As pessoas dispõem-se em filas ordenadas, de quatro em quatro, e marcham com dignidade na direção do pátio de carga onde os trens aguardam para transportá-los aos campos de trabalho.

E se os alemães decidirem transferir também a unidade de trabalho de Misha, sem que ele possa sequer se despedir? Sophia rodopia no mesmo lugar, sem ter certeza de onde está, o que fazer.

Mas ela desperta. Não pode se dar ao luxo de entrar em pânico. O que ela precisa fazer é arranjar licenças de trabalho para os pais. Sai correndo, mesmo sem saber bem aonde deve ir.

No momento em que Misha e os garotos voltam pelo Portão Krasinskich, no fim da tarde, o caos domina o gueto. Há pessoas correndo em todas as direções, multidões reunidas ao redor dos cartazes afixados pela Gestapo, lendo-os com gritos de descrença.

– Vão nos mandar para campos de trabalho – diz uma mulher. – Mas o que isso quer dizer?

– Se dizem para levarmos três quilos de bagagens e comida para três dias, isso deve ser bom sinal – responde outra.

Será início daquilo de que Yitzhak os advertiu? Misha aproxima-se para ler o aviso. Quem tem uma licença de trabalho fica isento, assim como sua família, por isso Sophia está livre, graças à licença dele. E Krystyna trabalha no café. Mas e os outros?

Ele vê passar uma carroça carregada de enfermos e idosos em batas de hospital, alguns chorando ou gemendo de dor. Gritando aos meninos para que continuem, pois vai se encontrar com eles no orfanato mais tarde, Misha corre até o apartamento de Sophia para ver o que podem fazer para arranjar licenças de trabalho para os pais dela.

As ruas estão tumultuadas, com rostos ansiosos correndo para obter uma licença de trabalho, seja ele qual for. Misha passa por longas filas de rostos abatidos à porta das fábricas novas.

Sophia o encontra na porta, com Marianek agarrado a ela em reação à atmosfera tensa.

– Você viu os avisos? – diz ela. – Já está acontecendo.

– Você está isenta graças à minha licença de trabalho. E Krystyna deve ter uma declaração do café da Tatiana, mas os seus pais...

– Os meus pais estão na fila da oficina nova onde se fabricam as botas, mas o que podem fazer? – Ela vai até a janela e observa a rua ruidosa. – É um manicômio, lá fora. Acha que eles conseguem alguma coisa?

– Espero que sim. Vou agora ao orfanato ver se está tudo bem, mas volto mais tarde ou de manhãzinha, antes de ir para o trabalho.

– Sim, você tem de ir – diz ela, mas não tira os olhos do marido, em pânico. Misha pega a mão dela e a leva aos lábios. Sophia deixa escapar um gemido e encosta no peito dele, enquanto ele a envolve nos braços. Marianek observa-os sem compreender e começa a chorar quando Misha vai embora.

O sr. Rozental retorna logo depois.

– Amanhã. Amanhã hei de arranjar alguma coisa. Mas agora tenho de parar para recuperar o fôlego. – Só de camiseta, ele apoia um braço na mesa, com o rosto pálido. Continua sentado, com a respiração irregular, enquanto a cor lhe retorna às faces.

Sophia oferece um copo de água ao pai e o observa de perto enquanto cozinha uma panela de batatas, a mesma refeição que comeram na semana toda. Não há manteiga, mas ao menos eles ainda têm sal. Pouco depois, a sra. Rozental chega em casa.

– Nada. Dispersaram a fila quando estava chegando a minha vez. Todo mundo se acotovelando e gritando como loucos. E estamos no século XX. Claro, se tivéssemos dinheiro, a situação seria diferente. Algumas pessoas vão ficar ricas por conta disso.

Krystyna irrompe casa adentro, com ar de quem veio correndo o caminho todo, o rosto vermelho e suado e o cabelo solto, mas aliviada e triunfante.

– Veja, mamãe, a partir de hoje você faz escovas e pincéis na fábrica da rua Swietojerska. Consegui uma licença através de um cliente lá do café. Não ficou barato, mas você está livre da deportação. E, se a mãe tem uma licença, o pai também fica dispensado.

– Krystyna, você é uma garota muito inteligente! – A sra. Rozental examina a licença com um ar alarmado. – Mas o que faço eu com isto?

– Você vai à fábrica todos os dias – diz Krystyna. – E se tiverem os materiais, você vai fazer alguns pincéis.

Ela se vira para a irmã.

– O que vai ser de Korczak e das crianças?

Mais tarde, no orfanato, Korczak assegura a Misha que o orfanato ficará isento.

– Afinal, de que adiantaria os alemães levarem crianças para um campo de trabalho? Não faz sentido. Sentido nenhum. E caso haja necessidade disso, registro a todos como costureirinhas e pequenos alfaiates. Graças às lições da Stefa, até eu sou capaz de remendar uma meia.

Às cinco da tarde, o chefe de polícia envia a Czerniakow uma mensagem dizendo que têm as 6 mil pessoas que os alemães requisitaram à espera na Umschlagplatz. Czerniakow ouve o familiar barulho das botas subindo as escadas. Hofle chega para dizer que, já que a cota foi preenchida, a esposa dele não será fuzilada.

Mas amanhã é outro dia. A cota será mais alta: nove mil pessoas terão que ser enviadas para os trens.

Capítulo Trinta e Quatro

VARSÓVIA, 23 DE JULHO DE 1942

No dia seguinte, Czerniakow acorda com uma crise de ansiedade diante das terríveis realidades que o esperam essa manhã, perguntando-se o que poderá fazer para proteger o quanto puder o seu povo daquela sentença de trabalhos forçados.

Ele desce correndo para o carro com motorista – o único no gueto que pertence aos judeus –, mas o veículo desapareceu.

– A Gestapo o levou, sr. Diretor – diz o motorista. – Quer que eu arranje um riquixá?

O corpulento Czerniakow se aperta no banco estreito à frente do triciclo e pede ao condutor que o leve ao 103 da rua Zelazna, um moderno prédio de apartamentos de que a Gestapo de Lublin se apossou no dia anterior para servir de quartel-general.

Czerniakow corre para dentro do prédio na esperança de obter uma audiência com Hofle. Ele é conduzido até uma sala e deixam-no à espera.

Ele pode ouvir oficiais da Gestapo conversando numa sala próxima, enquanto são atendidos pelo barbeiro, e o tilintar de uma navalha sendo lavada numa bacia de metal. Em outra sala, o som ritmado das escovas indica que alguém está engraxando as botas. Um cão está latindo no pátio dos fundos.

Por fim, um tenente alemão entra, calmo e educado.

– O Sturmbannführer Hofle não tem tempo para vê-lo – informa.

– Mas já se tomou alguma decisão sobre as crianças? Concordaram em dispensá-las?

– Terá de discutir o assunto com o próprio Sturmbannführer Hofle.

– Mas se ele não quer me receber...

Czerniakow quando vê já está na rua, diante do soldado armado que guarda a entrada.

– Está uma confusão lá fora – diz Lutek, pegando o filho no colo e apertando-o nos braços. – Ninguém sabe onde serão as próximas detenções. Metade da polícia judaica desertou, agora que compreendem o que terão de fazer, e os demais estão ficando loucos! Já começaram a espancar as pessoas para forçá-las a se juntar nos pátios, e agora já não estão levando só os mendigos e esvaziando os abrigos. Estão isolando prédios ao acaso e despejando famílias inteiras. Sophia, ouve. Não saia na rua. Não leve Marianek lá fora. Promete?

– Sim, sim. Prometo.

– Tenho que voltar ao trabalho antes que deem pela minha falta. Trago mais comida amanhã. Misha vai vir mais tarde?

Sophia vê Lutek correr na direção das casas que os alemães transformaram numa fábrica de botas.

Grupos de famílias seguem voluntariamente para a Umschlagplatz com os seus sacos de viagem. Na opinião deles, vale mais irem e permanecerem juntos do que ficarem até serem separados. E quem sabe não têm razão, no final das contas?

No gabinete do Conselho Judaico, Czerniakow enfrenta uma avalanche de problemas. No dia anterior, as pessoas retiradas das ruas e dos abrigos não ofereceram resistência. Viviam em condições tão desumanas que, no seu entendimento, as deportações não podiam ser piores e, com sorte, talvez até representassem uma melhora. Hoje, porém, as famílias despejadas dos seus apartamentos estão fazendo o possível para escapar, gritam, se esconderam para os guardas não poderem separá-los e deportar os que não têm licença de trabalho.

Às três da tarde, Czerniakow é informado de que há apenas três mil pessoas a postos na Umschlagplatz para embarcar nos trens. Infelizmente, a cota do dia é nove mil e o prazo termina dali a uma hora.

Com a mão trêmula, Czerniakow liga para Hofle com a intenção de pedir uma redução da cota ou uma prorrogação do prazo, mas, antes que possa terminar a ligação, a secretária entra correndo no gabinete com uma expressão angustiada. A Gestapo enviou equipes de ucranianos e lituanos para realizar as deportações, homens treinados para utilizar toda a brutalidade necessária. Abriram fogo com metralhadoras e arrastaram homens, mulheres e crianças para a Umschlagplatz aos gritos e chorando. As licenças de trabalho são rasgadas e atiradas no chão.

A notícia cai como um raio. Czerniakow se deixa cair na cadeira, branco como um lençol. Ele entende o que isso significa.

Acabou de se tornar dispensável, uma marionete para esses eventos catastróficos.

Ele volta para casa às cinco da tarde. Passa por baixo dos querubins brancos no pórtico da entrada do prédio e sobe as escadas até a porta de casa em completo desespero.

Mas ele ainda se agarra à esperança de que a qualquer momento Hofle entrará em contato com ele para lhe dizer que as crianças estão dispensadas. Que tipo de monstro deportaria crianças?

No apartamento, Felicja acabou de pôr o jantar na mesa quando o telefone toca. Czerniakow coloca o guardanapo na mesa e se apressa a atender. Deve ser Hofle a respeito das crianças.

O telefonema é breve. Ele se vira para Felicja, o rosto pálido.

– Tenho que voltar aos escritórios do Conselho Judaico para uma reunião com oficiais da Gestapo.

– Mas o que eles estão fazendo ainda no gueto a esta hora da noite? O que querem?

– Tenho certeza de que não precisamos nos preocupar. Talvez seja a notícia de que tenho estado à espera. Vou saborear este delicioso jantar quando voltar para casa. – Ele dá um beijo no rosto da esposa e volta a procurar o riquixá.

Felicja cobre os pratos de batatas e arenque e se senta à espera do marido, para que possam terminar a refeição juntos quando ele voltar.

Dois oficiais da SS o aguardam no escritório, Hofle e seu auxiliar. Dispensando toda civilidade, Hofle repreende o diretor com gritos de fúria.

– Por causa da sua incapacidade de realizar as deportações como foi instruído, a cota de amanhã será de dez mil.

– Mas quantos dias por semana haverá deportações?

– Sete – diz o oficial com rispidez.

– Mas e as crianças? Não recebi nenhuma uma resposta com relação às crianças.

Hofle, roxo de cólera, berra em resposta:

– Não há dispensas para criança nenhuma! Deu para entender?

Os oficiais saem antes que Czerniakow possa fazer qualquer objeção, as botas golpeando os degraus, escadas abaixo. Ouve-se um veículo arrancando e se afastando.

Com a respiração ofegante, Czerniakow fica sentado na penumbra do gabinete olhando para a ordem sobre a escrivaninha. A noite fez desaparecer as cores do vitral na janela. Que tipo de campo de trabalho precisa de milhares de crianças? Só um campo onde as pessoas morrem. Aqueles, ele entende agora, são trens para a morte.

Ele sempre teve esperança de que conseguiria levar grande parte do seu povo em segurança através destes tempos, embora soubesse que nem todos sobreviveriam. Mas dez mil pessoas, sete dias por semana. Agora não há como não ver as intenções dos nazistas. Aqueles números só podem significar a extinção do gueto.

Ele mesmo não é nada agora, só um instrumento para implementar o plano de extermínio dos nazistas. Não lhe resta nada a não ser cumprir às ordens deles.

Esteve frio o dia todo e agora à noite sopra um vento forte. Do lado de fora, o gueto permanece na mais completa escuridão. Não há ninguém a quem possa recorrer. O gueto está isolado e sem o amparo de ninguém.

Ele pensa em Felicja em casa à espera dele, à espera de saber o que será dos órfãos a que ela tem se dedicado num abrigo nas imediações de casa.

Na frente dele, a ordem de deportação que Hofle lhe deixou para assinar. Ou assina a ordem ou será executado. Não lhe resta outra opção.

Mas ele ainda pode protestar. Ainda pode se recusar a obedecer. Na gaveta da escrivaninha, ele guarda uma caixinha com a cápsula de cianeto que adquiriu para o caso de os nazistas quererem obrigá-lo a agir contra a sua consciência.

Ele pega uma caneta e, numa folha de papel, começa a redigir uma carta à esposa, a sua querida Felicja.

Sinto-me impotente. Meu coração treme de dor e compaixão. Não consigo mais suportar tudo isto. Estão exigindo que eu mate os filhos do meu povo com as minhas próprias mãos.

Ele abre a gaveta da grande escrivaninha de carvalho e olha para a caixinha de zinco retangular. Abre a tampa. Uma pequena cápsula de aspecto inócuo. Chegou a hora. Temendo não ter força nas pernas para descer as escadas, liga para a funcionária de plantão.

– Você poderia me trazer um copo de água assim que possível?

A funcionária vê como Czerniakow treme ao receber o copo e tenta sorrir quando ele lhe agradece. Ela fecha a porta ao sair e logo já se ouve o tamborilar ritmado das teclas da máquina de escrever no andar de baixo. Czerniakow recorda-se de Felicja no dia em que a conheceu. Vê a imagem das crianças brincando no parquinho.

Passado algum tempo, numa sala ali perto, a tesoureira se pergunta por que o telefone no escritório do diretor não para de tocar. Ela achava que ele estivesse trabalhando até mais tarde. Ela vai até o escritório, ouve atrás da porta se há alguém ali dentro, depois entra.

Czerniakow parece estar dormindo, com a cabeça apoiada na mesa. Não é a primeira vez que adormece no escritório, em noites de insônia e preocupação. Ela toca nas costas dele para fazê-lo acordar, mas ele não faz o mínimo movimento.

Nesse momento, ela deixa escapar um grito abafado e dá um passo para trás. O diretor Czerniakow está morto.

Capítulo Trinta e Cinco

VARSÓVIA, 24 DE JULHO DE 1942

Na manhã seguinte, Korczak e um pequeno grupo de pessoas se reúnem no cemitério da rua Gesia sob um céu frio e nublado. Parece mais outono do que verão. O jazigo da família de Czerniakow fica entre as fileiras bem ordenadas de lápides, mas o vento traz o cheiro cáustico da cal das valas comuns, onde milhares de cadáveres nus jazem enterrados em camadas.

Korczak faz um pequeno discurso destacando tudo o que Czerniakow fez ou tentou fazer pelo seu povo e a seguir volta ao pequeno gueto, pesaroso. Mal teve início o dia e os problemas já começam a se acumular. Alguns funcionários do abrigo das crianças estão determinados a tirá-lo de lá para que possam continuar roubando as provisões dos pequenos. Eles denunciaram Korczak à Gestapo por não ter registrado um caso de tifo e a pena por tal delito é a morte.

Ele corre ao Conselho Judaico para resolver o problema. Por mais astutos que aqueles vigaristas sejam, ele vai conseguir vencê-los.

Ninguém mostrou a ele a nota de suicídio de Czerniakow.

Por todo o gueto, a notícia do suicídio do diretor do Conselho Judaico deixa todos em pânico. Será que o gueto está mesmo condenado? Mas certamente só quem não trabalha tem algo a temer.

Ninguém sabe em que acreditar. As pessoas concentram todas as suas energias na obtenção de uma licença de trabalho, na esperança de serem poupadas juntamente com as famílias. Apavoradas, com fome e desorientadas, elas correm pelas ruas ventosas à procura de alguém que possa lhes conceder a tal licença bem como passam horas em filas na porta de fábricas e escritórios.

Ninguém tem tempo para olhar o quadro mais amplo ou pensar na possibilidade de desobedecer em massa às ordens dos nazistas. Em todo caso, essa manobra significaria morte certa. Ninguém na Europa ocupada organizou um movimento de resistência contra o poder nazista.

Pouco antes das quatro da tarde, a unidade de Misha volta ao gueto. Ele corre para o apartamento de Sophia com o pão tão necessário à família. Nas ruas, ecoa o ronco de caminhões cheios de pessoas seguindo para a Umschlagplatz. Ele se encosta contra a parede para dar passagem a um dos veículos, enquanto o guarda atira ao acaso na multidão, e depois segue adiante o mais rápido que pode. Teria ocorrido uma batida na rua de Sophia?

Desde a chegada dos oficiais da Gestapo e dos soldados ucranianos e lituanos de Lublin, o terror se instaurou no gueto numa escala sem precedentes. As execuções sem motivo e os espancamentos brutais tornaram-se corriqueiros. Agora está claro que as histórias terríveis de Lublin eram verdadeiras. Aqueles são homens endurecidos pela experiência de esvaziarem o gueto de Lublin com uma violência sem limites.

No apartamento da rua Ogrodowa, Misha encontra as meninas e a mãe delas sãs e salvas, mas estão fora de si de tanta preocupação.

Com tão pouco que comer em casa, o pai saiu para a fila da sopa comunitária que ainda está sendo distribuída de uma janela num pátio, um pouco mais adiante. Infelizmente, sair na rua é um risco, já que ninguém sabe qual será o próximo prédio de apartamentos isolado pela polícia judaica e os soldados ucranianos.

– Faz três horas – diz Sophia. – Saiu há três horas e ainda não voltou. Se fizeram alguma batida... eu devia...

– Não. Fique aqui.

Misha sai correndo, desce as escadas e irrompe na rua. Há um policial judeu na entrada do edifício onde servem a sopa dos pobres de uma janela. O pátio está vazio. A mobília está quebrada, malas de viagem que se abriram e sapatos sem o par espalhados por toda a parte. O vento varre papéis e poeira. Há manchas escuras no chão, respingos vermelhos numa das paredes. Sangue.

Ele sacode o policial, que está parado no meio do pátio como que num transe.

– Viu o sr. Rozental? Magro, cabelo escuro, o cabelo ficando grisalho. Estava na fila da sopa.

O policial lhe lança um olhar furtivo, assombrado. Um fantoche de madeira no seu uniforme improvisado.

– Todos no edifício foram levados para a Umschlagplatz. Se o homem que procura estava na fila da sopa... Eu não sabia o que fazer...

Misha não tem tempo a perder. Se for rápido talvez ainda possa impedir o sr. Rozental de entrar no trem. O pai de Sophia é frágil demais para sobreviver num campo de trabalho na Rússia ou sabe-se lá onde.

Ele corre pelas ruas até chegar aos muros da Umschlagplatz, mas há guardas alemães com rifles bloqueando os portões de madeira com arame farpado por onde se chega à plataforma de embarque. Há outro portão mais além, mas Misha não consegue ver o que há lá dentro.

Os guardas deixam claro que Misha deve se afastar do local, caso contrário não hesitarão em usar suas armas.

Se o sr. Rozental estiver lá dentro, não há nada mais que ele possa fazer.

Virando as costas para a plataforma de embarque onde costumavam descarregar o gado vindo do campo, virando as costas para o pai de Sophia, Misha se afasta. O chão parece se mover sob os seus pés enquanto ele retorna à rua Ogrodowa, carregando nos ombros o peso da terrível notícia.

Naquela mesma tarde, Esterka, que dez dias antes organizava a peça de teatro das crianças, vai ao hospital ali perto buscar medicamentos.

Quando chega ao prédio do hospital, a rua irrompe num caos de pés correndo à medida que fileiras de policiais e soldados de fardas negras começam a conduzir as pessoas para fora dos prédios de apartamentos mais próximos, alinhando-as de quatro em quatro no meio da rua. Esterka é pega pela multidão em pânico, encurralada no meio da rua e obrigada a se agachar como os outros, enquanto guardas armados se alinham nas calçadas. Ouvem-se gritos e tiros no interior dos prédios de apartamentos e Esterka estremece a cada disparo. A mulher ao lado dela está chorando, agarrada à filha adolescente. Todos estão apavorados, sem saber o que vai acontecer em seguida.

Ficam todos agachados ali por quase uma hora, enquanto os guardas percorrem os prédios ao som de tiros, gritos e cães latindo. De repente, eles os obrigam a ficar de pé, uma coluna de centenas de pessoas, e mandam que marchem para o norte.

– Mas para onde estão nos levando? – pergunta a mulher, segurando a mão da filha. – Só temos estes vestidos de verão. Sandálias. Se nos mandam para um campo de trabalho na Rússia como podemos sobreviver ao inverno de vestidos e sandálias?

À medida que se aproximam da Umschlagplatz, as pessoas nas calçadas recebem ordens para não se mexerem enquanto eles passam. Atrás de um guarda, Esterka avista um rosto familiar, paralisado e boquiaberto com o choque. Erwin. Consegue lhe gritar uma mensagem para Korczak.

Assim que Erwin volta ao orfanato com a mensagem, Korczak corre para a Umschlagplatz, determinado a fazer com que a libertem. Abre caminho em meio à multidão até chegar ao portão onde os soldados barram o acesso à área principal. Dali ele pode ver centenas de pessoas sentadas no chão de terra batida onde ficava o gado, mas não consegue ver Esterka. Ele pede ao guarda, implora, grita que mandem alguém procurar por ela.

Perdendo a paciência, o guarda o empurra com a coronha do rifle para dentro da plataforma de embarque. Korczak olha para a multidão, atordoado. Um braço o agarra. Um policial judeu o puxa para o lado, gritando e gesticulando para ele. Assim que não são mais ouvidos, ele solta o braço de Korczak.

– Mil perdões, Pan Doutor. Tive de fingir que o senhor estava em apuros por qualquer motivo. Vá embora. Passe por aquele portão. Agora.

– Mas, dr. Winogron. Ela usa óculos. Está por aqui, em algum lugar.

O policial olha para trás por cima do ombro, nervoso.

– Dr. Korczak, o senhor tem de sair já daqui ou não poderei mais ajudá-lo. – Ele lhe dá um empurrão para fora do portão lateral e o fecha atrás dele.

Com lágrimas escorrendo pelas faces enrugadas, Korczak volta para o orfanato, passando por casas vazias, por ruas cheias de sapatos e malas de viagem. O vento folheia as páginas de um livro aberto. Um carrinho de bebê vazio.

Na rua Ogrodowa, Sophia, Krystyna e a mãe ouvem Misha num silêncio aturdido. Lutek embala o filho no colo.

– Sinto muito, mas não há como tirá-lo de lá agora.

– Mãe, fique em casa amanhã com Sophia e Marianek – diz Krystyna. – Se houver uma seleção na fábrica, você corre o risco de ser levada para os trens.

A mãe permanece imóvel como uma estátua de pedra, o casaco de lã agarrado aos ombros. Fala com uma expressão distante.

– A fábrica serve ao exército Por que levariam os operários? Precisamos da minha licença.

– A sua mãe tem razão – diz Misha. – As fábricas são os locais mais seguros agora.

Lutek se levanta e entrega com relutância Marianek a Sophia, sem querer se separar do filho.

– Preciso voltar antes que fechem os portões da fábrica. Está parecendo cada vez mais uma prisão, agora que obrigam as pessoas a trabalhar noite afora para abastecer os alemães.

Misha também tem que sair para voltar à casa em que está registrado antes da hora do toque de recolher.

– Tome cuidado – ele murmura para Sophia enquanto se abraçam demoradamente. – Eu não quero ir.

– Eu gostaria que pudesse ficar. – Ambos sabem que a comida que ele e os meninos trazem é mais vital do que nunca. A única comida que entra no gueto provém agora das equipes de trabalho com licença para trabalhar além dos muros.

*

Quando Misha vai embora, Sophia se senta ao lado de Marianek até o menino adormecer. Krystyna ajuda a mãe a se deitar, que anda curvada e parece ter envelhecido vários anos.

Sophia se levanta e fecha as cortinas.

Atrás delas, a noite cai no gueto mergulhado no terror e na confusão. Quanto tempo vai durar aquela matança até que os alemães decidam parar? Quem mais será levado? E para onde está indo toda aquela gente?

– Mas nós precisamos da Pani Esterka aqui no orfanato, Pan Doutor. Não pode falar com eles? – pergunta Sara quando Korczak conta o que aconteceu às crianças reunidas no salão em torno dele.

– Os alemães não ouvem ninguém – diz Halinka a ela.

– Mas por que eles a levaram? – pergunta Sara virando-se para Erwin, o último a vê-la.

– Talvez queiram que ela seja a médica deles – diz Halinka.

Szymonek tem uma pergunta vital.

– Vão levá-lo também, Pan Doutor?

– Não, Szymonek. Prometo que não vou deixar vocês. Só temos de ficar aqui todos juntos e, mais cedo ou mais tarde, a guerra acabará. Mais cedo ou mais tarde, o povo alemão e o resto do mundo vão perceber o que está acontecendo aqui.

Está ficando tarde. As crianças abrem as camas e desenrolam os edredons em silêncio.

– Por favor, não saia do gueto hoje, Erwin – pede Halinka.

Ele concorda com a cabeça. Esta noite quer ficar vigiando o orfanato. Mas, quando vai para o dormitório dos meninos mais velhos, lá em cima no salão de baile, ele sabe que no dia seguinte à noite terá de voltar a sair. Eles precisam de pão.

*

Korczak abre as cortinas. Uma lua pálida, quase transparente, paira no céu límpido da manhã. Um vento frio entra pelas frestas da janela e faz rodopiar o lixo espalhado na rua. Que acontecimentos sinistros trará o dia? Porque parece não haver nada que ele possa fazer para acabar com aquela loucura que reina em torno dele?

Lá embaixo, no salão principal, Sara e Halinka estão ajudando a preparar as mesas para o café da manhã. Abrasha e Aronek se apressam para cumprir as tarefas de que foram encarregados:

afastam as camas e varrem o assoalho, cantando "Oyfn Pripetshik", a música do alfabeto, enquanto trabalham.

Korczak olha ao redor com orgulho. Embora tenham tido de mudar de endereço várias vezes, cada um mais inadequado do que o anterior, o orfanato continua com as mesmas rotinas e os mesmos valores, não porque ele tenha insistido nisso, mas porque as crianças não os esqueceram.

E o futuro?

Szymonek e Mendelek carregam grandes jarros para a mesa. Será que ele está fazendo a coisa certa mantendo as crianças juntas? Ele seria capaz de deixá-las com estranhos para viver na clandestinidade, com medo, correndo riscos terríveis? Ainda acredita que os alemães nunca farão mal às crianças. Muitos conhecem e respeitam o orfanato. Mas, em todo caso, vai falar com um empresário chamado Gepner mais tarde, com quem pretende adquirir máquinas de costura e registrar o orfanato como uma oficina. Uma medida cautelar. E depois de anos de aulas de costura com Stefa, até ele é capaz de pregar um botão ou remendar uma meia.

Na cozinha lotada da comuna situada no número 34 da rua Dzielna, onde Korczak e Stefa deram palestras sobre educação e cuidados infantis há poucas semanas, para uma sala repleta de futuros professores, Tosia, Yitzhak e a esposa, Zivia, reúnem-se com outros líderes dos movimentos de jovens do gueto.

Yitzhak está falando.

– Não adianta esperar que o Conselho Judaico e outros grupos se juntem à nossa resistência. Eles insistem em dizer que isso só vai piorar a situação.

– E estão arrancando os cartazes que pregamos nas escadas dos prédios – acrescenta Zivia. – Ainda não acreditam nos avisos, gritam conosco, dizendo que estamos assustando as pessoas.

– Portanto, parece que estamos por conta própria – continua Yitzhak. – Mas, aconteça o que acontecer, não vamos deixá-los nos levar. Venha o que vier, não vamos entrar nos trens. Se nos pegarem, fugimos. Se nos arrastarem para a Umschlagplatz, escapamos. Se conseguirem nos enfiar nos trens, o nosso dever é saltar antes da última parada. Não vamos deixar que nos levem. Resistam, ainda que para isso tenham que lutar até a morte. Vamos lutar.

O silêncio é interrompido apenas pela chuva fina.

– E se morrermos, pelo menos teremos deixado uma mensagem ao mundo – acrescenta Tosia. – Os judeus não irão como cordeiros para o matadouro.

Yitzhak enviou uma mensagem a Misha para informá-lo do que pretendem fazer.

Mas Misha não pode pensar como ele. Os movimentos de jovens são compostos de pessoas sem pais ou filhos. Misha tem muitas pessoas que dependem dele para sequer pensar em seguir o conselho de Yitzhak.

Aconteça o que acontecer, ele precisa estar lá para garantir que Sophia e as crianças sobrevivam àqueles tempos sombrios bem como comecem vida nova depois da guerra.

E, no final do dia, ele também simplesmente não consegue acreditar no pessimismo dos relatórios de Yitzhak.

Capítulo Trinta e Seis

VARSÓVIA, 3 DE AGOSTO DE 1942

Sophia anda de um lado para o outro na sala. Krystyna se debruça para fora da janela, vigiando a rua. Quase todos os soldados alemães deixaram o gueto e as pessoas começaram a aparecer nas ruas, desesperadas para poder finalmente sair e procurar obter alimentos. Roupa, joias, calçados, está tudo por um preço baixíssimo e os preços ainda estão caindo. Comida é o que todo mundo quer e os preços do pouco que chega ao gueto dispararam. Ela espera ver a mãe voltando do trabalho na fábrica de escovas na rua Swietojerska, em meio à multidão, mas não há nem sinal dela.

– Talvez tenham feito todos dormirem na fábrica esta noite – diz Krystyna. – Você acha que pode ser isso, Sophia? Ou pode ser que a obrigaram a fazer o turno da noite. Ou então houve alguma agitação na rua e não lhe pareceu seguro sair da fábrica.

Sophia abre um sorriso fraco. Já não falta muito para o toque de recolher e as ruas começam a se esvaziar. A mãe nunca chegou tão tarde.

Lutek já veio vê-los e voltou ao dormitório da fábrica onde agora é obrigado a dormir. Toda tarde, ele tem corrido para trazer comida ao filho e passar alguns minutos com ele.

Ninguém sai pela manhã. É nesse horário que os carros dos alemães de Lublin percorrem o gueto para a *Aktion* do dia, as seleções e os recolhimentos – vocabulário novo que anda na boca de todo mundo.

Krystyna deixa escapar um gemido.

– Onde ela pode estar?

Não há como elas saberem. O cômodo está carregado de ansiedade, com a ausência da mãe. Se ao menos Misha estivesse ali, com os seus braços quentes em volta dela. Ela sabe que ele deve ter ido diretamente do trabalho para o turno da noite no orfanato, mas precisa vê-lo, saber que está seguro. Tem de se conter para não se levantar e correr pelas ruas à procura dele.

Sophia se aproxima da irmã na janela, descansando a cabeça no ombro dela num silêncio entorpecido.

– Pode ser que ela ainda venha – sussurra Krystyna.

E mesmo sabendo que é tarde demais, muito depois do toque de recolher que anuncia a noite no gueto, elas continuam tentando ouvir os passos cansados subindo as escadas, o pequeno suspiro de alívio quando se senta e tira os sapatos surrados.

Onde estará a mãe?

*

Pela manhã, Krystyna corre para o café de Tatiana bem cedo, para deixar uma mensagem a Misha antes de ele ir para o trabalho. A fábrica de escovas fica em frente do portão por onde ele sai todas as manhãs.

Misha promete que vai descobrir o que aconteceu.

No entanto, ele não tem como sair da fila que espera no portão do gueto, para se esgueirar e perguntar a alguém junto ao portão da fábrica. Ele vê sapatos espalhados pela rua, um silêncio pesado no interior do prédio da fábrica. O medo aperta seu coração.

O guarda faz um sinal e a equipe deixa o gueto em formação, com as pás sobre os ombros. O sol finalmente aparece e Misha trabalha sob o súbito calor de julho próximo à parede do quartel, com um mau pressentimento.

Ele pode ouvir os trens passando em marcha lenta. Endireita-se e protege os olhos do céu brilhante com a mão. Percebe que devem ser os trens saindo do gueto.

Assim que ele chega ao Portão Krasinskich aquela tarde, Misha vê um conhecido à espera para iniciar o seu turno na fábrica e se apressa para lhe perguntar se viu a sra. Rozental.

– Helena Rozental? Ainda não sabe? Houve uma seleção aqui, ontem. Ela foi levada para os trens com os outros. Já deve estar muito longe, se é que ainda está viva.

De volta ao apartamento, ele encontra Sophia e Krystyna angustiadas.

A expressão de Misha lhes dá a notícia antes que ele possa abrir a boca. As irmãs se apoiam uma na outra.

– Fizeram uma seleção na fábrica de escovas.

– Bem, então vamos à Umschlagplatz – diz Krystyna, à procura dos sapatos. – Temos de trazê-la de volta, já.

– Krystyna, foi ontem. Você tem que entender. Ela se foi. Lamento. Lamento muito.

Marianek alarma-se ao ver as tias aos soluços.

Ouvem uma batida na porta. É Lutek. Ele pega o filho e o embala, esconde o rosto do filho no ombro ao ouvir a notícia. A seguir vira-se abruptamente para as moças.

– Vocês duas têm que fazer as malas, rápido.

Krystyna olha para ele com o rosto banhado de lágrimas, horrorizada.

– Agora? Como assim?

– Um amigo na polícia disse que pretendem evacuar este prédio amanhã de manhã. Uma seleção. Acabaram de evacuar um apartamento na rua Zamenhofa, vocês ficam mais seguras lá. Mas temos que ir agora, antes do toque de recolher.

– Não podemos sair daqui assim. As coisas da mamãe... – diz Krystyna, olhando em volta. – Não podemos simplesmente deixar tudo para trás. E os livros do papai.

– Lutek tem razão – diz Misha com voz suave. – É melhor nos apressarmos. Acompanho vocês até o apartamento, para ter a certeza de que vão estar em segurança.

Contendo os soluços, as duas irmãs começam a encher uma sacola.

– Só o que pudermos carregar – diz Sophia mecanicamente, com os olhos marejados de lágrimas ao encher uma sacola com a roupa de Marianek, a pouca comida que lhes resta, taças, colheres e uma faca. A fotografia que tirou com Misha nos degraus da casa na Pequena Rosa.

Com um último olhar para os parcos pertences da família, que ainda lhe recordam tanto os pais, Sophia fecha a porta, pega na mão de Misha e desce as escadas atrás de Krystyna e Lutek, com Marianek no colo.

O edifício na rua Zamenhofa foi saqueado, há janelas abertas, edredons rasgados e roupas de cama jogadas. Manchas de sangue e sapatos sem par espalhados pelo pátio.

Lutek leva-os a um apartamento no último andar e abre a porta. O espaço está abafado devido ao calor do dia e mergulhado num silêncio opressivo. Há uma panela de sopa sobre a mesa. Sophia toca a panela. Ainda está quente. Afasta a mão como se a tivesse queimado.

Onde estão as pessoas que estavam prestes a se sentar para comer?

Misha deixa a sacola das irmãs no chão e observa a rua, da janela. Mais uma vez, as pessoas saíram ao cair da tarde para tentar comprar comida, mas a rua já está começando a se esvaziar à aproximação do toque de recolher.

– Mantenham a porta trancada e não deixem ninguém entrar a menos que saibam quem é. Em breve o edifício será ocupado por agentes da polícia, por isso não voltará a haver nenhuma seleção aqui – diz Lutek. – Mas, na dúvida, é melhor que procurem arranjar um lugar para se esconderem: um guarda-roupa, um sótão…

Ele passa a mão pelo cabelo sedoso de Marianek.

– Desculpe – diz ao filho. – O papai tem que ir embora outra vez.

Lutek parte para a fábrica de botas alemã, onde agora está registrado, e Misha vai para o orfanato, juntar-se aos meninos com quem vai trabalhar no dia seguinte.

Ele se demora um pouco mais, não quer se separar de Sophia agora que a tem nos braços. Beija-a uma vez mais, e outra, e a seguir sai sem fazer barulho e fecha a porta.

Quando Misha sai, Sophia tranca a porta. O silêncio agourento do apartamento lhe oprime o peito. Nem Marianek faz qualquer barulho. Krystyna se encolhe numa cama desfeita, de olhos abertos e secos.

Sophia se senta diante da sopa morna e enche uma pequena tigela para o garotinho. Ela mesma não consegue comer nada.

Não pode se permitir pensar ou sentir enquanto Marianek não adormece. Só então se deixa ficar sentada, contemplando o vazio, sentindo-se destroçada. Sente falta de ver Sabina entrando em casa, sentir o peso reconfortante da mão do pai no ombro, voltar a ouvir a voz da mãe.

A luz do dia começa a diminuir. Krystyna também já dorme. Sophia se deita nos lençóis de alguém que não conhece. Descansa o rosto num travesseiro, sente o cheiro de outra pessoa no algodão. Ela tenta se lembrar da sensação de ter a forma de Misha deitada ao seu lado no escuro. Estende o braço, mas encontra apenas ar e deixa a mão cair de volta no cobertor fino.

Em torno deles, o resto do gueto se amontoa por trás das portas, esperando que possam sobreviver mais um dia; esperando que as batidas da Gestapo acabem em breve.

Capítulo Trinta e Sete

VARSÓVIA, 5 DE AGOSTO DE 1942

Misha não descansará enquanto não arranjar um pequeno bolo, qualquer coisa para o aniversário de Sophia. Como de costume, parte bem cedo com Jakubek, Monius e Dawidek para se apresentar junto do Portão Krasinskich. Stefa despede-se deles com um aceno enquanto coloca pratos e canecas no palco para o café da manhã e as crianças arrumam as camas na área principal.

Como é seu costume, Korczak beija os três meninos e Misha na testa antes de partirem para um dia de trabalho fora do gueto.

– Deus os abençoe e que tenham um bom dia no trabalho – diz ele. Voltem para nós em segurança.

Quando atravessam o pátio, o ar ainda está fresco, mas logo o calor começa a sufocar as ruas muradas, como no dia anterior.

Misha se vira para acenar pela última vez, mas Korczak já desapareceu no interior do prédio.

Korczak termina de regar os vasos de flores nas janelas dos fundos e passa para a varanda da frente. Hanna, uma menina que dorme na enfermaria, o acompanha, segurando firme a mão dele. Korczak imagina que, se a largasse, ela ficaria simplesmente parada como uma estátua, branca e anêmica, sem energia nem para sorrir. Ele pega um dos vasos de gerânios vermelhos para que a pequena possa regá-lo com um pouco de água.

Um pequeno pardal marrom pousa no parapeito da sacada e eles ficam observando o pássaro, fascinados. É tão difícil avistar uma ave dentro dos muros do gueto. Korczak pensa nos pardais que costumavam se juntar na janela do seu quarto, no sótão da casa na rua Krochmalna, tão rápidos que mal os via, as migalhas que levavam no bico parecendo levitar como que por encanto. Ambos prendem a respiração para não espantar o pardal, que rodeia a flor e desaparece.

Korczak volta a colocar o gerânio no parapeito da janela. Junto ao muro, ele vê um guarda parado de pernas afastadas, segurando um rifle na mão. É um dos novos, de uniforme preto e amarelo. O jovem olha para cima e fita Korczak com um olhar hostil. O médico sorri para o soldado. Mesmo agora, recusa-se a odiar, a se tornar como eles.

No salão, eles se juntam às outras crianças, de pé em volta das mesas enquanto Stefa agradece à refeição, e depois se acomodam para comer entre o ruído sincopado de cadeiras e conversas.

Halinka se pergunta quando voltará a ver Erwin. Agora, ele passa quase todas as noites fora do gueto com outros dois meninos, para trazer pão ao orfanato. Ela enche a caneca de Szymonek com um leite que é pura água. Szymonek bebe tudo num gole e põe a caneca na mesa, exibindo um fino bigode transparente no lábio superior. As outras crianças riem e Szymonek limpa a boca, feliz com a sua graça.

Sara arruma a fita do cabelo. Halinka ajuda a apertá-la, mas ela está sempre caindo. Ao lado do prato de Sara, está uma bonequinha de plástico dura. Sara gosta de sussurrar segredos no ouvido dela quando acha que ninguém está vendo.

Do outro lado da mesa, Aronek está explicando a um menino novo que ali todos ajudam com as tarefas, não só as meninas. Abrasha cantarola baixinho uma melodia que ele está compondo. Diz que vai chamar "O Vento nas Árvores". Halinka acha que é bonita e sempre que a ouve imagina os choupos na margem do rio, verde e prateado, correndo através das folhas, que mais parecem água ao sol.

O som de um apito. Halinka pula de susto e ao olhar para cima vê um oficial alemão de chapéu em forma de sela e botas de montaria na entrada do salão. Ouve-se outro toque e o homem grita:

– Todos os judeus, lá para fora! *Alle Juden raus*!

As crianças pararam de conversar. Olham para Korczak e Stefa em busca de uma explicação. Lá fora na rua um cachorro está latindo.

Korczak não compreende o que vê. Ele e Stefa trocam um olhar cheio de tristeza e choque e a firme determinação de proteger as crianças da melhor forma que puderem agora. Chegou o momento terrível que nunca acreditaram que pudesse acontecer.

Ele se dirige apressadamente ao oficial. Tudo depende de conseguir acalmar os ânimos. Já viu o que acontece quando a violência irrompe entre os guardas, pessoas atiradas pelas janelas... De perto, o oficial cheira a sabão de barbear e à naftalina que os alemães usam nos uniformes.

– Por favor, gritar só torna a situação mais difícil – ele diz ao oficial. – Se me der tempo para falar com as crianças, para acalmá-las, e para juntar as coisas delas, vamos todos lá para fora em silêncio.

– Vocês têm quinze minutos. Mas primeiro quero uma lista dos nomes das crianças e de todos os funcionários.

Do outro lado do salão, Stefa bate palmas.

– Vamos fazer uma viagem hoje, para fora do gueto. Por isso, temos de nos preparar depressa. Calcem os sapatos. Os professores dirão o que precisam levar nas suas mochilas.

– Mas Pani Stefa, ainda não terminamos o café da manhã – diz Szymonek.

– Vá agora, Szymonek.

Assustadas com o tom urgente na voz de Stefa, as crianças se levantam da mesa deixando os copos de leite pela metade, o pão sem comer.

Korczak volta a entrar. Os olhos de Stefa procuram os dele, esperançosos, mas o professor abana a cabeça de forma quase imperceptível.

– Sinto muito, Stefa – diz ele, pegando nas mãos dela.

– Ah, meu querido amigo – diz ela.

Korczak aperta as mãos dela uma última vez e eles se separam, apressando-se a preparar as crianças com toda a calma possível.

O mais rápido que podem, os professores enchem os cantis de metal com água. Mas os guardas alemães esperam na porta e as primeiras crianças já começam a correr para o pátio. Abrasha leva o seu violino, Halinka o sabonete que Erwin lhe deu, Sara tem a boneca de plástico. Aronek pega o cartão postal que Korczak lhe deu por ter acordado na hora certa durante uma semana inteira.

Szymonek escolheu um livro.

Eles saem e, sob o sol da manhã, formam uma fila, de quatro em quatro, as meninas com os seus aventais azuis-marinhos por cima dos vestidos de verão e fitas no cabelo, os rapazes de calções e camisas de manga curta.

Guardas de uniformes pretos abrem o portão dos fundos, para a rua Sliska. Na frente da fila, Korczak pega no colo a pequena Romcia, de 5 anos, a filha de Rosa, a cozinheira. Szymonek segue do outro lado, de mão dada com ele. Como sempre, Korczak não usa a braçadeira obrigatória.

O guarda dá a ordem para saírem pelo portão. Korczak olha para Stefa e as outras crianças atrás de si. Vê os jovens adolescentes ajudando as crianças menores, Abrasha ao lado de Aronek e Zygmus, Halinka com Sara, que segura a boneca ao sol.

As crianças saem do edifício em formação, quatro a quatro: Gienia, Ewa, Jakub e Mietek; Leon, Abus, Meishe e Hanka; Sami, Hella, Mendelek e Jerzyk; Chaimek, Adek, Leon e a pequena Hanna. Duzentas e trinta e nove crianças, uma dezena de professores, muitos dos quais criados no orfanato.

Nos prédios ao redor, todos foram obrigados a sair para a calçada, atrás das filas de soldados armados enquanto a ação ocorre. Ninguém ainda sabe quais dos edifícios serão evacuados. Quando veem as crianças passando, ouve-se um ofegar coletivo.

As crianças seguem pela rua Sliska e atravessam o gueto sob o sol, na direção da ponte sobre a rua Chlodna.

– Vamos brincar no jardim da igreja? – pergunta Sara a Halinka, cheia de entusiasmo.

– Acho que não. – Halinka visualiza o minúsculo jardim atrás dos arcos ao lado da igreja, na Praça Grzybowski, onde brincaram uma ou duas vezes antes de se tornar perigoso de mais sair à rua. Quem lhe dera estar lá agora, deitada na grama, à sombra, vendo as rosas vermelhas ao sabor da brisa quente.

Sara se queixa do calor. Halinka destampa o cantil e Sara toma um gole de água.

Na rua Chlodna, as crianças sobem ruidosamente os degraus da ponte de madeira rumo ao céu azul, os passos mais leves do que a marcha habitual dos adultos que todos os dias atravessam a ponte. As pessoas no viaduto ariano murado de ambos os lados seguem com o olhar o fluxo de crianças passando sobre suas cabeças rumo ao azul do céu. Atrás delas, seguem grupos de crianças retiradas de outras escolas e orfanatos, em filas de quatro.

No grande gueto, os alemães deram ordens para que os residentes de certas ruas permaneçam dentro de casa. Há boatos de que se aproxima algo impensável até para os padrões do gueto, mas ninguém sabe do que se trata.

Quando Korczak e as crianças chegam, ninguém quer acreditar no que vê. O gueto nunca assistiu a tamanho horror. As pessoas se juntam às janelas ou ficam imóveis nas ruas, dizendo umas às outras, horrorizadas:

– Pegaram as crianças. Estão levando Korczak e as crianças.

E atrás das crianças de Korczak seguem centenas, milhares de outras crianças.

Korczak caminha de cabeça erguida, num protesto silencioso, uma luz contra as trevas.

*

As andorinhas guincham como unhas arranhando o vidro e rasgam o céu como flechas negras. O calor é forte agora. As crianças andam devagar, uma fila interminável ao longo da rua Zamenhofa.

É uma procissão de milhares de crianças percorrendo a pé os três quilômetros até a Umschlagplatz. Não se ouvem vozes nem choro, apenas os passos suaves de pés que ainda estão crescendo, descalços, de sandálias, sapatilhas de pano ou tamancos de madeira, arrastando-se, exaustas, numa marcha que parece não ter fim enquanto o coração do gueto se parte.

A marcha das crianças deixa atrás de si uma nuvem negra no céu. Por fim, o gueto entende o que os alemães pretendem. Se são capazes de levar crianças, é sinal de que vão levar todo mundo.

No pequeno apartamento que Lutek lhes arranjou no final da rua Zamenhofa, Sophia está sentada com Marianek no colo, enquanto o menino bebe uma caneca de água. A criança está agitada e não larga a tia. Ele não gosta daquela nova casa, que não conhece, e quer ver o vovô e a vovó. Apesar da janela aberta, o cômodo continua quente e abafado. Com apenas 4 anos, ele é muito pequeno para ter lembranças de parques com sombras verdejantes ou de chapinhar na água nas praias de areia branca das margens do rio.

Pela manhã, tudo está muito silencioso, pois as pessoas foram orientadas a não sair de casa. Paira no ar a sensação de que algo está prestes a acontecer. Só se ouve as andorinhas soltando seus gritos no céu azul. Nesse instante, porém, algo chama a atenção de Sophia. Um som diferente, distante, de passos leves como uma chuva fina. Ela olha para a janela, intrigada com o ruído que vai aumentando de volume. Se fosse uma seleção, haveria gritos, tiros e caminhões.

Ela vai até a janela. Soldados ucranianos estão postados ao longo da rua. Vê-se uma procissão de crianças subindo a rua Zamenhofa em direção à Umschlagplatz. Ela vê Korczak na frente. As crianças do orfanato. Vão levá-las para os trens.

Sophia mal consegue respirar. O coração tão acelerado que ela tem a impressão de que vai morrer. Estão levando as crianças.

Ela percebe logo que Misha não está na procissão. Ele é sempre o mais alto na multidão, mas ela vê Stefa. E todas as crianças. Lágrimas escorrem pelo seu rosto, que está coberto de suor. Ela agarra o peitoril da janela e grita, mas eles não podem ouvi-la por cima do barulho de tantos passos nas ruas calçadas, amplificado pelas paredes das casas.

Ela se debruça para fora da janela, para não perdê-los de vista, mas alguns instantes depois não consegue mais vê-los. Através de uma cortina de lágrimas, ela assiste à longa procissão de crianças que seguem atrás deles. Centenas. Milhares. Ela se deixa cair de joelhos no chão, apertando nos braços o filho de Sabina. A visão das crianças deixando o gueto está gravada na sua alma.

Por todo o gueto, as pessoas assistem, imóveis, ao desenrolar deste crime. Todos ali conhecem Korczak e sabem tudo o que ele representa: justiça, bondade, retidão e amor. É uma vela acesa na escuridão, o raio de sol que faz sorrir o gueto. Todos sabem como ele e Stefa amam a grande família do orfanato.

É uma marcha silenciosa de protesto, escoltada pelos soldados ucranianos que, solenes como uma guarda de honra, pela primeira vez não gritam nem espancam seus prisioneiros.

É quase meio-dia e faz muito calor. Korczak tropeça de vez em quando, de ombros curvados. As crianças começam a se desgarrar do grupo, exaustas e sedentas.

Da parte mais alta da rua Dzika, Halinka avista um portão de arame farpado. Ela aperta a mão de Sara ao passarem pelos guardas alemães, na direção de um grande pátio de terra batida. O calor intenso faz o lugar cheirar mal. Há muros de tijolos com arame farpado de três dos lados e do outro fica o grande edifício quadrado da escola.

É agora meio-dia e o sol está a pino, mas não há uma única árvore no local. Os soldados ucranianos permanecem imóveis em plena luz do sol, segurando as armas como se mal sustentassem seu peso.

Um guarda manda Korczak e as crianças esperarem junto a um dos muros, perto de um portão. Há uma faixa de sombra onde Stefa acomoda as crianças menores. Diz para que bebam apenas um golinho de água por vez, para que a água dos cantis possa durar mais tempo.

Halinka não gosta daquele lugar, mas Pan Doutor e Pani Stefa estão lá com eles, andando devagar por entre as crianças para tranquilizá-las. Ela observa outras crianças entrando em fila pelos portões e se sentando na terra dura. Nunca tinha visto tantas crianças juntas.

Ali perto, Aronek e Abrasha estão agachados no chão. Aronek puxou a pala do boné por cima dos olhos. Abrasha está afinando as cordas do violino. Arrisca tocar algumas notas de uma melodia, mas está calor demais para tocar.

Korczak observa o céu sem nuvens de olhos semicerrados.

– Stefa, as crianças só têm roupas de verão. Eu não disse a elas para trazerem casacos. Um céu limpo como este é sinal de que vai esfriar à noite.

– Eu dei cobertores para as meninas trazerem. Não se preocupe. Quero é que se sente e beba um pouco de água.

– Eu devia ter pensado melhor. Se nos levarem para o leste, para a Rússia, vamos precisar de roupas quentes.

Ela passar o cantil de água para ele e Korczak bebe um pouco.

– Vamos ver o campo hoje, Pan Doutor? – pergunta Szymonek.

– Talvez sim. Talvez vejamos árvores e campos.

Um homem com um jaleco branco de médico se aproxima dele. Korczak o reconhece do Conselho Judaico. Nachum Remba.

Ele se levanta com dificuldade.

– Remba, o que faz aqui? E por que está vestido de médico?

O rosto normalmente agradável de Remba tem uma expressão séria.

– Montei um posto médico do lado de fora do portão e aviso os soldados da SS quando chegam pessoas que parecem doentes demais para viajar. Quando estão dentro da tenda, conferimos se estão de fato muito doentes, colocamos algumas bandagens e voltamos a levá-las para o gueto durante a noite. Mas, dr. Korczak – ele baixa a voz, olhando ao redor para os guardas –, o senhor não devia estar aqui. Venha comigo. Precisa ir agora mesmo aos escritórios do Conselho Judaico obter uma dispensa. Eu arranjo uma maneira de fazê-lo sair daqui.

Korczak olha para os seus pupilos exaustos.

– Mas e as crianças? Consegue tirá-las daqui?

– Sinto muito, dr. Korczak, nunca vão deixá-lo tirá-las daqui.

– Não posso ir sem as minhas crianças.

– Mas, pelo menos, poderia arranjar uma dispensa para si mesmo. Precisa pensar em se salvar.

Korczak estuda o rosto de Remba. Ele sabe que seria uma viagem terrível para as crianças, que elas seriam enviadas para algum lugar com péssimas condições, um campo de trabalho para adultos, talvez, mas agora ele vê que é muito pior do que isso. Remba sabe que não há esperança. À medida que começa a compreender a real situação, Korczak fica sem palavras, o abismo que os espera refletido no olhar vazio de Remba. Agora é tarde para fazer qualquer coisa que seja, o mundo começa a se esfacelar diante dos seus olhos.

Visivelmente abatido, Korczak balança lenta, mas resolutamente a cabeça.

– Obrigado, meu amigo, mas você sabe que vou ficar com as crianças. Ninguém sabe para onde vão enviá-las. Não se deixa uma criança enfrentar sozinha a escuridão.

O antigo entreposto de gado está lotado. Os guardas abrem os portões para um segundo pátio. Um deles se aproxima e diz a Korczak e às crianças para se levantarem e fazerem fila novamente. Remba é empurrado para trás e fica ali observando, horrorizado e com lágrimas escorrendo pelas faces, as crianças cruzando o portão para a plataforma ferroviária.

Do outro lado do entreposto de gado, há um ruído alto de gritos, pais e familiares desesperados chorando e chamando pelas suas crianças, agarrados às grades do portão. Os guardas os afastam com violência e disparam tiros para cima quando eles começam a empurrar o portão.

Erwin conseguiu abrir caminho até a frente da multidão. Assim que voltou à noite, depois dos seus contrabandos, e ouviu a notícia, correu o mais depressa que podia, com os pulmões estourando, para se juntar aos outros na Umschlagplatz. Por entre uma massa de braços se agitando no ar, ele vê Korczak do outro lado do pátio, Halinka, Abrasha e todos os outros.

– Deixem-me passar! – grita ele. – Tenho de ir aonde eles estão. Aquele homem é meu pai. É o meu pai!

Mas o guarda não o deixa passar. Ninguém sai e ninguém entra.

A seguir, ele vê Korczak e os outros se levantando. Começam a seguir para o próximo pátio. Erwin grita mais uma vez:

– Tenho que ir com eles. Aquele é o meu pai!

As lágrimas escorrem pelo rosto dele, mas ele não pode fazer nada a não ser assistir enquanto desaparecem do outro lado do portão.

Os membros da polícia judaica que aguardam junto dos trens se viram e veem Korczak e as crianças andando na direção deles.

Aronek e os outros meninos olham com curiosidade para a locomotiva negra coberta de fuligem, as rodas enormes, mais altas do que uma criança. Atrás dela, estende-se uma sucessão de antigos vagões de madeira para levar o gado, pintados de vermelho-sangue. As portas estão escancaradas e as rampas de madeira estreitas descem até a plataforma suja.

Stefa entra no primeiro vagão e se detém na porta enquanto crianças de aventais e fitas no cabelo sobem a rampa, cada uma com uma boneca, um livro ou um brinquedo. Desta vez, para variar, a polícia judaica não está gritando para as pessoas se apressarem e batendo nelas com cassetetes. Assistem a tudo pálidos e aturdidos, e de vez em quando ajudam uma das crianças a subir a rampa.

Quando o vagão de Stefa está cheio, ela lança a Korczak um olhar triste e demorado. Em seguida, o guarda alemão fecha a porta com um baque e fecha o ferrolho.

Korczak sobe no vagão seguinte com as outras crianças. O cheiro penetrante de cal e cloro pega no fundo da sua garganta. Não há nenhum balde para os dejetos. Há uma janela minúscula bem no alto, vedada com arame farpado.

Quando todas as crianças entraram, a porta é fechada com força.

De vagão em vagão, aos poucos o trem vai se enchendo de crianças das escolas e dos orfanatos do gueto. O guarda registra na porta o número de pessoas em cada vagão. Os trens se põem em movimento à medida que vão se enchendo.

No total, cerca de quatro mil crianças deixam o gueto naquele dia.

No trem fétido e abafado, é difícil respirar. Korczak começa a contar uma história para acalmar as crianças, sabendo que, se permanecer calmo, elas também ficarão. As crianças, algumas delas chorando, se calam ao ouvi-lo, enquanto o trem atravessa o Vístula, passando atrás do quartel onde Misha e os meninos estão trabalhando.

Não há espaço para se sentarem, embora a polícia não tenha superlotado os vagões das crianças como de costume. Korczak se dá conta de que devem ter chegado à estação de Malkinia, no meio da floresta. Quando ainda era estudante, costumava passar por ali com crianças a caminho da colônia de férias. O trem para. Não passa ar pela janelinha minúscula. As crianças mal se aguentam em pé com o calor. O cloro no ar é tóxico. Um trem militar passa a toda a velocidade, sacudindo o vagão. Um pouco depois, os vagões pegam velocidade e retomam a viagem. Semiconsciente, Korczak se dá conta de que viraram à direita, pegando um entroncamento que não se lembrava de existir.

O trem passa por uma placa, uma vila chamada Treblinka, algumas cabanas com telhados de alcatrão, ocupadas por lavradores pobres que plantam batatas e mandaram as mulheres para casa de familiares assim que os soldados ucranianos chegaram.

Os habitantes da aldeia não podem ver o que há dentro do campo fortemente patrulhado nas entranhas da floresta, mas sentem um fedor estranho de podridão e carne queimada.

O trem passa por uma trilha entre as árvores, cujos galhos roçam na ripa estreita da janela. Algum tempo depois, as folhas de pinheiros desaparecem, o trem para e as portas se abrem no meio de uma cacofonia de gritos em alemão e polonês.

Em Treblinka, não há dormitórios para os trabalhadores. Trata-se de um lugar minúsculo entre os pinheiros, dominado por um cheiro enjoativo que faz arrepiar os pelos da nuca.

Milhares chegam todos os dias. Ninguém sai. Sedentos e sufocados com o calor, os passageiros que sobreviveram à viagem desembarcam. Uma passagem estreita entre cercas de arame farpado conduz a chuveiros onde monóxido de carbono é bombeado através dos bocais. No espaço de duas horas, todos que saem do trem em Treblinka estão mortos.

Mas no gueto de Varsóvia ninguém sabe disto. Ainda ninguém escapou para voltar e dizer ao povo o que Treblinka significa.

Capítulo Trinta e Oito

VARSÓVIA, 5 DE AGOSTO DE 1942

Só aos olhos de Deus é que a flor da macieira vale tanto quanto a maçã.

Janusz Korczak

Mais tarde naquele dia, Misha e os meninos voltam para o gueto com a sua esfarrapada equipe de trabalho. No compartimento secreto da sacola, debaixo das ferramentas, Misha transporta um pãozinho de canela para o aniversário de Sophia. Vai levá-lo ao anoitecer.

Mas, enquanto espera no portão até que o guarda termine de inspecionar os homens, Misha repara que as ruas estão desertas. Os agentes da polícia judaica conversam em voz baixa, com uma expressão horrorizada. Algo aconteceu.

Quando passa por um deles, Misha pergunta qual o problema.

– Por Deus, você ainda não sabe? Levaram Korczak e as crianças.

– O quê? Levaram todos do orfanato?

– Para os trens. Já se foram.

– Você viu isso?

– Eu não vi, mas todo mundo sabe.

O gueto está sempre cheio de boatos. Misha balança a cabeça, incrédulo. O homem deve estar enganado. Os garotos também já ouviram a história e olham para ele, em busca de confirmação.

Só há um jeito de saber se as crianças ainda estão no gueto.

Misha dispara pelas ruas com os meninos atrás dele, os pulmões ardendo com o esforço. Atravessa a ponte de madeira correndo, a Grzybowski, a rua Sienna. O Café de Tatiana está fechado. As portas duplas do prédio estão abertas. Ele sobe os degraus de dois em dois até ao salão principal.

Silêncio. Tudo está coberto de penas, como se tivesse nevado ali dentro. Saqueadores passaram por ali e rasgaram os travesseiros. Levaram o que havia no armário dos tesouros das crianças, e há botões e pedrinhas espalhados pelas tábuas do assoalho. No palco, as mesas ainda estão postas para o café da manhã, as canecas de leite pela metade, o pão abandonado nos pratos.

Nenhuma criança. Pani Stefa não apareceu para ver o que conseguiram trazer desta vez.

Os meninos sobem até ao salão de baile. Misha pode ouvi-los chamar enquanto passa no escritório que fica a um lado e que também serve de enfermaria. Ainda espera encontrar algum indício de que Korczak e as crianças se encontram em algum lugar ali perto, uma mudança temporária enquanto aguardam uma inspeção.

É então que ele vê os óculos de Pan Doutor caídos no chão, uma das lentes rachada. Korczak nunca iria a lugar nenhum sem seus óculos, detesta não tê-los por perto para ler, e é frequente vê-lo fazendo anotações no seu caderno com um olhar pensativo. Misha sabe nesse momento que não voltarão. Começa a chorar em silêncio e surge em seus olhos uma expressão de dor que nunca mais o deixará, que estará presente em cada um dos seus pensamentos.

Ele vê uma folha de papel na máquina de escrever, datada daquela manhã.

Estou regando as flores. Minha careca diante da janela. Que alvo esplêndido.

O soldado perto da parede, lá em baixo, tem um rifle. *Por que ele está ali, olhando calmamente? Não tem ordens para atirar. Talvez na vida civil fosse professor, ou advogado, ou varredor de rua em Leipzig. Um garçom em Colônia? O que ele faria se eu acenasse, num gesto amigável? Talvez nem saiba que as coisas são... bem, como são. Pode ter chegado ontem apenas, vindo de muito longe...*

Não faz parte da minha natureza odiar.

Com lágrimas escorrendo pelo rosto, Misha retira a folha da máquina e reúne o resto das folhas espalhadas pelo chão. O diário do Pan Doutor. Ele as coloca dentro de uma maleta juntamente com os cadernos que o professor enchia com anotações sobre as crianças. Ele guarda também os óculos quebrados e fecha a maleta.

Os três garotos entram, tão assustados e perdidos quanto estavam aos 8 anos de idade, quando chegaram ao orfanato.

– Não há ninguém lá em cima?

– Não.

Verificam os cômodos dos fundos. A mesma desordem e sinais de pessoas saindo às pressas, de saqueadores revirando tudo.

Um clima de desastre paira no edifício, como um deslizamento de terras que ameaça se repetir, uma ponte prestes a desabar.

– Eles logo voltam para evacuar a área. Precisamos sair daqui – diz ele aos meninos.

Eles voltam para a ponte da rua Chlodna.

Misha quer desesperadamente ir até Sophia, mas seria perigoso para ela aparecer lá tão tarde, além de ser arriscado para os meninos também. Faltam poucos minutos para o toque de recolher, e não há tempo para correr mais de um quilômetro até o apartamento dela e voltar.

Será que ela ainda está no apartamento? Estará segura?

Uma coisa é certa. Eles se iludiram ao pensar que alguém poderia ter um futuro no gueto. Que espécie de campo no leste precisa de crianças para trabalhar? Yitzhak tinha razão. O gueto está sendo extinto.

Ele tem de tirar Sophia dali, e depressa.

De manhã bem cedo, Misha e os garotos se apresentam para o trabalho como de costume, no Portão Krasinskish. Passam o dia trabalhando no quartel, ouvindo os trens passarem, em marcha lenta.

No dia anterior, os vagões de gado com as crianças, Korczak, Stefa e todos os funcionários do orfanato passaram ali bem perto de onde ele e os meninos estavam trabalhando.

Tão logo voltam, no final da tarde, Misha corre para o apartamento de Sophia, na rua Zamenhofa.

E se ela não estiver lá?

Sophia abre a porta. Ficam abraçados em silêncio, com Krystyna nas sombras, no fundo do cômodo, embalando o sobrinho.

– Eu os vi. Eu os vi passar – diz Sophia. – Passaram aqui embaixo da janela. Não sabia se você estava lá também.

Krystyna se aproxima.

– Então, eles levaram mesmo todos?

Misha sinaliza que sim com a cabeça, o rosto crivado de dor.

– Mas por quê? São crianças.

– Parece que pretendem levar todos nós. Sophia, Krystyna, temos que fugir do gueto – diz ele.

Sophia concorda.

– Sim, sim. Mas como? É tão perigoso fora do gueto quanto aqui dentro. A menos que tenhamos muito dinheiro, os chantagistas...

– Temos de encontrar uma maneira. Mas você tem razão, vamos precisar de dinheiro, e muito. E temos que decidir como vamos tirar vocês daqui.

– Sei de um policial no tribunal que aceita subornos – diz Krystyna. – Posso descobrir o nome dele com alguém lá no Café da Tatiana.

Misha concorda.

– Sim, sair pelo tribunal é a melhor estratégia para vocês duas.

Por uma soma considerável, há uma maneira de sair pelo outro lado para a cidade, entrando pelo tribunal, o único edifício no gueto colado aos muros.

Sophia se posta diante do marido.

– Como assim, a melhor estratégia para nós? Mas não vamos juntos?

Misha pega na mão dela.

– Seria arriscado demais. Você e Krystyna passam muito bem por polonesas. Olhe para você. – Ele afasta do rosto dela uma mecha de cabelo dourado. – Acho que o seu marido era um oficial polonês. Foi abatido em combate, lutando pela Polônia.

Lágrimas brotam nos olhos de Sophia.

– Não, Misha.

– Querida, é mais seguro assim.

Ela começa a chorar e a balançar a cabeça.

– Vamos precisar de tudo que temos agora para tirar vocês daqui bem depressa com Marianek. Quando eu tiver o suficiente para pagar os meus documentos, volto para Lvov. Vou ser operário na Bielorrússia. Arranjo trabalho, procuro passar despercebido lá... Assim que for seguro, vou procurar você.

– Não, Misha. Sem você eu não vou.

– Querida, você precisa ir. Sabe que, se eu for com vocês, ponho Marianek em perigo. É melhor assim.

– Misha está certo. Não temos escolha, Sophia. Sinto muito... – acrescenta Krystyna.

– Eu prometo. Vou procurá-la assim que puder. Mas primeiro vamos precisar de documentos. Temos de arranjar documentos que não deixem dúvidas.

– O professor Kotarbinski – sugere Sophia, desanimada. – Se conseguirmos mandar uma mensagem para ele. Ele tem me enviado livros para eu poder continuar os meus estudos. Talvez possa nos ajudar a arranjar um nome polonês para eu conseguir obter documentos e talvez até mesmo um lugar para ficarmos.

No dia seguinte, quando Misha vai correndo ao apartamento de Sophia depois do trabalho, ele encontra um amigo com notícias que caem como um raio. O rapaz conta que um grupo clandestino mandou para fora do gueto um rapaz louro chamado Zalmen Frydrych para que ele seguisse os trens até a estação de Malkinia e descobrisse para onde estão indo.

Lá, os aldeões levaram Zalmen à presença de dois homens que estavam escondidos, depois de ter fugido de Treblinka. No dia anterior, tinham aparecido na praça da aldeia nus e machucados, com uma história angustiante. Quando os trens chegam, as pessoas são conduzidas pelos portões à base de chicotadas e mandam que se dispam para tomar banho antes de seguir viagem para o campo de trabalho permanente, mas uma vez dentro dos blocos de chuveiros, são asfixiadas com monóxido de carbono. Uma morte lenta, de mais de vinte minutos.

Os corpos são colocados numa pilha de cadáveres, à espera de ser enterrados em extensas valas comuns. Por cima da cerca, é possível ver pilhas de malas e pertences numa área de triagem.

– Todos que entram nos trens nunca mais são vistos – diz ele a Misha.

Misha volta para junto de Sophia, cambaleando sob o peso do que acabou de saber. As más notícias terão de passar dos lábios dele para os ouvidos dela, incinerando o ar, abrasando todos que as ouvem. Ele corre, as lágrimas toldando sua visão. Agora, mais do que nunca, ele tem que tirar Sophia dali.

Capítulo Trinta e Nove

VARSÓVIA, AGOSTO DE 1942

O que eu estou vivendo aconteceu. É fato.

Vocês beberam e beberam muito, senhores oficiais, saborearam até saciar sua sede – um brinde ao sangue que derramaram – e dançando fizeram tilintar as suas medalhas, celebrando a infâmia que não viram, ou melhor, que fingiram não ver.

Janusz Korczak

Enfim chega a resposta de Kotarbinski, por meio do policial que subornaram. Sophia abre o envelope. Dentro estão os detalhes de uma certidão de nascimento de uma polonesa católica, Zofia Dabrowa, nascida em 1920. Ela agora tem o nome de uma cidadã polonesa na faixa etária certa. Com essas informações, Sophia pode agora ir à igreja pedir uma segunda via do documento, dizendo que perdeu os documentos durante os bombardeios.

Reunindo toda a sua coragem, Sophia e Krystyna voltam ao pequeno gueto para falar com o padre Godlewski, na Igreja de

Todos os Santos. É assustador atravessar a Praça Grzybowski deserta e entrar na igreja sombria e danificada pelas bombas. Sombras enchem as fileiras de arcos abobadados. Há uma vela acesa na outra extremidade da igreja. O padre está na sacristia.

– Perdi a minha certidão de nascimento durante os bombardeios – diz Sophia ao padre Godlewski. Agradeceria muito se pudesse fazer uma cópia do registro...

Ele abre o registro da paróquia como se acreditasse piamente na história dela. Enquanto percorre a lista de nomes em busca de uma Zofia Dabrowa, empurra discretamente o registro na direção das moças para que possam ver bem as páginas. Ele vira as páginas bem devagar, ciente de que Krystyna está procurando nomes semelhantes ao seu e com uma data de nascimento aproximada, para também ela poder solicitar uma segunda via da certidão de nascimento ariana que supostamente perdeu.

Krystyna localiza um nome.

– E eu me chamo Krystyna Kolvalska – diz ela rápido. – Posso pedir que emita uma segunda via para mim também?

O padre concorda e continua a ler nomes em voz alta, como se estivesse falando consigo mesmo. Ele está oferecendo a elas mais nomes para que passem a outras moças, de modo que também elas possam obter certidões arianas.

Sophia observa o padre fazendo uma nova certidão de nascimento com uma sensação de tontura, como se o chão se movesse à medida que Sophia Rozental Wasserman, nascida em 1918, se torna Zofia Dabrowa, nascida em 1920.

– Então agora sou dois anos mais nova – diz ela à irmã ao saírem da igreja. – Acabei de perder dois anos inteiros da minha vida.

O pequeno gueto está vazio, há uma ordem para evacuarem a zona até o dia dez. Elas ficam por alguns instantes na área bombardeada ao lado da igreja, onde antes ficava o bloco de apartamentos em que moravam com a família, seu lar. Ansiando ver algo familiar, decidem atravessar a praça deserta e o silêncio inquietante para visitar a pequena Sinagoga Nozyk uma última vez, em memória da linda irmã, no dia do casamento.

Paradas na esquina, elas veem que uma rampa de madeira foi colocada sobre os degraus brancos até as portas principais. Um soldado alemão conduz um cavalo para dentro. A sinagoga está sendo usada como estábulo. Sophia sente Krystyna a seu lado tremendo de raiva. Desejando que a irmã não tivesse visto o que acabou de ver, ela leva Krystyna rapidamente para longe.

Pouco depois, o professor Kotarbinski envia a Sophia informações sobre uma família polonesa disposta a esconder judeus, um casal católico de meia-idade, que vive em Kopyczynce, uma pequena aldeia rural ao leste, um local distante onde uma jovem viúva polonesa pode viver com o filho e a irmã sem levantar suspeitas.

É uma agonia para Lutek separar-se do filho, mas ele sabe que a sua aparência judaica colocaria Marianek em perigo. Para colocar sal na ferida, Bronek, o namorado de Krystyna, um rapaz louro e de olhos azuis, viajará com as moças boa parte do caminho. Quando se separarem, ele vai tentar chegar à Inglaterra, para se alistar na Royal Air Force.

De todo jeito, Misha e Lutek estão imensamente agradecidos ao rapaz. É um alívio saber que as irmãs terão alguma proteção durante a viagem.

– Obrigada, Bronek – diz Sophia. – Você vai fazer um grande desvio para chegar a Inglaterra.

– Ora, mas não podia ser de outra forma.

Sophia olha para ele sem compreender.

– Então, ainda não contou a eles, Krystyna?

– Bronek me pediu em casamento há algumas semanas e eu aceitei.

Sophia cai no choro.

– Não, não... – diz ela à irmã quando esta começa a lhe pedir desculpa. – Não estou triste. Estou feliz.

Sophia tem que tirar uma fotografia para a nova carteira de identidade, com uma cópia para o caso de haver algum problema. A revelação deixou a imagem superexposta. Sophia tem um ar pálido e sombrio. Ela oferece a cópia a Misha.

– Para me levar com você – diz a ele.

Misha morde o lábio ao guardar a fotografia na carteira. Quantos meses, quantos anos se passarão até que ele possa ter mais do que aquela pequena foto de Sophia? Ele a beija intensamente, sem querer se separar do seu corpo magro e macio.

O tribunal no final da rua Leszno é um edifício modernista, concebido em 1920 para representar o espírito de uma Polônia recém-independente. Vinte anos depois, ele está sob a jurisdição nazista, um limbo com um portal para o gueto e outro, no lado oposto, para a Varsóvia ariana.

Não é muito difícil subornar um guarda para deixar alguém passar para o outro lado. Só é preciso muito dinheiro, e mais dinheiro ainda para molhar outras mãos, os vigaristas poloneses que esperam do outro lado para atacar alguém de aspecto judeu que venha a descer as escadas do tribunal.

Vestindo as melhores roupas que conseguiram arranjar e com um pouco de batom para dar cor às maçãs do rosto, Sophia e Krystyna entram no tribunal do lado judeu com o filho de Sabina no meio delas, de mão dada com as tias. A bolsa de Krystyna contém um envelope marrom com todo o dinheiro que Misha e Lutek conseguiram arranjar.

Sophia sente uma onda de pânico ao entrar na atmosfera formal do átrio do tribunal, mas a mãozinha da criança na sua a enche de uma coragem inesgotável. Ela tem a sensação de percorrer quilômetros até a sala de espera do outro lado do edifício. As paredes nuas e uma janela alta deixam entrar os sons de uma manhã de verão numa rua de Varsóvia. O guarda não olha para as irmãs quando elas se sentam. Ele espera até que o homem à entrada saia e a seguir aproxima-se do banco onde as irmãs estão sentadas.

— Vocês têm alguma coisa para mim? — diz ele em voz baixa, com os olhos colados na porta.

Krystyna tira o envelope da bolsa. O guarda vira as costas e examina o conteúdo. Depois enfia o envelope dentro do casaco da farda e começa a se afastar em direção à porta. Sophia sente toda a esperança se esvair ao vê-lo se afastar com o dinheiro, mas nesse momento o homem olha para trás e faz sinal com a cabeça para que o sigam.

Reprimindo o impulso de descer correndo as escadas do tribunal, elas de repente se veem na rua. Aturdida, Sophia vê árvores não muito longe, galhos verdes atrás do muro de um jardim. No gueto, tudo o que era verde foi há muito comido ou usado como combustível. Krystyna faz menção de dar a mão à irmã, mas Sophia se afasta discretamente. É essencial agora que pareçam duas polonesas cumprindo seus afazeres, enquanto cobrem os poucos quilômetros que as separam da estação de Praga.

*

Nas primeiras noites, Sophia, Krystyna e Marianek ficam em casa de amigos de Kotarbinski, numa pequena aldeia a leste de Varsóvia. Krystyna, cada vez mais ansiosa, espera que Bronek se junte a elas, até que, em uma tarde, ele aparece na porta dos fundos, como combinado.

Eles embarcam num trem com destino a Tarnopol, na Ucrânia. Passam o tempo cochilando, jogando cartas ou cantando para Marianek. Sophia olha pela janela enquanto passam pelos milharais enevoados de outono. Está cada vez mais longe de Misha.

Na última aldeia antes de Kopyczynce, separam-se de Bronek. Ele viajará para o norte, rumo à Suécia, e de lá pretende chegar à Inglaterra. Ele procura algo dentro da mochila de lona e tira dali uma bolsa de couro. Ali dentro, está um pequeno canivete.

– Você carregou isso com você o tempo todo? – pergunta Krystyna.

– Eu gostaria de poder ir com vocês para protegê-la. Como não posso, ao menos leve isso.

O trem parte, deixando Bronek na plataforma. Krystyna acena para ele até deixar de vê-lo.

– Você acha que volto a vê-lo?

– Nunca deixe de acreditar nisso – responde Sophia.

Ela sente um nó apertado na garganta. Fecha os olhos e vê mais uma vez os olhos ternos e o sorriso suave de Misha quando se separaram, e também algo novo, que não estava lá antes, uma dor que deixa o olhar mais sombrio, a firme determinação de tirá-la do gueto.

Agora só lhe resta fazer tudo o que puder para sobreviver, cuidar dos outros, garantir que um dia voltará a ver o seu amado Misha.

Elas passaram horas memorizando o mapa rudimentar de Kopyczynce que lhes enviaram. Deixam a estação com ar de quem sabe para onde vão. Kopyczynce é uma pequena aldeia no meio da Ucrânia, com casinhas de madeira e cercas de estacas. As árvores já começaram a mudar de cor, o verde já fica amarelado.

– Você acha que ainda querem nos acolher, estas pessoas que nem sequer conhecemos? – diz Krystyna em voz baixa.

– Se são amigos do professor Kotarbinski, devem ser boas pessoas – responde Sophia, enjoada de tanta preocupação.

– E se não estiverem mais nesse endereço? O que será de nós?

No final de uma rua de casas de telhado baixo e pequenos jardins, elas veem uma casa comum, com um varal de roupa no jardim dos fundos. Há uma mulher de cabelo grisalho preso num coque, talvez uma professora aposentada, quem sabe, recolhendo lençóis.

Quando as vê, a mulher deixa o lençol cair dentro de uma cesta e vai até ao portão de cabeça baixa.

– Sophia?

Ela acena com cabeça em resposta.

– Estávamos esperando vocês. Devem estar cansadas.

E de repente elas não são mais judias. São refugiadas polonesas, católicas, que moram com parentes distantes, Josefa e Michal Wojciechowski.

É evidente que ninguém acredita que Sophia é uma viúva de guerra. Todos pensam que é mãe solteira, se escondendo com o filho escandalosamente ilegítimo, e Sophia deixa de bom grado que essa seja a sua história.

Os dias vão se passando, o inverno começa cedo. Novembro ainda mal começou e o frio já é intenso. As únicas notícias que Krystyna tem de Bronek são as que lê nos jornais, quando mencionam a RAF. Sophia também não tem como entrar em contato com Misha. Sabe que ele não pode escrever para ela sem correr o risco de comprometer o disfarce das irmãs.

À noite, ela fica acordada no escuro ouvindo o vento assobiar por entre os pinheiros, nas vastas florestas que circundam a aldeia, e tentando sentir alguma conexão com Misha, tentando receber algum sinal de que ele ainda está vivo.

Mas a verdade é que não tem como saber nem se ele conseguiu sair do gueto, que dirá se chegou vivo a Lvov.

Capítulo Quarenta

VARSÓVIA, NOVEMBRO DE 1942

Não posso dar a vocês uma Pátria, pois precisam encontrá-la no seu próprio coração.

Janusz Korczak

Misha caminha em formação para o trabalho no quartel sob um céu cor de ardósia. Debaixo da ponte, uma lama amarela turva as águas do rio, conferindo-lhes uma tonalidade cinzenta sob a luz fria. O vento cortante sopra do leste, atravessando seu casaco fino. Desde a partida de Sophia, Misha continuou a ir todos os dias ao encontro da equipe de trabalho junto ao portão perto dos Jardins Krasinskich, para atravessarem a cidade velha e a ponte até ao quartel militar em Praga.

Antes que as deportações cessassem, no final de setembro, tinham sido levadas para Treblinka trezentas mil pessoas. Entretanto, foram recebendo informações sobre o que estava acontecendo no campo de trabalho. No gueto, ninguém agora duvida que Treblinka é um local de extermínio em massa.

O gueto é um deserto de edifícios vazios, com ilhas de oficinas prisionais. Ainda há cerca de 35 mil judeus vivendo em fábricas sob a supervisão de guardas alemães. Lutek vive numa dessas fábricas. As condições são péssimas, com pouca comida e aquecimento.

Um número igual de judeus vive "em liberdade" – escondidos em sótãos ou porões, e só saem à noite para encontrar comida.

Misha se vira para contemplar a paisagem urbana da velha Varsóvia pela última vez. Não pensa em voltar enquanto não for um homem livre.

Finalmente conseguiu poupar dinheiro suficiente para uma passagem de trem e documentos falsos. O vento o atinge com uma rajada violenta, fazendo as folhas voarem ao redor de seus pés. É hora de partir.

Quando a tarde fica mais fria, Misha aperta o cachecol em volta do pescoço, dizendo aos outros que precisa ir se aliviar e vai até a um local mais tranquilo do quartel. Ele tira a braçadeira azul e branca, sai por um portão lateral e caminha pela rua rumo à estação. Procura manter um passo regular, a respiração cadenciada, sempre à espera de ouvir alguém chamá-lo de volta. Mas ninguém o chama. Chega ao fim da rua Onze de Novembro, aliviado, e vira na direção da estação, que não fica muito longe.

Uma mão agarra seu braço e o puxa para a entrada de um edifício. Um polonês baixo, com uma expressão meio envergonhada, meio rancorosa, olha para Misha.

– Está com pressa? Somos um pouco escuros para sermos poloneses. O que acha de vir comigo falar com um simpático policial alemão? Algo me diz que você não tem a mínima vontade de falar com ele. A menos que tenha alguma coisa para mim.

Misha controla o impulso de esmurrar o homem.

– O que quer?

– O que tiver aí. Se sabe o que é bom para você, vai me passar tudo que tem aí. – Ele pega o dinheiro da passagem de trem de Misha e o enfia dentro do casaco. A seguir puxa-o ainda mais para as sombras da entrada e o faz virar os bolsos do avesso, apalpa a bainha do casaco e os sapatos.

– E o relógio – diz o larápio.

Misha o encara com ódio.

– Você é mesmo uma escória, não é? – Ele entrega o relógio de bolso do pai. – Um dia você vai precisar de ajuda e então vai se lembrar do que fez hoje.

– Eu ajudo a mim mesmo, amigo – diz o patife num tom choroso.

A seguir ele espreita a rua e se afasta depressa, olhando por cima do ombro para ter a certeza de que não está sendo seguido.

A perda do relógio do pai dói muito, mas o grande problema agora é que não tem dinheiro para comprar a passagem para Lvov. O guarda já deve ter dado conta da ausência dele. Agora já não pode voltar ao gueto para tentar arranjar mais dinheiro sem levar um tiro. E em breve as ruas estarão vazias por causa do toque de recolher.

Ele está na rua, sem ter para onde ir, rodeado de gente que adoraria entregar um judeu.

Perto do quartel, fica a lojinha do casal polonês. Ele foi lá muitas vezes durante o trabalho para comprar pão e a senhora sempre fora muito gentil com ele, nunca se negara a lhe vender pão, embora fosse óbvio pela roupa esfarrapada que era um prisioneiro judeu do gueto.

Misha não tem ideia se ela estará preparada para se arriscar a ajudá-lo, mas não tem alternativa. Ele caminha de volta para pôr a vida nas mãos dela.

A loja está quase fechando, a anciã já está limpando as prateleiras. Ela se volta para dizer que estão fechando, mas, quando vê Misha à entrada, a expressão dela muda. Deixa-o entrar e fecha as persianas.

Misha fica de pé humildemente ao lado da caixa registradora apertando o boné nas mãos e conta sem fazer rodeios que fugiu da equipe de trabalho. Estava tentando chegar ao trem quando foi assaltado. Quem lhe dera não cheirar tão mal, ter um aspecto mais asseado. A senhora traz um lenço na cabeça num estilo camponês. O rosto dela não denuncia qualquer emoção; não é ingênua. É impossível perceber o que está pensando.

Por fim, com um gesto de cabeça, ela indica uma porta nos fundos.

– Vá ali para trás.

São pessoas boas. Ele recebe uma grande tigela de sopa de batata com pão e queijo caseiro. Misha, envergonhado, tenta não engolir tudo de uma vez enquanto o casal o observa. A comida desaparece num instante. Eles vão para um cômodo nos fundos e ele os ouve conversando. É uma longa discussão. Quando voltam, dizem que lhe emprestarão dinheiro para a passagem.

Naquela noite, ele dorme no sofazinho duro da sala do apartamento no andar de cima da loja e ouve as botas de uma patrulha que passa lá embaixo na rua.

De manhã bem cedo, antes de amanhecer, a mulher embrulha pão e salame para ele levar na viagem.

– Pago assim que puder – promete Misha.

A anciã passa a mão no rosto dele, com a barba por fazer.

– Quem sabe um dia. Agora vá e tenha cuidado. Deus o abençoe, menino.

Na esperança de que os malandros de Varsóvia ainda estejam todos dormindo, Misha caminha pelas ruas escuras de Praga até a estação e compra uma passagem para Lvov.

Sentado à janela num banco de madeira, com outros trabalhadores em trânsito, Misha vê desaparecer os subúrbios industriais de Praga. Sophia deve ter embarcado neste mesmo trem. Ele fecha os olhos, rezando para que esteja viva e segura em Kopyczynce.

– Hei de voltar a vê-la, meu amor – sussurra ele diante do sol pálido que se ergue acima do horizonte. – Fique bem, minha querida. Custe o que custar, eu vou vê-la novamente.

Em Lvov, Misha arranja trabalho num canteiro de obras. Algumas semanas depois, uma construtora alemã o requisitou para fazer reparos na estação ferroviária de Kiev. Ela tinha sofrido grandes danos durante os combates e a maioria dos prédios era agora um amontoado de tijolos molhados com as chuvas de novembro.

Durante todo o inverno, ele passa sem notícias de Sophia. Embora saiba o endereço dela, Misha não pode escrever por medo de colocá-la em perigo.

Capítulo Quarenta e Um

KIEV, JANEIRO DE 1943

No início de 1943, quando a neve de janeiro cobre o chão, chegam a Kiev notícias extraordinárias, passadas de boca em boca. A Gestapo entrou no gueto para deportar todos os judeus que ainda viviam fora das oficinas prisionais e um grupo de jovens resistiu, matando dezenas de alemães e obrigando-os a bater em retirada. Içaram uma bandeira judaica no gueto e outra, da Polônia, acima dos telhados para todos verem.

Misha presume que Yitzhak, Tosia e todos os outros da comuna da rua Dzielna se encontravam entre os resistentes. Quantos terão morrido tentando combater os alemães?

Ele também anseia pela chance de fazer alguma coisa para ajudar a acabar com aquela guerra. Quem dera ele pudesse encontrar uma maneira de se juntar ao Exército Vermelho para fazer a Wehrmacht retroceder até Berlim.

Três meses depois, o Comandante da SS Jürgen Stroop invade o gueto com um grande destacamento de soldados e tanques para dispersar os combatentes. O mundo está eletrizado com as notícias de que setecentos adolescentes estão conseguindo rechaçar o poderio do exército da Wehrmacht apenas com pistolas, granadas de mão e um par de metralhadoras.

Misha e os outros operários encontram uma forma de sintonizar a emissora de rádio livre polonesa e ouvir as mensagens do General Sikorski convocando todos os poloneses a seguir o exemplo de coragem dos combatentes do gueto e fazer tudo o que puderem para ajudá-los. Os judeus no gueto não estão apenas lutando pela sua liberdade, mas também pela libertação da Polônia e do resto da Europa.

A batalha continua por um mês, mas quarteirão a quarteirão o gueto é destruído, e os combatentes forçados a sair dos seus esconderijos subterrâneos por meio de gases e fumaça, executados ou levados para campos de concentração.

Não basta esvaziar o gueto judeu do seu povo. Todos os edifícios, à exceção dos poucos ocupados pela Gestapo, são dinamitados e incendiados, as ruínas demolidas. Não resta um único tijolo. Por fim, Jürgen Stroop envia um relatório selado a Hitler, repleto de provas fotográficas. O título é: "O Gueto de Varsóvia não existe mais".

Mesmo assim, os soldados alemães se recusam a patrulhar as ruínas do gueto depois do anoitecer. Temem os fantasmas judeus.

Em Kiev, Misha ouve as notícias da boca de um polonês que partiu de Varsóvia e que lhe descreve como os poloneses viram o gueto queimando, com gritos de horror e compaixão, sem nada poderem fazer para ajudar.

– E no entanto – ele acrescenta –, é com grande vergonha que admito que havia pessoas se divertindo no carrossel da feira de Páscoa, crianças nas suas roupas de domingo, voando pelos ares nos assentos dos brinquedos, rindo, como se não pudessem ver as nuvens de fumaça que subiam do outro lado dos muros.

– Mas, me diga, quantas pessoas você acha que restam no gueto agora?

O homem olha para ele, com um olhar de espanto.

– Não resta ninguém. O gueto acabou. Só restam prédios incendiados e entulho.

Misha se arrasta até a beira do rio e soluça na escuridão.

Capítulo Quarenta e Dois

KIEV, NOVEMBRO DE 1943

Talvez este anseio por verdade e justiça os conduza à Pátria, a Deus e ao Amor.

Não se esqueçam.

Janusz Korczak

Misha está em Kiev há um ano. Está vivendo sob a identidade de um polonês da Ucrânia. Como é fluente em ambas as línguas bem como tem olhos e cabelos castanho-claros e também estatura e constituição de um russo, ninguém imagina que possa ser judeu.

Numa sombria manhã de novembro, ele está reunido com outros trabalhadores em volta de um braseiro à beira da linha na estação de Kiev, uma pequena fortaleza de calor em meio à névoa gelada. Nas últimas semanas, o ribombar constante da artilharia russa na margem oposta do rio Dniepre anuncia a aproximação do exército soviético à medida que empurra a Wehrmacht para o oeste. Em retaliação, a Wehrmacht destruiu todas as pontes sobre o Dniepre à medida que recua, deixando o exército de Stalin estagnado na margem oposta, sem poder atravessar com seus tanques novos. Agora, no entanto, os russos estão construindo pontões. Em breve, cruzarão o rio em direção a Kiev.

– Pelo menos, quando os russos chegarem, já não teremos mais de suportar os alemães – diz Anton.

Kostya balança a cabeça, discordando.

– Você é ucraniano, idiota. O que acha que vai acontecer quando os russos chegarem? Não ouviu as notícias? Os russos estão recrutando todos os ucranianos que encontram, dando meio tijolo a cada um e colocando-os na linha de frente a fim de servirem de escudo para as balas alemãs. Acham que devíamos ter oferecido mais resistência aos alemães. Acham que somos todos colaboradores.

– Que diferença isso faz para nós, afinal? Os russos nos esmagam de um jeito, os alemães nos achatam de outro?

– Só estou avisando a você que não seja ucraniano quando os russos chegarem.

– Pelo menos, os judeus já eram. Hitler nos fez esse favor.

Misha derrama o resto do seu café nas brasas e volta ao trabalho. Não mostra nenhuma reação aos comentários do homem, mal sente raiva. O coração dele parece ter congelado durante o frio profundo do inverno.

Seis meses antes, a notícia da derrota do gueto foi como um golpe físico. Naquela noite, desabou na cama derrotado pela tristeza, sabendo que provavelmente os jovens da comuna da rua Dzielna estavam todos mortos.

Ele anseia por notícias de Sophia. Há um ano que não a vê nem tem notícias dela. Com os dedos dormentes do frio, tira da carteira a fotografia dela. A fome tornou o rosto dela frágil, como o de uma menina. Mas o olhar direto revela coragem e determinação. Os olhos ficaram muito claros, quase luminosos, a fotografia um pouco superexposta, em tons pálidos de cinza, como se a matéria física dela tivesse se transformado em luz. Ele não vê a hora de voltar a ver o preciso tom azul daqueles olhos. E como seria voltar a sentir nos braços o peso frágil dela? Ele se lembra da emoção, da sensação de chegar em casa, mas não se lembra da textura exata da pele de Sophia. Solitário numa Kiev cinzenta e taciturna, uma cidade fria de estranhos, ele espera e acredita que ela ainda esteja viva, assim como espera, contra todas as evidências, que a família em Pinsk tenha sobrevivido à expansão alemã para o leste. Não ouviu nada sobre o pai ou a irmã, apenas terríveis rumores de execuções em massa.

Há dias em que nem consegue distinguir o frio que sente nos membros do frio que tomou conta do seu coração. Bastaria parar, deixar o vento gelado penetrar um pouco mais e as suas preocupações teriam fim.

Mas Misha nunca cederá ao desespero e à depressão, não enquanto Sophia precisar dele. Ele tem de continuar a acreditar que ela ainda respira e está à espera dele.

Na manhã seguinte, ele está misturando cimento com uma pá no chão molhado quando olha para os trilhos que vão para o oeste, onde Sophia está escondida.

O boato segue de boca em boca. Quando os soviéticos chegarem, vão alistar os ucranianos como se fossem condenados e atirá-los sob as rodas do exército alemão. Eles também desconfiam de qualquer um que tenha vindo da Polônia, e o risco de ser detido e executado por espionagem antes de poder se explicar é bem real. Isso se sobreviver até lá. Dizem que o Exército Vermelho é o maior já visto. Esperar pelos bombardeios em Kiev é esperar pela morte.

Ele tem que deixar Kiev antes da chegada do Exército Vermelho.

Na manhã seguinte, ao acordar, vê as samambaias congeladas na janela, o ar da sua respiração se condensando enquanto se lava. Ele se agasalha e prepara uma mochila antes de partir para a estação. O busto partido de Lenin ainda está lá, meio torto em seu suporte. Abaixo dele, estão os cartazes nazistas feitos à mão com letras góticas, zombando do grande líder.

Misha caminha pela estação, um palácio branco onde a luz penetra no saguão através das janelas da catedral. Lá fora, ele segue para o pátio de manobras e faz um pequeno desvio para esconder a mochila nos arbustos atrás dos galpões de armazenamento.

Às onze horas, os outros operários fazem uma pausa para fumar um cigarro. Misha vai até os galpões, pega a mochila e prossegue até ao fim de uma das plataformas. Às onze e dez, chega um trem que vai para o oeste. Ele fica esperando. Quando o trem diminui a velocidade, Misha encontra um vagão vazio com a porta destrancada. Pula lá para dentro, oculto numa nuvem de vapor, e se senta num canto escuro.

Deve ter dormido por muito tempo, exausto e embalado pelo ritmo do trem, a cabeça apoiada na mochila. Quando acorda, o sol está se pondo e há uma faixa de luz vermelha passando entre as ripas da porta, brincando diante dos seus olhos. O trem desacelera e para.

Cautelosamente, ele abre um pouco a porta para ver lá fora. Inspira o perfume intenso de pomares ao crepúsculo, sente a neblina fria. Ele está numa pequena estação no meio do nada, uma paragem para carregar os produtos dos lavradores locais. Ele sai do vagão.

Com a chegada da noite, forma-se uma geada grossa nos pomares de inverno. As árvores baixas parecem flutuar no crepúsculo, algumas folhas cinzentas ainda se agarram aos galhos. Misha encontra um celeiro para passar a noite. Acorda com cãibras por causa do frio, come o pão que trouxe na mochila e segue adiante, através dos pomares de macieiras desfolhadas. O solo gelado estala sob os seus pés.

Na extremidade de um dos pomares, há uma cabana térrea de madeira, coberta de telhas, uma cerca de estacas e um quintal com couves verde-escuras. Misha vê uma mulher de lenço na cabeça rachando lenha. Ele a observa erguer o machado, cansada, e deixando-o cair, rachando a madeira. Os braços dela são finos demais para o peso da lâmina. Quando ela finalmente o vê parado do outro lado da cerca, a mulher segura o machado contra o peito, assustada, mas pronta para lutar. Deve ter em torno de 30 anos.

– Desculpe incomodá-la, senhora. Não quero lhe fazer nenhum mal. A senhora teria comida para me vender? Se não for problema, tenho como pagar.

A mulher continua segurando o machado contra o corpo. Depois de algum tempo olhando para ele, ela põe o machado no cepo e entra em casa.

Ela vende sopa e pão por um preço bem alto. E o obriga a ficar do lado de fora da cerca e faz perguntas, examinando-o com olhos desconfiados num rosto pálido e amarelado.

Ela mantém um cão sempre ao seu lado, que mais parece um lobo.

Depois de conversarem por algum tempo, o comportamento dela muda, ela relaxa. Ela decidiu confiar nele.

– Lamento ter sido tão dura – diz ela em ucraniano, a voz monótona e cansada. – Não se veem muitos homens por aqui agora. O meu marido foi morto pelos alemães. Se quiser trabalhar para mim na fazenda, não posso pagar, mas posso lhe dar de comer. Pode dormir no galpão.

Dentro de casa, ela tira o lenço. Tem o cabelo louro muito claro, como sol na água, preso em duas tranças infantis, uma saia e um casaco maiores do que ela, um suéter de lã que poderia ter sido de um homem.

Devia ter sido bonita um dia, mas agora o rosto estava encovado pela tristeza. Misha conta a ela sobre Sophia. A mulher olha para a fotografia.

– Sabe se ela está bem?

– Não tenho notícias há muito tempo, mas está com gente boa.

A mulher faz uma careta e devolve a foto, sem se interessar. Tem os seus próprios problemas.

O inverno se aprofunda e a neve se acumula nas paredes da casa. Meses se passam e um mês de março frio e chuvoso converte o solo em lama.

Às vezes, a mulher se senta diante da lareira usando sua camisola branca e um xale nas costas, a transparência do tecido deixando à mostra o contorno das pernas sob a luz. Escova os cabelos claros por um longo tempo, contemplando as brasas. Ela sabe que Misha tem uma esposa, mas isso não a impede de se apaixonar por ele.

Quase um ano e meio já se passou agora e Misha ainda não tem nenhuma notícia de Sophia. Ele deixa o calor da pequena sala, sai para a atmosfera ácida de março e clama o nome de Sophia.

Dentro da casa, a madeira úmida na lareira cospe uma chuva de centelhas, como um pequeno tiroteio. Ela ainda lá está, trançando o longo cabelo louro platinado por cima do ombro.

– Fica aqui comigo, Misha. Não pense mais nela. Vou cuidar de você tão bem quanto ela. Quando as maçãs amadurecem aqui em Antonowka, é a época mais bonita do ano. Você vai ver.

Ela se aproxima e pousa a cabeça no ombro dele.

– Tantas pessoas morreram. Você não teve mais notícias. Por que não espera mais um pouco?

Misha hesita por um instante, sai da cabana e caminha por quilômetros e quilômetros até os pulmões arderem de tanto respirar ar frio.

*

Poucos dias depois, ela volta do mercado com o cavalo e a charrete e corre para encontrar Misha, que está no pomar plantando a muda de uma árvore. O lenço voa do cabelo, mas ela não volta para apanhá-lo.

– A cavalaria russa está na aldeia. Misha, você tem que se esconder. Sabe o que farão se descobrirem um espião polonês. Atiram primeiro sem esperar explicações.

O único pensamento dele é Sophia. Ele tem que vê-la novamente. Mas se esconder onde?

Ele acaba por se enfiar na fossa debaixo do banheiro externo, enquanto os soldados soviéticos pisoteiam a fazenda, roubando as batatas e as maçãs. Ela mantém o cão ao lado dela.

Quando os soldados vão embora, Misha se lava debaixo da bomba da água fria.

No dia seguinte, ela o obriga a ficar no sótão com as maçãs que conseguiu esconder dos russos. O espaço é muito estreito, Misha não consegue ficar de pé nem estender os braços e as pernas. O que ele queria era se juntar ao exército, forçar as tropas da Wehrmacht a recuar para Berlim e, por Sophia, libertar a pequena aldeia de Kopyczynce. No espaço estreito e empoeirado do sótão, que deixa entrar uma corrente de ar frio, ele mal consegue respirar. Tem na mão a pequena fotografia de Sophia e se concentra no seu olhar firme e claríssimo.

Nessa noite, ele sonha com Szymonek e Abrasha, os garotos do acampamento de verão na Pequena Rosa. Sonha que Sophia o sacode para se levantar e se juntar aos garotos no festim à meia-noite para assarem maçãs e batatas. Ele acorda no sótão entre o pó e o cheiro intenso a maçãs velhas. Não consegue esquecer a sensação de que ela acabou de sair do quarto, chamando-o para que a siga.

Quando a mulher regressa da aldeia, diz que os russos estão se comportando bem, distribuindo pão. Ninguém foi obrigado a se alistar. Há um escritório na aldeia para homens que querem se alistar voluntariamente e que tenham documentos.

– Vi o comandante – ela diz. – Parece um judeu, na minha opinião, mas os bolcheviques sempre foram unha e carne com esse povo.

Ela vê Misha arrumando a mochila. Ao sol da manhã, com a poeira da sala dançando no ar, o rosto magro e o cabelo dourado, ela é como um fantasma de Sophia.

Quando Misha faz menção de sair, ela bloqueia a porta.

– Por que você vai se juntar a uma guerra que não é nossa? Vai morrer. Acha que vai voltar a vê-la? Talvez já tenha morrido. Fique.

Misha mantém a cabeça baixa até ela se afastar da porta.

Lá fora, as árvores nuas e os arbustos estão cobertos de pequenas luzes verdes, as primeiras folhas a nascer. Os soldados russos na aldeia têm uma aparência rude, casacos acolchoados marrons e sujos e chapéus de pelo de carneiro. Olham para ele com desinteresse. Misha vai até o oficial do alistamento, com as suas três estrelas vermelhas na faixa do boné, as botas bem engraxadas e luvas de couro. Instantes depois, já se alistou para combater pelo exército soviético e é enviado para o quartel de Sumy, a leste, a fim de se juntar ao regimento polonês russo.

Ele assina com a mão firme. Assina por Sophia e pelo futuro deles.

Capítulo Quarenta e Três

KOPYCZYNCE, MARÇO DE 1944

Posso lhe conceder uma coisa apenas – o desejo de uma vida melhor, uma vida de verdade e justiça. Embora possa não existir agora, talvez chegue amanhã.

Janusz Korczak

Sophia pega o velho ferro de engomar que aquece sobre o fogão e o pressiona contra a túnica de algodão puída em cima do cobertor estendido sobre a mesa da cozinha. Aperta as costuras, ouvindo o estalido de um piolho sendo esmagado. A água fervente matou alguns e o calor do ferro de engomar vai acabar com o resto. Até agora não encontraram nenhum na casa que possa ter escapado das roupas por lavar dos *partisans*, os membros da resistência.

Ela não consegue imaginar as condições dos homens e mulheres que vivem escondidos na floresta, em seus abrigos lamacentos camuflados entre as árvores. O saco de roupa surge todas as semanas na porta dos fundos, cheirando a fumaça e folhas mortas. Com a ajuda das meninas, Josefa lava e seca a roupa e dois dias depois devolve o saco, deixando-o na varanda dos fundos, com roupa e comida lá dentro.

Sophia viu o homem que vem à noite recolher o saco, alto e de rosto ossudo, o nariz proeminente, o cabelo preto e cacheado e um lenço vermelho no pescoço como um cigano. A típica aparência judaica que já não pode mais aparecer nas ruas. Ele a viu na porta, acenou com a cabeça e lhe agradeceu, respeitoso com a bondosa moça polonesa que ajuda os judeus. A roupa que os *partisans* deixam vem manchada de suor e mofo, e infestada de piolhos. Ela vai direto para a bacia de cobre para ser fervida, mas Sophia não pode deixar de se coçar ao mexê-la na água com as pinças de madeira. Então, é assim que é encontrar um judeu. Ela se lembra dos avisos afixados nas ruas de Varsóvia, informando que os judeus têm piolhos e doenças.

Ela dobra a túnica passada a ferro e a pendura para arejar no suporte de madeira diante do fogo, depois pega um par de calças remendadas. O ferro esfriou. Ela volta a colocá-lo sobre o fogão preto e pega outro ferro, bem quente, apertando-o contra as costuras das calças até ouvir outro estalido. Sente um leve cheiro de queimado, enquanto segura o ferro no mesmo lugar para ter certeza de que o piolho está morto.

Marianek está sobre o tapete de retalhos brincando com um trem de madeira carregado de tijolos, um brinquedo guardado desde a infância de Michal Wojciechowski.

– Mamãe – diz ele, estendendo os braços para Sophia. É importante que ele tenha aprendido a chamá-la de mamãe. E sempre que ele faz isso, ela sente o coração se aquecendo. Por Sabina, pelos belos olhos escuros da irmã no rosto delicado da criança, ela deixou crescer em si o amor de mãe por ele. Ela o abraça, beija a sua testa e volta a colocar o garotinho entre os blocos de madeira, ajudando-o a construir uma torre antes de voltar a passar roupas.

Os Wojciechowski, um casal de meia-idade, são católicos devotos. Aos domingos, Sophia, Krystyna e o filhinho de Sabina vão com eles à missa. É importante comungar com o resto da congregação, explicou o sr. Wojciechowski a ela, do contrário as pessoas vão falar. Deus não se importa se não fazem isso de todo o coração. É estranho olhar ao redor para as cabeças inclinadas em oração todos os domingos e pensar, você estava lá, e você também. Estavam todos lá quando aconteceu.

Seis meses antes, todos os judeus de Kopyczynce foram presos, fuzilados nos bosques ou enviados para campos de trabalho, de onde nunca mais voltaram.

Sophia se pergunta o que faz uma família delatar os vizinhos judeus em troca de uma recompensa.

E, no entanto, ainda há pessoas como os Wojciechowski, simples, dignos – heróis agora – que arriscam a vida para abrigar três judeus que nem conhecem. E eles não são os únicos. Josefa falou de uma família que vive ao lado das instalações da Gestapo, no edifício da prefeitura, que está escondendo uma judia no sótão. Eles tocam piano para avisar que ela faça silêncio quando há alemães na casa.

O menino está ficando com sono. Sophia o encosta no banco ao lado do forno, cabeceando. Ela acaricia seus cabelos. Ele tem o cabelo sedoso da mãe.

Às vezes, ela é apanhada de surpresa ao se lembrar da ausência deles: Sabina, a mãe e o pai, as crianças amáveis e barulhentas do orfanato de Korczak. Korczak e Stefa. Apodera-se dela uma tristeza repentina e violenta, que a faz ofegar, deixa seu coração vazio e a faz querer se deitar e desistir.

E Misha. Ela pressentiria se tivesse acontecido alguma coisa a ele?

As pessoas ainda precisam de roupa para vestir. Ela volta à sua tarefa, volta a pegar a calça que não terminou de passar.

Mais tarde, quando o sol está se pondo, ao acender uma lamparina para poder acabar de passar a ferro, assusta-se quando ouve baterem à porta. Enfia a roupa num cesto, que tampa com um pano, e vai atender.

É um soldado alemão. Ele a olha de alto a baixo com aprovação, ao ver o cabelo claro. Há outros três soldados saindo do jipe.

– Requisitamos esta casa para pernoitar – diz ele.

Antes que Sophia possa tirar Krystyna da casa, o soldado a vê na cozinha picando couve. A irmã mais nova se aproxima de Marianek quando os soldados entram, cheirando à bebida, de casacos abertos, desgrenhados e sujos.

Com um lampejo de esperança, Sophia se dá conta de que eles devem estar batendo em retirada, voltando para o oeste e se apropriando de tudo o que precisam pelo caminho. Mas a guerra ainda está longe de acabar. Ela vê a amargura e a falta de escrúpulos em seus rostos. A derrota os tornou mais perigosos do que nunca.

Ela terá que agir com cuidado. Um dos homens fedendo a suor velho beija a mão dela com um ar de cobiça.

Quando os Wojciechowski voltam do trabalho os soldados já se puseram à vontade como se estivessem em casa. Encontraram o presunto seco e começam a fatiá-lo. Trazem garrafas de vodca do jipe e dizem a Krystyna para se certificar de que haja ensopado para todos, mas parecem não notar quando a sra. Wojciechowski o serve quase todo aos convidados alemães.

Marianek está na cama. A sra. Wojciechowski, de cabeços grisalhos, pede licença para tomar conta dele, deixando o marido com as duas jovens e os três soldados muito bêbados desfazendo-se em elogios. O soldado gordo ao lado de Krystyna não a deixa subir também quando ela diz que se sente cansada. Ele beija o rosto dela, o braço em volta do seu pescoço, puxando-a para si enquanto os outros cantam uma canção alemã piegas. Sophia continua a flertar com eles e a encher-lhes os copos, observando os olhos cada vez mais vermelhos, a testa suada do mais gordo. O homem sentado ao lado dela é jovem, imaturo. Ele belisca a perna dela e Sophia sorri. O sr. Wojciechowski, o velho professor, pede a eles para explicar em pormenores o rápido avanço que fizeram sobre a Rússia há dois anos, as suas vitórias, fazendo com que se concentrem nas descrições. Ele também enche os copos dos soldados, desta vez com sua própria vodca, um forte destilado caseiro.

Um dos soldados cochila primeiro, os outros dois demoram um pouco mais, esparramados nas cadeiras e no sofá. Mas Sophia sabe que, se acordarem, virão à procura dela e da irmã.

Ela vê um coldre de couro sobressalente entre a confusão de sacos e mochilas que os homens empilharam à porta, a disciplina militar há muito esquecida. Com o coração acelerado, vê que deixaram a arma lá dentro.

Sophia sabe atirar com uma arma.

De olho nos soldados adormecidos, ela desliza a arma para fora do coldre e a esconde debaixo do braço, por dentro do casaco de lã. Está prestes a sair quando o soldado gordo acorda, a vê e chama por ela. Ele a faz se sentar ao lado dele e a ouvi-lo quando ele fala em alemão e chora. Em dado momento, ele inclina o corpo em direção a ela, os braços pesados ao seu redor, o hálito rançoso. Ele deita a cabeça no ombro dela, sussurrando alguma coisa, então respira fundo. Voltou a dormir.

Sophia permanece rígida enquanto o homem dorme com a cabeça no ombro dela até o sol estar quase acima da linha escura das árvores atrás da casa. Com a ameaça do amanhecer iminente, os homens lembram-se da guerra em seus calcanhares e deixam a casa às pressas; empilham os sacos no jipe, gritando uns com os outros para se apressarem.

Arrancam a toda velocidade, deixando Sophia com a arma.

Algumas semanas depois, os russos chegam a Kopyczynce. Mostram-se civilizados e respeitosos com os compatriotas que vêm libertar.

A arma que Sophia roubou dos alemães agora se torna um perigo. Representa a pena de morte se for encontrada na posse das irmãs. Graças ao treino de Sophia no gueto, ela consegue desmontá-la. No decorrer dos dias que se seguem, as irmãs fazem diariamente uma caminhada pelas margens do lago e, toda vez que lá passam, jogam na água uma das peças da arma. Cada vez que ouvem uma peça cair na água é um sinal de que a guerra está finalmente acabando.

Mais ainda não há nenhuma notícia de Misha. Se estivesse vivo, não teria procurado fazer contato com ela?

O vento faz bater a porta entreaberta da cozinha. Sophia vai fechá-la. O dia está fechado, um manto de nuvens negras sobre as copas das árvores. As flores brancas de uma ameixeira voam como confetes iluminadas pelo sol, brilhantes em contraste com o céu cinzento. Sophia levanta a cabeça para sentir o calor do sol.

Seguindo pelo caminho que atravessa os jardins dos fundos, ela avista o carteiro, com o seu jaleco e seu boné de lona puxado para trás. O homem entra pelo portão e lhe entrega um triângulo de papel dobrado e colado nas bordas, com ar de quem gostaria de ver através do papel e ler o que diz a carta.

– É do quartel de Sumy. De um soldado.

Ela abre a carta o mais depressa que pode, com os dedos trêmulos tentando não rasgar o papel. Ela lê uma vez e depois outra, apoiando-se na moldura da porta, tentando distinguir as palavras por entre uma cortina de lágrimas, como se estivesse nadando de volta à vida. É de Misha. Misha está vivo e escreveu para ela. Está vivo.

Ela fica surpresa ao ver o carteiro ainda parado ali, a boca entreaberta, olhando para ela com interesse.

– Notícias do seu marido, finalmente?

Sophia pisca.

– Sim.

O carteiro parece impressionado. Assim como o resto da aldeia, até agora não acreditava que houvesse realmente um marido. Sophia tinha sido tacitamente aceita como uma mulher desonrada, uma jovem polonesa com um filho, fingindo ser casada. O homem tira respeitosamente o boné e ela fecha a porta.

Ela não se importa com o que pensam dela. Esse não é o segredo que ela esconde.

Passa a manhã toda relendo a carta, examinar a caligrafia, a tinta, o cheiro do papel, segurando-a contra o rosto.

Misha está vivo e bem. Escreveu uma carta para ela. Está em treinamento no quartel de Sumy, na Ucrânia, ao lado dos russos, fazendo parte do Primeiro Exército Polonês. Pensa nela a toda a hora, beija-a em sonhos, anseia poder voltar a abraçar a esposa.

Ele está vivo.

Ela sai pela porta dos fundos – a cozinha é pequena demais para conter tanta alegria – e dança entre as pétalas caídas da ameixeira.

Misha voltou a escrever. O exército russo está a caminho do oeste e não vão parar até chegar em Berlim. Ele deixou o quartel de Sumy e foi designado para se juntar a uma unidade de reconhecimento. A guerra vai acabar logo, ele diz na carta, então ele e Sophia poderão voltar à Polônia.

Capítulo Quarenta e Quatro

COLÓNIA DE FÉRIAS "RÓŻYCZKA" (PEQUENA ROSA), JULHO DE 1944

O avanço do exército russo para o oeste naquele verão é extraordinário e, em julho, chegam à Polônia.

Depois de um longo dia de combate, Misha se encontra num prado verdejante ao lado de um campanário branco esburacado por estilhaços de bomba – o campanário do convento da colônia de férias Pequena Rosa. Cinco anos antes, ele e as crianças subiram na torre para ver Varsóvia ao longe. Um mês depois, contam as freiras, um avião pousou no prado e Hitler subiu no campanário para observar o cerco de Varsóvia, enquanto rolos de fumaça negra perfuravam o céu.

Agora os russos estão prestes a libertar Varsóvia e, como parte do Primeiro Exército Polonês sob comando russo, Misha estará lá para ver isso acontecer.

Do outro lado do prado, estão as cabanas de madeira onde as crianças costumavam ficar, vazias agora.

Soldados passam por ele correndo, enquanto arrastam uma peça de artilharia sobre rodas. Misha se vira justo quando uma grande explosão o faz voar pelos ares no meio de uma chuva de terra. Não foi ferido, mas sente um dos ouvidos tinindo, uma dor intensa. Nunca mais ouvirá por aquele ouvido, mas hoje nada poderá arruinar a sua boa disposição. Eles continuam a avançar debaixo de fogo em direção a Praga e aos subúrbios de Varsóvia.

Há uma festa naquela noite. Os soldados russos recuperam as mochilas que os alemães deixaram para trás nas trincheiras recentemente abandonadas, valendo-se dos mantimentos de qualidade superior: sardinhas em lata, chocolate belga, queijo holandês e até champanhe francês.

– Mas cuidado com os piolhos – diz um dos russos a Misha. – Os alemães não sabem se livrar deles como os russos.

A unidade de Misha come no jardim de uma casa abandonada. Sentam-se num banco em meio a um pequeno pomar de macieiras carregadas de maçãs duras, ainda crescendo nos galhos.

No final de semana seguinte, eles recuperam Praga. Os membros da unidade polonesa são recebidos como heróis pela classe trabalhadora dos subúrbios de Varsóvia. O exército russo monta acampamento nas margens do rio Vístula.

Do outro lado do rio, em Varsóvia, a resistência polonesa se levantou contra os alemães na esperança de que os russos logo atravessem a ponte para se juntarem a eles.

Parte do Primeiro Exército Polonês tenta fugir e ir a seu socorro, mas as baixas que sofrem ao atravessar o rio são tão elevadas que são forçados a bater em retirada, enquanto o exército russo observa, simplesmente.

Há poucas informações, mas tudo indica que os poloneses estão lutando com armas antiquadas e caseiras contra a mais temida de todas as tropas alemãs, a implacável Brigada Dirlewanger. As baixas relatadas são catastróficas, mas os poloneses continuam lutando e aguardam o apoio. Misha e o restante do exército polonês esperam, impacientes, pela ordem para avançar sobre Varsóvia, desesperados para partir em auxílio dos seus conterrâneos, mas a ordem não chega.

Os meses vão passando e o inverno se inicia. A resistência polonesa é trucidada. Estarão os russos felizes por ver uma Varsóvia derrotada, pronta para uma ocupação soviética?

O barulho das explosões não finda. Hitler nunca perdoará a teimosia dos poloneses em desafiá-lo não uma, mas duas vezes. Não lhe basta levar toda a população que ainda resta para campos de trabalho. Um Hitler furioso ordena a completa erradicação dos edifícios de Varsóvia. Com o coração angustiado, Misha observa o horizonte em chamas do outro lado do rio à medida que um esquadrão de especialistas em demolições da Wehrmacht dinamita bibliotecas medievais e as igrejas barrocas de Varsóvia. A cidade é desintegrada, reduzida a átomos de poeira. Os lança-chamas vêm logo depois e o que resta da cidade é levado pelos ares em colossais nuvens de fumaça negra.

O Führer lutou contra as pedras de Varsóvia e venceu.

Meses depois, em janeiro, a unidade de Misha é enviada através do deserto gelado do Vístula na calada da noite e encontra uma Varsóvia silenciosa, vigiada por cadáveres de alemães congelados. O amanhecer revela os cotos de uma cidade mutilada, projetando-se de um manto de neve. O gueto não passa de um campo arado de sal e silêncio.

Vultos emaciados emergem de porões em trapos enlameados e encaram estarrecidos os autofalantes dos jipes soviéticos proclamando a libertação de Varsóvia.

Sentado no jipe gelado, enquanto os russos avançam para esmagar Berlim, Misha permanece em silêncio: se é possível perder uma cidade inteira, não será muito mais fácil perder uma frágil garota de cabelos loiros e olhos azuis-claros? Agora sabe que há poucas esperanças de ele voltar a ver a família em Pinsk, o pai, Ryfka, Niura e vários tios e tias. Tudo que lhe resta é continuar a lutar, por Sophia, por todos os que perdeu.

Capítulo Quarenta e Cinco

VARSÓVIA, MAIO DE 1945

Eu não posso lhe dar o amor do homem, pois não há amor sem perdão.

Janusz Korczak

A sala atrás dela está cheia de flores. Ontem celebrou-se o dia associado ao nome de Sophia e as crianças da escola polonesa onde agora ela leciona chegaram com tantos buquês de lilases e flores de espinheiro-branco que ela teve que usar todos os jarros e garrafas que conseguiu encontrar e espalhá-los pelas mesas e prateleiras. Parece um jardim interno, perfeito para um dia importante como o de hoje. Sophia está debruçada no parapeito da janela, à espera de ver chegar um jipe americano. Está segurando uma carta de Misha, um pequeno triângulo de papel fino do exército, leve como um avião de papel. Ela a leu vezes sem conta. Diz que ele está estacionado nas proximidades e tem uma licença para tirar, por isso espera poder vir vê-la hoje.

Ela e Krystyna já estão morando em Łowicz há alguns meses. É uma pequena cidade do interior, gravemente danificada pela guerra. Mas não são apenas os edifícios que estão danificados, com bairros inteiros em ruínas. Não se vê um rosto judeu na rua, nem lojas judaicas, nada de mulheres no mercado com cestos de *bagels*. Ela e Krystyna não passam de duas moças loiras que vivem modestamente. Quase nunca dizem às pessoas que são judias. Oficialmente, sob o jugo dos comunistas, os judeus têm direitos iguais aos de qualquer outro cidadão, mas Łowicz é uma cidadezinha de bombas não detonadas, edifícios isolados, uma paisagem incerta.

Hoje, no entanto, enquanto observa dos cômodos do primeiro andar que divide com Krystyna, atenta ao som de um jipe, a humilde rua de casas baixas transformou-se em outro lugar, iluminado pelo sol da manhã, cada detalhe rico e significativo. Naquela rua, entre aqueles edifícios, ela voltará a ver Misha. O azul do céu é esplendoroso, com nuvenzinhas brancas levadas pela brisa quente. É sob aquele céu que ela encontrará Misha novamente.

Há quase três anos que ela não vê, não toca, nem sente o cheiro do marido. Ele será o mesmo? Voltarão um para o outro com três anos de experiências terríveis, amontoadas entre eles como uma pilha de dejetos. Ela sabe tão pouco sobre o que ele passou desde que se separaram… as pessoas que conheceu. Ele não disse nada nas cartas sobre Berlim, sobre os confrontos.

As cartas dele só diziam que desejava voltar a vê-la, estar com ela outra vez, que a amava com a mesma intensidade.

Mas Sophia não é a mesma. O que Misha verá ao olhar para ela? O rosto dela está um pouco mais cansado, ela pensa. Já vê pequenas rugas ao redor dos olhos quando se olha no espelho. Ela arrumou o cabelo três vezes com a ajuda de Krystyna mas, ainda insatisfeita, voltou a soltá-lo e a escová-lo. E o vestido. Não será meio fora de moda? Ela passou batom e perfume, mas, pelo cheiro e pela cor, já devem ter vencido.

Ela fez uma suculenta sopa de legumes e pôs a mesa. Há pão e arenque, uma refeição humilde para a ocasião, mas o que se pode fazer quando a comida, a eletricidade, o carvão e tudo o mais são racionados e difíceis de obter?

Ela ouve à distância o barulho dos trens no entroncamento ferroviário e, a seguir, sim, parece que é agora o ronco de um motor. Quando ela avista o jipe verde-acinzentado com uma capota de lona se aproximando, vindo da rua da igreja, é impossível confundi-lo; ela mal consegue respirar. Voa escadas abaixo até a rua, acenando e sorrindo como uma idiota.

Deve ser ele. Será mesmo ele?

O jipe para e sai de lá um homem alto, com a linha do cabelo mais recuada, sobrancelhas finas e olhos delicados, um sorriso tão amplo quanto um céu de verão. Diferente e ao mesmo tempo igual ao que sempre foi. Sophia não consegue absorver tudo ao mesmo tempo. Ele vem fardado. Parece mais velho.

E em seguida os braços dele estão em volta dela, o cheiro é de um tecido de lã, de cigarros e, no meio de tudo isso, o cheiro familiar de Misha.

– É você. É você mesmo.

– Que cheiro bom você tem... – diz Misha sem conseguir conter um pequeno gemido. – Cheiro de Sophia.

Com os olhos bem abertos, ele contempla o rosto dela, observando cada detalhe, como se ainda não estivesse convencido de que é ela mesma. Sophia o beija timidamente. Como é bom beijar o rosto dele, os lábios, os olhos, saciando a fome que sente de Misha. O beijo é longo e profundo quando seus lábios se encontram. Quem por ali passa desvia os olhos discretamente, sorrindo ao ver o feliz reencontro.

Franek, o motorista, fica parado na calçada, sorrindo.

Misha não quer se separar dela enquanto entram em casa; o braço dele lhe envolve a cintura. Sophia sente o movimento quando ele se baixa para pegar a mochila. Franek os segue com os braços carregados de pacotes tirados do jipe. Para o reencontro de Misha com Sophia – ele não falou de outra coisa desde que saíram de Berlim –, o cozinheiro do exército ofereceu a Misha carne, queijos, manteiga e pão que dão para uma semana.

Misha para quando vê a sala cheia de flores.

– Quantos admiradores! Não estou surpreso – ele diz com um sorriso.

– São das crianças, pelo dia do meu nome. Da escola onde dou aula.

– Então, você está lecionando.

– Sim, sou professora.

Eles fazem a refeição rodeados pelo perfume das flores. É o tipo de festa que as irmãs só se lembram de ver antes da guerra. E, no entanto, por trás da alegria, há uma corrente de tristeza.

– Você não soube mais nada da sua família? – pergunta Sophia em voz baixa.

– Não. Tudo indica que morreram todos em Pinsk assassinados pelos Einsatzgruppen. Ainda tenho esperança de saber de Niura. Ela disse que tentaria voltar para Lvov, mas não tive notícias.

– Ainda há esperança.

– E Lutek? Seus tios e tias?

Sophia balança a cabeça.

– Achamos que podem ter sido levados para um campo. Não tivemos notícias. Mas Krystyna soube de Bronek.

– Recebi uma carta da Inglaterra. Ele vai voltar em breve.

Mesmo dormindo com a cabeça sobre a mesa, Marianek não larga o carrinho de brinquedo que Misha lhe deu de presente. Sophia o leva no colo para a cama e o casal fica algum tempo observando-o de mãos dadas.

Quando voltam à mesa, Krystyna pegou as velas grossas e pequenas de um dos pacotes que Franek e Misha trouxeram. Ela as coloca em pratos e pires que espalhou pela mesa. Sussurra um nome ao acender cada uma. Ninguém liga a luz elétrica. A tristeza está sempre à espreita, como água atrás de uma barragem, escoando para dentro da sala, empoçando sob a luz das velas.

– Às vezes – murmura Sophia –, sonho que estão todos vivos outra vez. Ou que estou na rua e de repente me vejo no gueto. Nesses momentos, não sei por que ainda estou aqui.

Misha a puxa para mais perto.

– Eu sei.

– Será que merecemos viver? – ela sussurra. – Sem eles?

– Sim. Porque viveremos por eles. O mundo não pode ficar como está. Estamos aqui para torná-lo melhor.

São palavras de Korczak. Eles ficam sentados em silêncio, fitando a chama das velas.

Krystyna se levanta, olha para Franek e acena para a porta. Ela vai levá-lo a um pequeno café que conhece e oferecer a ele uma cerveja por ter trazido Misha para casa em segurança.

O casal os ouve conversar, enquanto descem as escadas. Krystyna ri de alguma coisa que Franek diz a ela.

Sophia deita a cabeça no ombro de Misha. A luz das velas continua a sua vigília enquanto conversam. Oferecem um ao outro os anos perdidos em pequenos fragmentos. Ela o abraça quando ele conta como saiu do gueto, vê as sombras da dor que percorrem o rosto dele mesmo quando sorri. Quando Misha lhe acaricia o rosto, Sophia sabe que ele vê nela as mesmas sombras.

Ela tinha tanto medo de que se sentissem como dois estranhos, mas agora, quando o abraça, quando corre a mão pelas costas, pelo pescoço e roça os lábios nos dele, a sensação é tão conhecida... É como finalmente chegar em casa, como caminhar entre as árvores, sentindo o aroma dos bosques. Familiar e nostálgico. Ele a aperta nos braços com ternura e ela se molda à forma dele. O marido dela. O amor da vida dela.

De manhã, antes de ele ir embora, Sophia retira da estante o livro de Korczak, ainda o mesmo que Misha lhe ofereceu quando se casaram, e escreve na primeira página: "Para o meu querido Misha, pelo nosso futuro. Nunca se esqueça". Ela guarda o livro dentro da mochila dele.

Capítulo Quarenta e Seis

Nas longas cabanas de madeira da Pequena Rosa, a luz começa a entrar na sala. Korczak está sentado à escrivaninha. Os pássaros estão cantando do lado de fora, voando até a varanda para apanhar as migalhas que ele deixou ali. As cortinas se elevam com a brisa, que traz um pouco do frescor dos campos ainda úmidos de orvalho. Vai ser um belo dia. Um bom dia para nadar.

Ele ouve um sussurro atrás dele. Szymonek, outra vez pequenino, o mais novo no orfanato e com o cabelo ainda raspado, está de pé atrás dele vestindo suas roupas de dormir.

– Pan Doutor, já está na hora de levantar?

– Se está acordado, é porque já está na hora. Quer ser o primeiro a ouvir uma boa notícia? Hoje vamos até ao rio.

– Posso acordar os outros?

– Com delicadeza. Se estiverem prontos.

– Vou cantar.

– Pode funcionar. Algumas pessoas gostam de acordar com alguém cantando.

Szymonek começa a cantar uma música que aprendeu enquanto vivia sozinho e com fome nas ruas, com um vasto repertório de palavrões em iídiche.

– Conhece outra, Szymonek, talvez?

O menino pensa um pouco.

– E aquela que cantamos ontem?

Szymonek concorda com a cabeça e entra no dormitório cantando "Oyfn Pripetshik", a canção do abecedário em iídiche, que as crianças ensinaram a Korczak no seu primeiro acampamento de verão.

Korczak assiste à visão inesquecível de um dormitório repleto de crianças acordando: quem pula da cama ainda bocejando; quem demora um pouco mais, talvez por não se sentir muito bem.

O sol logo remedia isso. Depois do café da manhã, Zalewski vai preparar a carroça do feno. As crianças se empoleiram na parte de trás e partem pelas trilhas de terra batida que atravessam os campos sem cercas até um rio que parece correr no nível do solo, a água transparente sobre as pedras que cintilam ao sol, enquanto as vozes das crianças ecoam no ar. Mais tarde, elas voltam um pouco queimadas de sol, as meninas com lenço na cabeça, os meninos de boné. Todos com certeza vão querer colher flores no caminho para levar à Pani Stefa.

Pãozinho e arenque no café da manhã, café forte e um cigarro. Há coisa melhor? O dia está lindo em sua simplicidade cintilante, de horizontes azuis enevoados e vastos campos úmidos de milho novo. Na outra cabana ali perto, Stefa está chamando as meninas.

Korczak se levanta da escrivaninha, deixando de lado o que está escrevendo. A criança não será uma pessoa amanhã; já é uma pessoa hoje. A criança tem direito ao amor e ao respeito. Tem direito de crescer e de se desenvolver. A criança tem direito de ser quem é e de ser levada a sério; tem direito de fazer perguntas e resistir à injustiça.

Szymonek volta para dentro correndo e pega na mão dele.

– Pan Doutor, posso me sentar ao seu lado no café da manhã? – sussurra.

– Claro, meu filho. Mas preciso avisar que não tenho boas maneiras à mesa. Talvez possa me dar alguns conselhos.

Depois do café da manhã, Korczak passa pelas mesas recolhendo canecas e pratos. As crianças já estão lá fora no jardim chamando por ele, a carroça já está pronta para partir. Alguém pôs um chapéu de palha no cavalo e o enfeitou com flores. Tiraram a bandeira do seu lugar acima da porta e o cetim verde está tremulando agora na parte de trás da carroça.

Zalewski estala a língua para o cavalo andar e a carroça se afasta. O orvalho começa a evaporar nos milharais, onde as papoulas e as borboletas dançam ao sabor da brisa. Cantando e conversando, as crianças seguem pelas trilhas de areia, ansiosas para passar um dia brincando à beira das lagoas tranquilas formadas pelo rio.

Posfácio

No final da Segunda Guerra Mundial, embora os aviadores poloneses tivessem representado um papel fundamental na batalha decisiva da Grã-Bretanha e milhares de soldados poloneses tenham lutado ao lado dos Aliados, a Europa livre desviou os olhos da Polônia sob ocupação soviética.

Pouco a pouco, graças às longas filas de homens, mulheres e crianças passando de mão em mão tijolos recuperados dos destroços, os determinados cidadãos de Varsóvia deram início à reconstrução da parte histórica da cidade, recorrendo a fotografias, memórias e plantas arquitetônicas.

Essa foi a Varsóvia para a qual Misha e Sophia voltaram, retomando a vida num apartamento com vista para as vastas áreas bombardeadas.

Sophia trabalhava como professora num prédio que servira de escritório para os soldados nazistas responsáveis pelas deportações a partir da Umschlagplatz, do outro lado da rua. Misha conseguiu um emprego numa editora e juntos criaram três filhos.

Antes da guerra, um terço dos habitantes de Varsóvia era judeu. Agora, a vibrante comunidade judaica tinha desaparecido. Misha e Sophia pertenciam ao um por cento de uma população original de quatrocentos mil que sobreviveu ao gueto de Varsóvia. O local arrasado acabou sendo ocupado por prédios de moradia soviéticos e uma rede de estradas suficientemente largas para receber um tanque soviético.

Misha representava uma figura paterna para as crianças que não tinham morrido durante a guerra, sobretudo aquelas que tinham crescido e deixado o orfanato antes dos anos do gueto e em muitos casos emigrado para Israel, Estados Unidos, Canadá e França. Apenas um punhado de meninos do gueto sobreviveu, incluindo aqueles que trabalhavam do lado de fora com Misha, Sammy Gogol e Erwin Baum.

Sammy e os parentes que lhe restava foram levados para Auschwitz. Sammy escapou às câmaras de gás porque foi escolhido para tocar gaita na orquestra. Era forçado a tocar para as multidões que todos os dias eram levadas para as câmaras de gás. No dia em que viu a sua família entre essas pessoas, passou a tocar sempre de olhos fechados. Ainda vestindo seu pijama listrado, viajou para Israel, onde fundou uma orquestra infantil com a qual regressou a Auschwitz para atuar, como um homem livre, no exato local em que fora prisioneiro. Erwin também foi levado para Auschwitz, mas, ao chegar, conseguiu esgueirar-se para uma fila diferente e evitar as câmaras de gás, sendo destacado para a triagem dos pertences dos prisioneiros. Seguiu para Dachau, onde posteriormente foi libertado pelo exército americano, em 1945. Depois da guerra, Erwin emigrou para os Estados Unidos, casou-se e teve filhos e netos.

Para sua grande alegria, Misha e Sophia vieram a saber que Niura estava viva e morando na França. Ela e o marido voltaram a Varsóvia mas, depois que sofreu uma curta detenção pelos russos por suspeitas de espionagem, fugiram para Paris, onde moraram pelo resto da vida.

Krystyna e Bronek se casaram e mais tarde se separaram. Piloto de uma companhia aérea polaca, Bronek aproveitou um voo para a capital francesa para desertar da Polônia comunista. Krystyna voltou a se casar e se tornou membro do parlamento polonês.

Em 1946, após um massacre de judeus em Kielce, o governo polonês enviou Yitzhak para investigar a situação e este convenceu o governo a abrir a fronteira sul da Polônia e permitir a emigração de judeus por um período limitado.

Misha e Yitzhak foram incumbidos de monitorar a travessia dos cerca de vinte mil judeus que deixaram a Polônia através da República Tcheca. Misha e Sophia pensaram em deixar o país, mas, com um filho recém-nascido, não puderam fazer a viagem e a perderam a oportunidade de deixar a Polônia soviética. Yitzhak e Zivia emigraram para Israel, onde fundaram o Museu dos Combatentes do Gueto, em memória daqueles que morreram durante o Levante do Gueto de Varsóvia, com uma sala dedicada a Korczak e aos órfãos.

No final da década de 1960, as universidades polonesas foram palco de motins e manifestações contra o governo polonês e professores e estudantes judeus foram responsabilizados. Os cargos públicos passaram a ser proibidos para judeus. As obras de Korczak foram consideradas judaicas demais pelas autoridades e foram repudiadas. Sophia e Misha temiam pelo seu futuro.

Quando, em 1967, o filho mais novo do casal recebeu autorização para viajar para Estocolmo a fim de frequentar um curso de verão no ensino técnico, Misha fez questão de ser ele a fazer as malas do filho, ordenando a Roman, então com 17 anos, que não as abrisse até chegar a Estocolmo. Ao abrir as malas quando chegou à Suécia, Roman encontrou, juntamente com as roupas de verão, suéteres, gorros e luvas – o suficiente para o inverno sueco. A mensagem inequívoca era para que Roman não retornasse para casa. Ele só voltou a ver os pais e os irmãos três anos depois, quando a família foi autorizada a emigrar para a Suécia.

Depois que se estabeleceram em Estocolmo, Sophia e Misha tornaram-se educadores e passaram a ensinar a mensagem de Korczak sobre o direito da criança ao amor e ao respeito.

Nos últimos dias da guerra, os nazistas arrasaram o campo de extermínio de Treblinka para tentar ocultar os indícios do genocídio. Num período de catorze meses, tinham assassinado nas câmeras de gás novecentas mil pessoas. O local agora é uma tranquila clareira no meio da floresta, com um memorial erigido onde antes ficavam as câmaras de gás e uma trilha de pedras. Ele representa os habitantes de 1.700 povoações e comunidades judias mortos em Treblinka. Antes de deixarem a Polônia, Misha e Sophia assistiram a uma cerimônia em Treblinka, com o coração cheio de mágoa por todos os familiares e amigos que tinham perdido ali. Numa das pedras, a única na qual se gravou um nome, pode ler-se: Janusz Korczak e as crianças.

Em 1994, Roman angariou fundos e ajudou a projetar um monumento ao Holocausto em memória dos familiares e amigos da comunidade judaica existente na Suécia. Muitas das personagens deste livro têm os seus nomes gravados nos muros de granito. Um dos muros inclui uma dedicação a Korczak e às crianças igual à de Treblinka.

O verdadeiro monumento a Korczak, no entanto, é o seu apelo para fazermos deste mundo um lugar melhor para as crianças de todas as origens culturais, étnicas e sociais. Korczak ajudou a redigir a primeira Declaração Internacional dos Direitos da Criança em Genebra, em 1924. Reconhecida pela Liga das Nações nesse mesmo ano, ela foi adotada numa versão ampliada pelas Nações Unidas em 1959, que permanece em vigor até os dias de hoje.

Na Polônia, em Israel e em todo o mundo, a doutrina e os princípios de respeito e empatia de Korczak continuam a ser seguidos e ensinados em escolas, universidades e conferências sobre Educação. O seu apelo para que todas as crianças sejam tratadas com justiça e o bem-estar da criança seja considerado o princípio básico de qualquer nação, independentemente da raça, é hoje tão relevante como quando, há mais de um século, esse médico do exército, à luz de velas nas tendas do hospital dos campos de batalha do Somme, escreveu *Como Amar Uma Criança*.

Em 2016, o governo polonês fundou em Varsóvia o POLIN, Museu de História dos Judeus, com uma sala infantil dedicada aos valores de tolerância, justiça, respeito e empatia divulgados por Korczak. Parte do antigo orfanato de Korczak na rua Krochmalna (hoje rua Jaktorowska) é agora um museu dedicado a esse pedagogo polonês, onde mais uma vez as crianças brincam debaixo da árvore do jardim da frente, sob o olhar atento da estátua de Korczak.

O diário de Korczak saiu clandestinamente do gueto poucos dias depois de levarem Korczak e as crianças. Um dos meninos, provavelmente o ruivo Mounius, entregou-o a Igor Newerly, professor dos orfanatos de Korczak, que administrou o seu jornal infantil durante muitos anos. Maryna Falska tinha-o escondido dentro de uma parede no orfanato que outrora administrara com Korczak, mas mas ela morreu durante a guerra e, por muitos anos, ninguém soube do paradeiro do diário. Ele reapareceu nos Estados

Unidos nos anos de 1960 e foi traduzido para o inglês e publicado em 1978, pela Biblioteca do Holocausto.

A Polônia permaneceu sob domínio soviético até 1980 e tornou-se finalmente um país livre e independente 59 anos depois do início da Segunda Guerra Mundial.

Nota da autora

Nos meus tempos de professora e jovem mãe, eu tinha muitas dúvidas sobre qual seria a melhor maneira de se cuidar de crianças e vivia numa ansiedade terrível. Deparei-me com as palavras de Korczak num seminário sobre Educação e foi como ver o sol pela primeira vez. Ele defendia não um método predefinido sobre a melhor maneira de criar os filhos, mas um relacionamento com a criança que implica conhecê-la a fundo e respeitá-la enquanto indivíduo, determinando quais as suas necessidades a partir dessa avaliação. Em outras palavras, como amar uma criança.

O responsável pelo seminário também nos contou sobre a vida de Korczak. Fiquei surpresa por nunca ter ouvido falar de um homem tão notável e decidi tentar escrever um livro para ajudar a divulgar as ideias e a história dele. Tive, porém, de superar dois obstáculos: eu não sabia praticamente nada sobre a vida dele, nem sabia escrever um livro. Frequentei aulas de escrita criativa, publiquei três outros livros e, dez anos depois, comecei a escrever sobre Korczak, mergulhando também num dos períodos mais negros da história do século XX. Li extensamente, desde os diários do gueto de Varsóvia e relatos de Janusz Korczak, Mary Berg, Adam Czerniakow, Michael Zylberberg, Halina Birnbaum, Wladyslaw Szpilman, Janina Davi e Yitzhak Zuckerman, além de vários testemunhos dos arquivos Oneg Shabbat, publicados na obra *Words to Outlive Us: Eyewitness Accounts from the Warsaw Ghetto*. Visitei a Biblioteca

Britânica, a Biblioteca Weiner e a Biblioteca Polonesa em Londres e a Bodleiana em Oxford, em busca de tudo o que pudesse encontrar sobre Korczak. Li biografias de Korczak da autoria de Betty Jean Lifton, Hanna Mortkowicz-Olczakowa, Igor Newerly, Shlomo Nadel e Adir Cohen. Consegui também obter algumas das obras de Korczak, incluindo *Como Amar um Criança*, *O Direito da Criança ao Respeito*, *Quando Eu Voltar a Ser Criança* e *Rei Mateusinho Primeiro*.

Entrei em contato com algumas das várias Associações Korczak em todo o mundo em busca de informações e descobri Misha Wroblewski, diretor da Associação Korczak na Suécia. O filho, Roman Wroblewski-Wasserman, me respondeu, dizendo que o pai tinha falecido pouco tempo antes e se disponibilizou a me dar quaisquer informações. Viajei até a Suécia para me encontrar com Roman, e com o tempo ele se tornou um amigo e consultor de confiança, fornecendo-me um manancial de informações sobre Korczak e os anos do gueto de Varsóvia. Este livro não teria sido possível sem o empenho dele e a generosidade com que compartilhou a história dos pais. Ambos os pais de Roman, Misha e Sophia, trabalharam com Korczak antes e durante a guerra e viveram no gueto com ele e com as crianças. Contam-se entre os menos de um por cento que sobreviveram ao gueto de Varsóvia, num universo de mais de meio milhão de judeus. A história deste livro é também a história deles.

Durante a minha pesquisa inicial, fui também a Varsóvia para visitar o museu dedicado a Korczak, o Centro Korczakiano de Pesquisa e Documentação, instalado numa sala do antigo orfanato da rua Krochmalna (atualmente rua Jaktorowska), e participei de uma visita guiada e de uma palestra com Agnieska Witkowska-Krych.

Visitei o novo POLIN, Museu de História dos Judeus na Polônia, e li relatos sobre a comunidade judaica em Varsóvia antes da guerra, da autoria de Isaac Bashevis Singer. Ewa Bratosiewicz, guia da Varsóvia Judaica, esclareceu-me várias dúvidas através de Roman, que também estava em contato com Barbara Engelking, a cujo livro, *O Gueto de Varsóvia*, escrito em conjunto com Jacek Leociak, recorri extensivamente para recriar os pormenores do gueto.

Varsóvia foi praticamente arrasada durante a guerra. O centro medieval é uma reconstrução quase perfeita que na realidade não tem mais de cinquenta anos. O gueto e muitas das zonas judaicas desapareceram por completo, dando lugar a prédios de apartamento da era soviética e modernos edifícios de escritórios. Contudo, é possível encontrar partes do muro e de alguns dos edifícios originais e reconstruir mentalmente o espaço com a ajuda de um mapa das zonas históricas. A Sinagoga Nozyk e o Largo Grzybowski ainda estão lá, juntamente com alguns dos edifícios originais dos anos do gueto.

Ao completar as primeiras etapas da pesquisa, a grande dúvida era: Como escrever um livro sobre o Holocausto?

Comecei por produzir um manuscrito tão árido e factual que se tornava difícil lê-lo, por isso segui o conselho da minha agente, Jenny Hewson, e das editoras da Corvus, Sara O'Keefe e Susannah Hamilton, e reescrevi o texto, romanceando as cenas e permitindo-me a mesma liberdade criativa de um roteirista de cinema que recria uma época histórica. Sou muito grata por todas as sugestões, por acreditarem no projeto até o fim e por todo o trabalho que lhe dedicaram.

Decidi respeitar todos os fatos documentados sobre Korczak e os anos da guerra e preencher as lacunas culturais, como a comida e os meios de transporte, com dados da pesquisa. Também utilizei detalhes de filmes de época, tais como: *O Pianista*, no qual Roman Polanski se esforçou muito para criar um ambiente fiel à época com base nas suas próprias memórias do gueto de Cracóvia. Assisti ao filme de 1990 realizado por Andrzej Wajda sobre Korczak pelo seu extraordinário poder evocativo. Os nazistas eram pródigos documentaristas do gueto de Varsóvia e esse material encontra-se disponível na internet.

Janusz Korczak era um pseudônimo, adotado quando o autor se tornou famoso na Polônia. Henry Goldszmit nasceu em 1879 no seio de uma abastada família de judeus. O pai, um advogado brilhante, e a mãe conviviam livremente com amigos judeus e poloneses na Varsóvia do fim do século. Korczak só percebeu que era judeu aos 5 anos, quando o seu canário morreu e um rapaz polonês lhe disse que não podia colocar uma cruz no local onde o enterrara por se tratar de um canário judeu. Nessa época, a Polônia encontrava-se dividida entre três superpotências: a Alemanha, a Rússia e o Império Austro-Húngaro. A primeira escola que Korczak frequentou era um estabelecimento russo cujos castigos corporais o reduziram a um estado de medo e ansiedade permanentes, e essa memória alimentou a sua missão de dar voz a cada criança e fomentar um entendimento mais profundo entre as crianças e os seus educadores. Seu pai faleceu no Manicômio de Tworki, quando Korczak tinha apenas 17 anos. A mãe e a irmã passaram a depender do rendimento que Korczak ganhava como tutor, enquanto estudava para se formar em Medicina. Korczak tornou-se um pediatra muito requisitado, famoso também pelos romances que traçavam a vida das crianças de rua com as quais trabalhava nos tempos livres (ao mesmo tempo que procurava iludir a polícia do Czar devido ao seu fascínio pelas revolucionárias palestras no campo da psicologia observacional da sediciosa "Universidade Flutuante"). Um dia, ele decidiu seguir a sua verdadeira vocação e deixar a medicina para trabalhar em tempo integral com crianças, num orfanato pobre administrado por uma jovem notável chamada Stefa Wilczynska, com quem formou uma parceria para a vida inteira, dedicada ao bem-estar das crianças. Após a Primeira Guerra Mundial, Korczak abriu em Varsóvia o seu próprio orfanato para órfãos poloneses sob a direção de Maryna Falska.

A Polônia conquistou a independência após a Primeira Guerra mundial. A década que se seguiu foi uma época de ouro para a atividade de Korczak em prol das crianças. Ele escreveu e lecionou extensivamente sobre e para as crianças, organizou programas de rádio cujo tema era a infância, fundou um jornal infantil e atuou como defensor público de jovens delinquentes. Porém, com o advento da depressão da década de 1930, uma onda de fascismo varreu a Europa e, devido ao seu estatuto de judeu numa Polônia cada vez mais nacionalista, Korczak viu o seu trabalho muito dificultado.

Korczak foi pioneiro no campo da psicologia e bem-estar da criança. Ainda um jovem médico em início de carreira no início do século XX, ele tinha olhado à sua volta e começado a se perguntar por que havia tantas crianças infelizes. Elas pareciam se multiplicar nos bairros pobres de Varsóvia, sem amor, abandonadas à própria sorte. Até os filhos dos ricos pareciam frustrados e ressentidos, embora nada de material lhes faltasse. Era como se os adultos se tivessem esquecido de como era ser criança. Os adultos tinham de aprender a se comunicar com as crianças e reaprender a sua linguagem, algo que Korczak sabia por experiência própria. Como um jovem médico, ele queria tratar não apenas as doenças físicas das crianças, mas também a vida e a alma delas. Com o firme propósito de alegrar a vida das crianças no primeiro campo de férias que organizou para os meninos dos bairros pobres, ele se muniu de todo o conhecimento que adquirira nos livros de pedagogia, uma sacola cheia de jogos, boas intenções e um cravo na lapela. Foi uma semana caótica. Korczak começou a entrar em conflito com as crianças, a gritar com elas para irem para a cama e até a recorrer a ameaças. Perplexo e envergonhado, decidiu perguntar às próprias crianças o que, na opinião delas, estava causando tantos problemas. Logo ficou claro que uma abordagem convencional não podia funcionar num grupo de crianças com necessidades tão díspares em termos de sono, alimentação, tamanhos de roupa e com interesses tão diferentes. Korczak percebeu que só ouvindo e conhecendo cada criança ele poderia formular estratégias criativas para ajudá-las a desenvolver todo o seu potencial. Era necessário respeitar a individualidade de cada criança – isso, além de preparar cuidadosamente uma semana com trinta meninos. No verão seguinte, com listas, horários de atividades e fazendo grandes esforços para conhecer cada criança, ele e as crianças passaram um verão maravilhoso no campo. Ele percebeu que criar uma criança implicava tirar lições das tentativas infrutíferas, numa busca permanente para encontrar estratégias adequadas a cada indivíduo. "Quero que todos experimentem e apreciem esse estado de "não saber", quando se trata de educar uma criança cheia de vida e capaz de nos surpreender a cada passo." Por esse motivo, ele sempre valorizou mais o conhecimento obtido através da interação com a criança que os livros escritos por especialistas, embora estes também fossem úteis. "Nenhum manual, nenhum especialista pode substituir a observação cuidadosa de uma criança." Os pais deviam confiar no que o instinto lhes dizia sobre os próprios filhos, que conheciam melhor do que ninguém.

Acima de tudo, Korczak via a tarefa de educar uma criança como um relacionamento, não um exercício de autoridade. Ser responsável pela segurança e pela felicidade da criança não conferia ao adulto o direito de perder a calma ou ser injusto. Korczak abominava os castigos físicos, considerava-os imorais e completamente inúteis. No seu entendimento, cabia a um adulto agir como tal. "Antes de começar a ditar regras e exigir obediência, certifique-se de que educou convenientemente a criança que existe dentro de si mesmo." Ele não via mérito em tratar a infância como uma mera preparação para a idade adulta. "As crianças são pessoas agora, não amanhã. Têm direito ao seu quinhão de felicidade."

Ele ensinou crianças e adultos a tratar uns aos outros com empatia. Não tinha receio de dizer a uma criança que estava ocupado com trabalho, lendo um livro ou simplesmente cansado, e sugerir a ela que procurasse entreter a si própria durante algum tempo – mas mantinha-se sempre por perto, pronto a ajudar e tranquilizar quando fosse necessário.

Ele ensinava valores de responsabilidade social através de um tribunal de pares, nos quais as crianças expunham as suas queixas e debatiam o certo e o errado de cada caso, sempre tendo em consideração os sentimentos dos envolvidos e desenvolvendo desse modo um sentido de justiça e equidade. Os castigos eram sobretudo advertências por escrito.

Korczak sabia que a religião em que tinham sido educadas era uma fonte de conforto para as crianças e proporcionava a judeus e a cristãos a oportunidade de orar ou frequentar a igreja ou a sinagoga caso assim desejassem. Não era praticante, mas tinha sido educado dentro dos preceitos da religião judaica, e, embora não seguisse um credo específico, acreditava num Deus benévolo e lia os textos sagrados. A sua religião, afirmava Korczak, era o dever sagrado de proteger as crianças. No seu entender, uma criança pertencia a si própria e cuidar das crianças era um dever dos pais e de toda a comunidade. Ainda não tinha filhos, mas já era pai de centenas de crianças. Acreditava firmemente que as crianças mantinham coeso o tecido da sociedade e que a base de uma nação não era uma etnia ou cultura comum, mas a decisão coletiva de um povo de se unir para cuidar das suas crianças sem olhar a raça ou a religião. Quando as nações negligenciam a infância, a civilização fica à beira de uma crise, precisamente o que aconteceu quando, em 1942, o Reich nazista decidiu assassinar milhares de crianças em Varsóvia, na Polônia, e por toda a Europa. Não pode haver maior contraste que entre essa terrível decisão e a vontade de Korczak de proteger os direitos e a felicidade das suas crianças até as últimas consequências, quando as acompanhou ao campo de extermínio.

A mensagem de Korczak é mais pertinente do que nunca, tanto no que concerne ao modo como definimos uma nação quanto ao que se refere à forma de educar crianças independentes, felizes, amadas e capazes de amar. Talvez a melhor observação sobre Korczak tenha sido feita por uma criança de um orfanato a quem deram a ler algumas das citações de Korczak: "Que bom seria se todos os pais pudessem ler o que Janusz Korczak escreveu, pois as crianças seriam mais felizes".

Dedico este livro aos meus filhos e ao meu marido, que tantos anos conviveram com a história de Korczak; a Roman e a toda a família e descendentes de Misha e Sophia; bem como à Tessa Valabregue, filha de Niura, e à família dela. Mas dedico este livro, principalmente, a Korczak e a todas as crianças, de todos os lugares.

Korczak e Stefa no jardim do acampamento de verão Pequena Rosa.

A casa na rua Krochmalna, 92, que existe até hoje.

Foto de Sophia, que Misha carregava na carteira sem saber se ela estava viva. Foi tirada para os documentos de identidade falsos dela, no gueto de Varsóvia.

Orfanato Korczak.

Férias antes da guerra e do gueto. O dr. Korczak com um chapéu branco, Misha à sua esquerda. À direita de Korczak, Saba, que também trabalhava no orfanato do gueto e foi para Treblinka com as crianças. Ao lado dela, Sammy Gogol, que sobreviveu a Auschwitz graças à gaita que Korczak lhe deu.

A foto que Misha deu a Sophia no gueto.

Dr. Janusz Korczak e as crianças no parquinho do acampamento de verão.

Sammy Gogol tocando gaita, Korczak tocando kazoo.

Misha e Sophia em 1945

Impresso por :

gráfica e editora
Tel.:11 2769-9056